船舶动力装置安装

主　编　郑学贵　马　宁
副主编　闫佳兵　鲍洪亮
参　编　李冬梅　蔡尚峰　徐晓玉
主　审　肖　聪

北京理工大学出版社
BEIJING INSTITUTE OF TECHNOLOGY PRESS

内 容 简 介

本书以满足企业船舶动力装置安装岗位需求为导向，是院校教师和企业技师与专家校企双元合作，按照船舶动力工程技术专业标准的课程设置和船舶动力装置安装课程标准的要求编写而成的。本书通过深入分析企业岗位需求、全面掌握实践操作技能，将新技术、新工艺、新规范融入教材内容，设计组织了船舶动力装置论述、船舶轴系安装、船舶柴油机主机安装、船舶螺旋桨安装、船舶舵系安装、船舶辅机安装和船舶动力装置总体验收 7 个项目 21 个任务，对船舶动力装置相关知识、安装工艺过程、工艺方法、工装设备进行了系统介绍。

本书针对船舶动力工程技术专业编写，可作为从事船舶动力装置安装工作技术人员的参考用书，也可供船舶行业职工培训及研究设计人员参考。

版权专有　侵权必究

图书在版编目（CIP）数据

船舶动力装置安装 / 郑学贵，马宁主编 .-- 北京：北京理工大学出版社，2021.11
ISBN 978-7-5763-0420-6

Ⅰ . ①船… Ⅱ . ①郑… ②马… Ⅲ . ①船舶机械－动力装置－设备安装－教材 Ⅳ . ① U664.1

中国版本图书馆 CIP 数据核字（2021）第 261025 号

出版发行 / 北京理工大学出版社有限责任公司
社　　址 / 北京市海淀区中关村南大街 5 号
邮　　编 / 100081
电　　话 /（010）68914775（总编室）
　　　　　（010）82562903（教材售后服务热线）
　　　　　（010）68944723（其他图书服务热线）
网　　址 / http://www.bitpress.com.cn
经　　销 / 全国各地新华书店
印　　刷 / 河北鑫彩博图印刷有限公司
开　　本 / 787 毫米 ×1092 毫米　1/16
印　　张 / 19　　　　　　　　　　　　　　　责任编辑 / 阎少华
字　　数 / 453 千字　　　　　　　　　　　　 文案编辑 / 阎少华
版　　次 / 2021 年 11 月第 1 版　2021 年 11 月第 1 次印刷　　责任校对 / 周瑞红
定　　价 / 79.00 元　　　　　　　　　　　　 责任印制 / 边心超

图书出现印装质量问题，请拨打售后服务热线，本社负责调换

前　言

本书根据国务院印发的《国家职业教育改革实施方案》、教育部印发的《职业院校教材管理办法》、教育部等九部门印发的《职业教育提质培优行动计划（2020—2023年）》中对职业院校教材的相关要求，依据国家船舶建造标准、船舶行业职业标准（规范）、船舶动力工程技术专业标准和船舶动力装置安装课程标准进行编写。本书的编写是在国家"双高计划"船舶工程技术专业群项目建设背景下，力求推进船舶动力工程技术专业"三教"（教师、教材、教法）改革，更好地培养学生专业能力、帮助学生学习工作过程知识、促进学生关键能力和综合素质的提高。

本书突出教学内容的实用性和实践性，坚持以职业能力为本位，以应用为目的，以必需、够用为度，满足船舶动力装置安装职业岗位的需要，以相应的职业技能等级证书标准接轨，将企业的新技术、新工艺、新规范、新设备纳入教材内容，同时融入全国职业院校船舶主机和轴系安装技能大赛实际操作任务，将船舶钳工职业资格（技能）证书所要求的知识和技能纳入教材内容。本书内容的组织结构是按照"以全面素质为基础、以职业能力为本位"的教学理念，符合学生的认知规律和技能养成规律，遵循劳动过程的系统化，符合工作过程逻辑，适应课程的综合化、模块化和融媒体的需要，服务学生在船舶动力装置安装职业面向成长成才和就业创业，还注重与相关专业课程的紧密联系并形成体系。

参加本书编写工作的有第一主编渤海船舶职业学院郑学贵（编写项目一及项目二中的任务一、任务三和任务五、任务六）、第二主编渤海船舶重工有限责任公司马宁（编写项目三）；副主编渤海船舶职业学院闫佳兵（编写项目四）、渤海造船厂集团有限公司鲍洪亮（编写项目七）；参编渤海船舶职业学院蔡尚峰（编写项目五）、上海龙禹船舶技术有限公司徐晓玉（编写项目二中的任务二和任务四）、渤海船舶职业学院李冬梅（编写项目六）。本书由沪东中华造船（集团）有限公司肖聪担任主审。

由于编者水平有限，加之船舶动力装置涉及内容较多，而且随着科学技术的进步还在不断的发展中，教材中缺点和不当之处在所难免，敬请读者批评指正。

编　者

目 录 / Contents

01 项目一　船舶动力装置论述　　1
任务一　船舶动力装置认知　　2
任务二　船舶动力装置性能分析与安装工艺编制　　13

02 项目二　船舶轴系安装　　24
任务一　船舶轴系认知　　25
任务二　轴系配对　　43
任务三　确定轴系理论中心线　　54
任务四　镗削轴系孔　　67
任务五　轴系主要部件的安装　　82
任务六　轴系校中及固定　　112

03 项目三　船舶柴油机主机安装　　147
任务一　主机安装的准备　　148
任务二　柴油机主机安装　　157

04 项目四　船舶螺旋桨安装　　177
任务一　制造加工螺旋桨　　178
任务二　研配螺旋桨　　190
任务三　预装螺旋桨　　197
任务四　船上安装螺旋桨　　208

05 项目五　船舶舵系安装　217

　　任务一　认知船舶舵系　218
　　任务二　确定舵系理论中心线　226
　　任务三　船舶舵系安装　233

06 项目六　船舶辅机安装　246

　　任务一　船舶辅机安装通用工艺认知　247
　　任务二　典型辅机安装　260

07 项目七　船舶动力装置总体验收　274

　　任务一　系泊试验　275
　　任务二　航行试验　287

参考文献　295

01 项目一 船舶动力装置论述

【项目描述】

船舶动力装置是船舶为获取机械能、电能和热能而配置的机械设备的组合。其目的是保证船舶正常航行、停泊、作业及船员和旅客正常生活的需要。船舶动力装置首要的任务是供给船舶以推进力，因此，推进装置（主机、轴系和推进器）是船舶动力装置中最重要的组成部分，构成船舶动力装置的还有锅炉、发电机组和服务于主机、锅炉和其他船舶设备的辅机，以及把它们连接起来的管路等。本项目主要通过学习船舶动力装置的组成及其作用，对船舶动力装置有全面的认识，为后面学习船舶动力装置的安装打下良好的基础。

【项目分析】

本项目主要是通过介绍船舶动力装置发展，明确船舶动力装置的组成，通过动力装置类型的划分及船舶动力装置性能的比较，全面认知船舶动力装置，同时，依据船舶建造工艺及船舶企业的实际设备、场地、技术等明确编制船舶动力装置安装工艺规程的步骤。本项目将通过船舶动力装置认知和船舶动力装置性能分析与安装工艺编制两个任务来学习和训练。

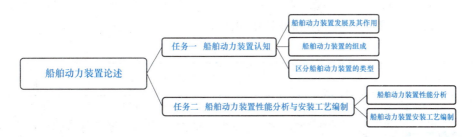

【相关知识和能力】

知识	能力
1. 船舶动力装置的组成及作用； 2. 船舶动力装置的类型、特点及基本原理； 3. 船舶动力装置的基本特性指标； 4. 后传动设备的类型及作用； 5. 船舶动力装置安装工艺规程的编制步骤	1. 能说出船舶动力装置的组成及作用； 2. 准确区分船舶动力装置的类型； 3. 能够判断船舶动力装置的性能； 4. 会编制船舶动力装置安装工艺规程

任务一　船舶动力装置认知

【任务分析】

本任务主要是对船舶动力装置的发展和组成进行认知,在此基础上划定和比较船舶动力装置类型及优点、缺点,主要通过船舶动力装置和各类型动力装置的特点进行比较,对船舶动力装置有全面的认知。

【学习目标】

1. 说出船舶动力装置的组成和作用;
2. 说出主推进装置的具体组成;
3. 说出船舶动力装置的类型;
4. 准确比较各类型船舶动力装置的主要优点和缺点;
5. 提升爱国情感和中华民族自豪感;
6. 自我检验学习成果,对此任务的学习过程进行总结和反思。

【任务实施】

一、船舶动力装置发展及其作用

引导问题1:船舶动力装置有哪些作用和任务?

小提示

在相当长的岁月里,作为载运工具的舟、船都是利用水流的自然漂流及风力、人力作为行进的动力。直到1807年,以蒸汽作为船舶推进动力源的"克莱蒙特"号的建成,标志着船舶以动力机械作为推进动力装置时代的开始。

当时的推进装置由蒸汽机带动一个桨轮构成,桨轮直径较大且大部分露出水面,因而人们又称之为"明轮",而把装有明轮的船舶称为"轮船",把产生动力的蒸汽锅炉和蒸汽机等成套设备称为"轮机"。当时的"轮机"仅是推进设备的总称。随着科学的发展和技术的进步,为适应船上的各种作业、人员生活、财产和人员安全的需要,不仅推进设备逐渐完善,而且还增设了诸如船舶电站、装卸货机械、冷藏和空调装置、海水淡化装置、防污染设备,以及压载、舱底、消防、蒸汽、压缩空气与自动控制等系统，扩大了"轮机"一词所包含内容的范围。

一般来说，"船舶动力装置"的含义和"轮机"的含义基本相同，即为了满足船舶航行、各种作业、人员的生活、财产和人员的安全需要所设置的全部机械、设备和系统的总称。

船舶动力装置是各种能量的产生、传递、消耗的全部机械、设备，也是船舶的一个重要组成部分。船舶动力装置的主要任务是为船舶提供各种能量，保证船舶正常航行、作业、人员生活的安全等。

二、船舶动力装置的组成

引导问题2：简述船舶动力装置主要组成部分。

_____

_____

引导问题3：明确推进装置通常包含哪些设备？

_____

_____

小提示

现在的船舶动力装置主要由推进装置、辅助装置、船舶系统、甲板机械、防污染设备和自动化设备六部分组成。对于特种船，如油轮，还有特种系统。

1. 推进装置

推进装置是提供船舶正常航行所需推动力的一整套设备。其中包括以下内容：

（1）主机：主机是指推进船舶航行的动力机，也是动力装置的最主要部分，如柴油机、蒸汽轮机、燃气轮机等。

（2）船舶轴系：船舶轴系用来将主机的功率传递给推进器，包括传动轴、轴承和密封件等。

（3）传动设备：传动设备是将主机动力传递接通或断开给推进器的中间部件。其主要包括起接合或断开作用的离合器、减速箱和联轴器等。

（4）推进器：推进器是能量转换的设备，它将主机发出的能量转换成船舶推力。它包括螺旋桨、喷水推进器、电磁推进器等。大部分船舶使用螺旋桨。

图1-1-1所示为典型的船舶动力装置。图中表示出了主机、传动设备、轴系和螺旋桨的连接情况。主机产生的转矩通过传动设备和轴系，传递到螺旋桨，使其在水中转动，根据需要能使船舶前进或后退。

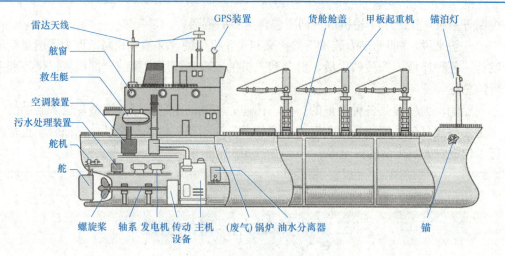

图 1-1-1　船舶动力装置

2．辅助装置

辅助装置是指提供除船舶推进船舶运动所需能量外，用以保证船舶航行和生活需要的其他各种能量的设备。

（1）船舶电站。船舶电站的作用是供给辅助机械及全船所需的电能。其由发电机组、配电板及其他电器设备组成。

（2）辅锅炉装置。辅锅炉装置一般提供低压蒸汽，以满足加热、取暖及其他生活需要。它由辅锅炉及为其服务的燃油、给水、鼓风、配气系统、管路、阀件及控制系统等组成。

（3）压缩空气系统。压缩空气系统供应全船所需的压缩空气，以满足作业、启动及船舶用气等用途，主要有空气压缩机、空气瓶、管系、阀件及其他设备。

3．管路系统

管路系统是用来连接各种机械设备，并输送相关流体的管系，由各种阀件、功率、泵、滤器、热交换器等组成。

（1）动力系统。动力系统是为推进装置和辅助装置服务的管路系统。其主要包括燃油系统、滑油系统、海淡水冷却系统、蒸汽系统和压缩空气系统等。

（2）辅助系统。辅助系统是为船舶平衡、稳性、人员生活和安全服务的管路系统。其主要包括压载水系统、舱底水系统、消防系统、日用海淡水系统、通风系统、空调系统和冷藏系统等。

4．甲板机械

甲板机械是为保证船舶航向、停泊、装卸货物所设置的机械设备。其主要包括舵机、锚机、绞缆机、起货机、开/关舱盖机械、吊艇机及悬梯升降机等。

5．自动化设备

自动化设备是为改善船员工作条件、减轻劳动强度和维护工作量、提高工作效率及减少人为操作失误所设置的设备。其主要包括遥控、自动调节、监控、报警和参数自动打印等设备。

6. 防污染设备

营运船舶所排放的污染源较多，如含油污水、生活污水、垃圾、废气等。为满足《MARPOL73/78公约》对船舶排放的要求，船舶必须配备油水分离器、生活污水处理装置、焚烧炉等防污染设备。

三、区分船舶动力装置的类型

引导问题 4：学习【任务实施相关知识】中的相关内容，比较分析各类型动力装置的优点、缺点，填在表 1-1-1 中。

表 1-1-1　船舶动力装置的优点缺点

序号	类型	主要优点	主要缺点
1	柴油机动力装置		
2	蒸汽轮机动力装置		
3	燃气轮机动力装置		
4	联合动力装置		
5	核动力装置		

【学习成果评价】

各组自我检验学习成果，对此任务的学习过程进行总结和反思。学生根据任务学习的过程与结果真实、诚信地完成评价表 1-1-2 ～表 1-1-4。教师根据学生学习过程与结果客观、公正、全面地完成评价表 1-1-3 和表 1-1-4，对学生进行综合评价。

表 1-1-2 学生自评表

任务	完成情况记录
任务是否按计划时间完成	
相关理论完成情况	
技能训练情况	
任务完成情况	
任务创新情况	
材料上交情况	
收获	

表 1-1-3 学生互评表

序号	评价项目	小组互评	教师评价	总评
1	任务是否按时完成			
2	材料完成上交情况			
3	成果质量			
4	语言表达能力			
5	小组成员合作面貌			
6	创新点			

表 1-1-4 教师评价表

序号	评价项目	自我评价	互相评价	教师评价	综合评价
1	学习准备				
2	引导问题填写				
3	规范操作				
4	完成质量				
5	关键操作要领掌握				
6	5S管理、环保节能				
7	职业态度与精神				
8	参与讨论主动性				
9	沟通协作				
10	展示汇报				

注：评价档次统一采用A（优秀）、B（良好）、C（合格）、D（努力）四个档。

【任务实施相关知识】

船舶动力装置的类型及特点

船舶动力装置的类型一般是以主机的结构形式来命名的。现代船舶典型的船舶动力装置有柴油机动力装置、蒸汽轮机动力装置、燃气轮机动力装置、联合动力装置和核动力装置。

（一）柴油机动力装置

柴油机动力装置由于其具有比较优良的性能，而广泛应用于货船、客船、渔船、油轮、工程船舶及军工舰船上。目前，我国柴油机船的船舶总数、吨位和主机总功率占市场份额 90% 以上。

1. 柴油机动力装置的优点

（1）有较高的经济性。耗油率比蒸汽、燃气轮机低得多。高速柴油机耗油率为 $200 \sim 250$ g/(kW·h)，中速机耗油率为 $150 \sim 220$ g/(kW·h)，低速机耗油率为 $160 \sim 180$ g/(kW·h)。某些中、低速柴油机可采用重油，耗油率稍高些，但燃油价格低，故经济性高。而蒸汽轮机装置耗油率为 $180 \sim 350$ g/(kW·h)，燃气轮机耗油率为 $250 \sim 400$ g/(kW·h)。

（2）质量轻。由于柴油机耗油率低，所以在一定的燃油储量下，船舶续航力可提高或者一定的续航力下可减少燃油储备量，增大其他物品的承载量。柴油机装置中除主机和传动机组外，不需要主锅炉或燃烧室、工质输送管道，所以，辅助机械设备少、布置简单，故单位质量指标数值较小。

（3）具有良好的机动性。操作简单，启动方便，正倒车迅速。一般启动前准备时间不超过 2 min，正常启动到全负荷运行只需要 $10 \sim 30$ min，紧急时只需要 $3 \sim 10$ min，虽然比燃气轮机差些，但不需要燃气轮机那样的启动和倒车设备。柴油机停车只需要 $2 \sim 5$ min，主机本身停机只需几秒钟即可。

2. 柴油机动力装置的缺点

（1）单机功率低。柴油机单机功率与气缸数、气缸工作容积、平均有效压力及转数成正比。现代柴油机的平均有效压力一般为 $1.0 \sim 2.5$ MPa。柴油机质量、尺寸随功率增长很快，其单位功率的质量：高速机为 $1.4 \sim 3.7$ kg/kW，中速机为 $10 \sim 19$ kg/kW，低速机为 $20 \sim 35$ kg/kW。所以，柴油机的单机功率受到限制，低速机仅为 4×10^4 kW，中速机为 2×10^4 kW 左右，高速机在 8×10^3 kW 以下，这就限制了柴油机在大功率船舶上的应用。

（2）柴油机工作中振动噪声大。由于柴油机工作循环的周期性和主要运动部件的往复运动，故振动噪声大，应采取减振降噪措施，以满足船舶相关规范要求。

（3）大修期限较短。中高速柴油机运动部件磨损较严重，因此大修期限短。一般中速柴油机为 $2 \times 10^4 \sim 5 \times 10^4$ h，高速柴油机为 $10^4 \sim 2 \times 10^4$ h，船用轻型高速强载柴油机大修期为 $2 \times 10^3 \sim 5 \times 10^3$ h。

（4）柴油机在低转速区工作时稳定性差。一般最低工作稳定转速为额定转速的

30%～40%，在这样的转速下柴油机各缸喷油均匀性恶化。因此，低转速时波动大，影响船舶的低速航行性能。另外，柴油机超负荷 10% 时的运行时间为 1 h，过载能力较差。

（5）滑油消耗率较高。由于部分滑油在气缸中烧掉，滑油蒸汽从曲轴箱中排出，故滑油耗率较高，一般为 0.5～4 g/(kW·h)。

（二）蒸汽轮机动力装置

蒸汽轮机动力装置主要用于航空母舰、核潜艇主推进装置，由锅炉、蒸汽轮机、冷凝器、轴系、管系及其他有关机械设备组成，如图 1-1-2 所示。在这种装置中的燃料在发动机的外部燃烧，即在锅炉中进行的，为此蒸汽轮机也是外燃机的一种类型。

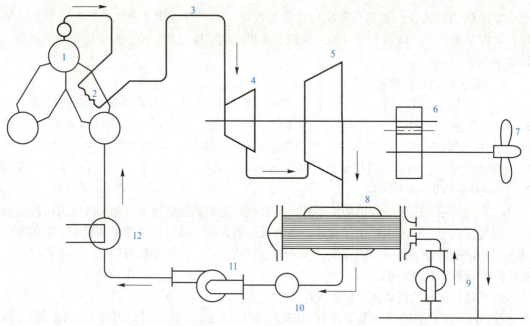

图 1-1-2 蒸汽轮机动力装置

1—锅炉；2—过热器；3—主蒸汽管路；4—高压蒸汽轮机；5—低压蒸汽轮机；6—减速齿轮；7—螺旋桨；8—冷凝器；9—冷却水循环泵；10—凝水泵；11—给水泵；12—给水预热器

燃料在锅炉 1 的炉膛内燃烧，放出热量，水在水管中吸热气化成饱和蒸汽；饱和蒸汽在蒸汽过热器 2 中吸热成过热蒸汽；过热蒸汽进入高压蒸汽轮机 4 和低压蒸汽轮机 5 膨胀做功，使蒸汽轮机叶轮旋转，再通过减速齿轮 6 带动螺旋桨 7 工作。做过功的乏汽在冷凝器 8 中将热量传递给冷却水，同时本身凝结成水，然后由凝水泵 10 抽出，并经供给水泵 11 通过给水预热器 12 打入锅炉 1 的水鼓，从而形成一个工作循环。冷凝器 8 中的冷却水用循环泵 9 由舷外打入，吸热后又排至舷外。

1. 蒸汽轮机动力装置的主要优点

（1）蒸汽轮机的转子在高温、高压、高速流动的蒸汽作用下连续工作，转速较高（船舶推进主机一般为 $3×10^3$～$7×10^3$ r/min，蒸汽轮发电机大多 $≥3×10^3$ r/min），而且可采用高压、低压几级蒸汽轮机，因此，单机功率很大。现代单机蒸汽轮机单机功率可达 $1.2×10^3$ MW，因此，主机本身的单位质量、尺寸指标优越。

（2）蒸汽轮机叶轮转速稳定，没有周期性作用力，因此，蒸汽轮机组振动噪声小。

（3）蒸汽轮机工作时只是转子轴承处有摩擦阻力，故磨损部件少，工作可靠性高，使用期限可高达 10^5 h 以上。

（4）可使用劣质燃油，滑油消耗率低，仅为 0.1～0.5 g/(kW·h)，柴油机滑油消耗率为 3～10 g/(kW·h)。

（5）蒸汽轮机主机结构简单、紧凑，使用管理方便，保养维修工作量小。

2. 蒸汽轮机动力装置的缺点

（1）蒸汽轮机动力装置由于装备锅炉、冷凝器及辅机和设备，故整个动力装置比较复杂，装置质量尺寸大。装置单位质量为 24～26 kg/kW，占去了船舶许多营运排水量。

（2）燃油消耗量大，装置效率低。额定经济性仅为低速柴油机装置的 1/1.5～1/2，部分工况下仅为 1/2.5～1/3。在相同燃料储备下续航力低。

（3）机动性差。由于启动前要加热滑油冷凝器，主机暖机蒸汽参数达到规定值才能启动，故启动前准备时间为 30～35 min，缩短暖机过程后也需要 15～20 min。为了舰艇作战时能立即起锚航行，就必须以暖机状态停泊，从而增加了燃料消耗。另外，从一种工况变换到另一种工况的耗时也较柴油机长 2～3 倍。

（三）燃气轮机动力装置

燃气轮机动力推进装置多用于军用舰艇上，它能满足舰艇对动力装置提出的高速、高机动性和极低的单位质量指标的战术技术要求，如图 1-1-3 所示。船舶燃气轮机由三部分组成。

（1）压气机：压气机用来压缩进入燃烧室的空气。

（2）燃烧室：燃料在其中燃烧成燃气。

（3）涡轮：将燃气的热能转变成推动轴系和螺旋桨的机械功。

如图 1-1-3 所示，在运转过程中，燃气轮机的压气机由大气中吸取一定量的空气，并将其压缩到某一压力后就供给燃烧室的火焰管及火焰管与外壳之间的环形通道。流向燃烧室火焰管的那部分空气是供给燃烧室作油气混合并燃烧使用的，仅占空气流量的 25%，而流向环形通道的那部分空气，则用于冷却燃烧室和掺混高温燃气。燃油和空气混合燃烧后产生的炽热气体，其温度高达 1 800 ℃～2 000 ℃。这种高温燃气必然要对燃烧室进行强烈的辐射热交换和对流热交换，如果燃烧室的内衬（火焰管）不进行冷却，就极易烧坏。所以，保证在环形通道中间有一定量空气流过是很必要的。另外，燃烧室的高温燃气如果直接流入燃气涡轮，涡轮的材料也很难承受这样的高温，所以也需要大量的冷却空气和这种高温燃气掺混，将燃气温度降低到燃气涡轮材料所允许的最高持续温度。燃气经掺混达到特定温度后，就流向燃气涡轮并在其中膨胀做功，然后排入大气。燃气轮机组件可分为高压涡轮和低压涡轮两部分。高压涡轮通过联轴器驱动压气机进行空气压缩；而低压涡轮通过中间轴和挠性联轴器驱动螺旋桨。一般来说，将压气机、燃烧室和驱动压气机的高压涡轮看作一个整体，称为燃气发生器；而将驱动螺旋桨的低压涡轮称作动力涡轮。

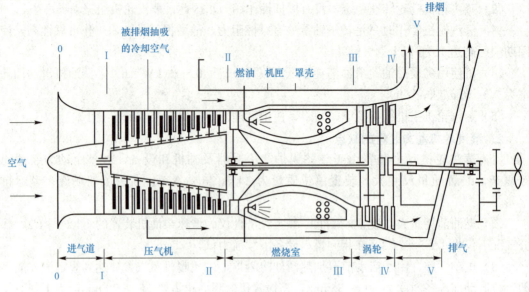

图 1-1-3 燃气轮机动力装置原理

1. 燃气轮机动力装置的优点

（1）单位功率的质量尺寸较小。加速用燃气轮机装置的单位质量可达 0.65～1.3 kg/kW，全工况用燃气轮机装置为 2～4 kg/kW。机组功率也较大，复杂线路的燃气轮机装置（有中间冷却、中间加热和回热设施）机组功率可达 6×10^4 kW。

（2）良好的机动性。从冷态启动到全负荷启动时间为 2～3 min，大功率复杂线路的燃气轮机动力装置需 3～5 min。

（3）燃料消耗率不及柴油机。燃料消耗率一般达到 200～390 g/(kW·h)，低负荷时经济性的恶化比蒸汽轮机小。

2. 燃气轮机动力装置的缺点

（1）主机本身不能自行反转，且反转的机组结构复杂，一般设置专用倒车设备。燃气轮机进出口附近噪声大，须采取消声措施。

（2）由于燃气的高温，叶片使用的合金钢价格很高，工作可靠性差、寿命短，燃气初温在 1 200 ℃以上的燃气轮机，寿命为 8 000 h。

（3）燃气轮机的耗油率高，达到 200～300 g/(kW·h) 高速柴油机耗油率的水平。

（4）由于燃气轮机工作时空气流量大，一般为 16～23 g/(kW·h)〔柴油机为 5 kg/(kW·h)，蒸汽轮机为 6 kg/(kW·h)〕，因此进排气管道尺寸较大，给机舱布置带来困难。甲板上有较大的管道通过切口，影响了船体的强度。

（四）联合动力装置

联合动力装置是由两种不同形式的动力装置组成的。联合动力装置在商船上应用极少，主要用于军用舰艇。目前主要有以下四种形式的联合动力装置：

（1）蒸汽轮机与加速燃气轮机联合动力装置（蒸-燃联合）；

（2）柴油机与燃气轮机联合动力装置（柴-燃联合）；

（3）燃气轮机与加速燃气轮机联合动力装置（燃-燃联合）；

（4）柴油机－电力推进装置（柴－电联合）。

1. 联合动力装置的优点
（1）在保证足够大的功率情况下，动力装置质量、尺寸小。
（2）操纵方便，备车迅速，紧急情况下可用燃气轮机立即开车。
（3）自巡航到全速工况加速时间短。
（4）两机组共用一个减速齿轮箱，具有多机组并车的可靠性。

2. 联合动力装置的缺点
（1）必须配置适用不同机种的燃料及相应的管路和储存设备，不同类燃料的储存比例会影响舰艇战术性能。
（2）共同使用一个主减速器，小齿轮数目多，结构复杂。
（3）在减速器周围布置两种不同类型的机组难度较大。

（五）核动力装置

核动力装置主要用在航母、军舰、潜艇或破冰船上。核动力装置是以原子核的裂变反应所产生的巨大热能，通过工质（蒸汽或燃气）推动蒸汽轮机或燃气轮机工作的一种装置。现有的核动力舰艇绝大多数采用压力水型反应堆。图 1-1-4 所示为压力水堆核动力装置原理流程。

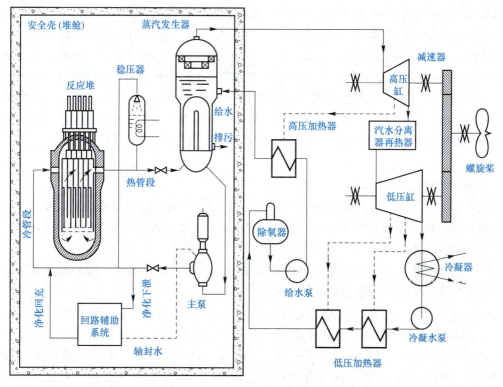

图 1-1-4　压力水堆核动力装置原理流程

1. 一回路装置

一回路系统是完全相同的，各自独立且相互对称的，平行而并联在反应堆压力壳接管上的密闭环路。每一条环路都由一台蒸汽发生器，一台反应堆冷却泵，反应堆进出口接管处的各一只冷却剂隔离阀和连接这些设备的主回路冷却剂管道组成。反应堆冷却剂的高温高压水，在反应堆冷却剂泵的驱动下，流经反应堆堆芯，吸收了核燃料裂变放出的热能后出堆，流经蒸汽发生器，通过蒸汽发生器的U形传热管壁面，把热量尽可能多地传递给U形管外侧二回路系统的蒸汽发生器给水，然后流回反应堆冷却剂泵，再重新被泵送进反应堆。吸收堆芯核燃料持续释放出的热能再出堆，如此循环往复构成了放射性密闭循环回路。为了维持反应堆安全可靠且正常的工作，一回路系统还包括一些必须设置的辅助系统。为了稳定和限制一回路冷却剂压力波动，设有稳压器压力安全和压力卸放系统。这个系统通过波动管，使冷却剂可以自由地从主回路涌入稳压器，或从稳压器返回主回路中。维持主回路中的工作压力在一定的水平上，从而保持了一回路系统的稳定。另外，一回路的辅助系统还包括冷却剂净化系统、危急冷却系统、化学停堆系统、设备冷却水系统、补给水系统、取样分析系统、去污清洗系统、安全注射系统、放射性废物废液废气的处理系统等。

2. 二回路装置

二回路系统是将蒸汽的热能转换成机械能或电能的装置。二回路系统主要由蒸汽发生器、蒸汽轮机、主冷凝器、冷凝水泵、给水加热器、除氧器、循环水泵、中间汽水分离器和相应的阀门、管路组成。

二回路系统的蒸汽发生器给水，通过蒸汽发生器大量U形管的管壁，吸收了一回路高温高压水从反应堆带来的热量，在蒸汽发生器里蒸发形成饱和蒸汽，蒸汽从蒸汽发生器顶部流出。通过主蒸汽管流进蒸汽轮机的主气门和调节气门，然后进入蒸汽轮机高压汽缸，推动叶轮做功，然后通过减速器、齿轮组传递给螺旋桨，使其旋转。自高压缸出来的蒸汽流经中间汽水分离器，提高干度后的蒸汽再进入蒸汽轮机低压缸，驱动低压蒸汽轮机做功，做功后的乏汽，全部排入低压缸下的主冷凝器，通过循环冷却水的冷却后凝结成水，冷凝水由冷凝水泵驱动进入低压加热器加热再到除氧器加热除氧，然后经给水泵送到高压加热器再加热，提高温度后重新返回蒸汽发生器，作为蒸汽发生器给水，再进行上述循环。

3. 核动力装置的优点

（1）核动力以极少量的核燃料而释放出巨大的能量，这就可以保证船舶以较高的航速航行很远的距离。如轴功率为 1.1×10^4 kW 的核动力装置，航速可达 25 kn，一昼夜仅消耗核燃料 15～18 g。

（2）核动力装置在限定舱室空间内所能供给的能量，比其他形式的动力装置要大得多，也就是说核动力装置能发出极大的功率。

（3）核动力装置的另一最大特点是不消耗空气而获得能量，这可使潜艇长期在水下航行，隐蔽性能大大提高。对于水面舰艇，由于不需要进排气装置和管路，船体上无烟囱，进排气口小，因而减小了甲板开口，有利于全船的封闭。对于防止放射性及有毒物质进入舱内是有利的，也可减少对方红外侦察器的发现及红外自导武器的攻击危险性。

4. 核动力装置的缺点

（1）核动力装置的质量比较大。因为核分裂反应释放出大量的放射性物质，对人体有严重的杀伤作用，且污染环境。另外，为保证核动力船舶在遭遇碰撞、触礁、海浪冲击着火、爆炸等意外灾害时不致污染海洋，除核反应堆容器加数层围阻屏蔽系统，以阻止放射性物质逃离反应堆外，动力装置应加装屏蔽系统。这些屏蔽系统具有质量、尺寸大的特点，使得装置质量显著增加。如 $5×10^4$ t 以上的核动力舰艇单位功率质量可达 $34 \sim 37$ kg/kW，其中屏蔽系统质量占整个动力装置的 30% 以上。

（2）操纵管理检查系统比较复杂。在防护层内的机械设备必须远距离操作，而且在核动力船舶上还必须配置独立的其他形式的能源，来供反应堆启动时的辅助设备和反应堆停止工作后冷却反应堆的设备使用，这就增加了动力装置的复杂性。另外，在核动力装置的船舶上还必须设置专门的机器和设备，用以装卸核燃料和排除反应堆中载有放射性的排泄物。

（3）核动力装置造价高。反应堆活性区的材料都是价格高的稀有高级合金（锆合金、铍金属、硼钢等）。根据统计，一方面，建造一个舰艇反应堆比建造同样排水量潜艇的柴油机动力装置，成本要高 10 倍；另一方面，核燃料也昂贵，尤其浓缩铀，浓缩度越高价格越高，如核动力潜艇加满一次核燃料（用 $2 \sim 2.5$ 年）要比载有一般动力装置的潜艇在同一时间内所需燃料的费用高 10 倍左右。

船舶动力装置简介

任务二　船舶动力装置性能分析与安装工艺编制

【任务分析】

本任务主要是对船舶动力装置的性能进行分析，在此基础上明确船舶动力装置安装工程及安装工艺规程的编写步骤，主要通过性能指标的描述和船舶动力装置安装内容的阐述，对船舶动力装置性能和安装工艺编制有全面的认知。

【学习目标】

1．正确说出船舶动力装置性能体现的三个方面；
2．正确说出技术指标、经济指标中各指标的含义；
3．理解性能指标的体现；
4．准确说出船舶动力装置主要安装工程；
5．明确船舶动力装置安装工艺的编制步骤；
6．提升标准、规范意识；
7．自我检验学习成果，对此任务的学习过程进行总结和反思。

● 【任务实施】

一、船舶动力装置性能分析

引导问题1：完成下列船舶动力装置性能分析的填空题。

（1）船舶动力装置基本特性指标通常有_____、_____和_____三个方面的指标。

（2）船舶动力装置的技术指标包含_____、_____和_____三个方面的指标。

（3）船舶动力装置的功率指标通常有_____、_____和_____三个方面的指标。

二、船舶动力装置安装工艺编制

引导问题2：船舶动力装置安装工程主要包含哪些工作？

_____
_____
_____
_____

小提示

　　船舶动力装置安装工艺学是指包括主机、辅机、轴系、设备和管路系统等整个动力装置的部件及有关舾装件在内的全部安装工程，采用先进的科学技术方法进行安装和调试，以达到提高生产率、降低建造成本、改进产品质量、缩短造船周期目的的一门综合性的应用科学。船舶或舰艇建成后成为商品而提供给订货方，它必须经过船体建造与舾装、轮机舾装、电气舾装、木作绝缘舾装和涂装等生产过程及工艺过程才能完成。船舶动力装置（简称"轮机"）安装工程主要包括以下工作：

　　（1）轴、舵系零部件内场加工；

　　（2）推进装置（包括轴系、螺旋桨和主机等）安装；

　　（3）舵系安装；

　　（4）辅机安装；

　　（5）管系的加工和安装。

　　必须指出的是，船舶的生产过程是由许多工厂分工完成的，轮机安装工程同样如此，有些设备，如螺旋桨和轴的加工便经常由外协厂家完成。这样做的主要目的是控制成本、保证周期、提高质量。

引导问题3：编写轮机安装工艺规程的步骤。

___

___

___

___

___

> **小提示**
>
> 在轮机安装工艺设计中，流程的设计也非常重要。轮机安装工艺流程取决于生产规模、安装过程的劳动量和安装件的结构、质量等因素。轮机安装一般属于自由移动式安装，即安装件从一个存放地点吊运到机舱布置图要求应到位的坐标位置上，并给予校中、连接、配垫、钻铰孔、紧固和验收等安装顺序，在每一安装区域，均配备专用工装设备和量卡具等。根据被安装件的安装顺序，不断地将所需要的安装件运送到相应的安装位置，使其定位、安装完毕。轮机安装工艺规程的编写步骤如下：
>
> （1）分析研究安装件的总装图、验收技术条件、检验标准和零部件明细表；
>
> （2）确定安装的组织形式，即首制产品还是批量船，由此派生出相适应的组织形式；
>
> （3）确定各安装件的科学排列顺序，力求符合安装过程节拍的要求；
>
> （4）选择和制作安装工艺过程中所要用到的工装设备和工、量、卡具；
>
> （5）确定安装质量检验的方法和标准；
>
> （6）确定工人等级及工时定额；
>
> （7）确定安装件的吊运方法；
>
> （8）确定安装操作指导卡；
>
> （9）拟订试验大纲。

船舶建造轮机通用工艺

【学习成果评价】

各组自我检验学习成果，对此任务的学习过程进行总结和反思。学生根据任务学习的过程与结果真实、诚信地完成评价表1-2-1～表1-2-3。教师根据学生学习过程与结果客观、公正、全面地完成评价表1-2-2和表1-2-3，对学生进行综合评价。

表 1-2-1 学生自评表

任务	完成情况记录
任务是否按计划时间完成	
相关理论完成情况	
技能训练情况	
任务完成情况	
任务创新情况	
材料上交情况	
收获	

表 1-2-2 学生互评表

序号	评价项目	小组互评	教师评价	总评
1	任务是否按时完成			
2	材料完成上交情况			
3	成果质量			
4	语言表达能力			
5	小组成员合作面貌			
6	创新点			

表 1-2-3 教师评价表

序号	评价项目	自我评价	互相评价	教师评价	综合评价
1	学习准备				
2	引导问题填写				
3	规范操作				
4	完成质量				
5	关键操作要领掌握				
6	5S 管理、环保节能				
7	职业态度与精神				
8	参与讨论主动性				
9	沟通协作				
10	展示汇报				

注：评价档次统一采用 A（优秀）、B（良好）、C（合格）、D（努力）四档。

【任务实施相关知识】

一、船舶动力装置的基本特性指标

动力装置基本特性指标通常有技术指标、经济指标、性能指标三个方面。

1. 技术指标

（1）功率指标。功率指标表示船舶做功的能力。动力装置的功率是按船舶的最大航速来确定的，为了保持船舶的航速，动力装置的功率往往取大一些（一般大10%）。

1）船舶有效功率。已知船舶航行速度为 V_s（m/s）时，其运动阻力为 R（N），则推进船舶所需的有效功率为

$$P_e = R \cdot V_s \times 10^{-3} \text{ (kW)} \tag{1-1}$$

P_e 常称为拖曳功率，可以从船模或实验中获得。式中的阻力 R 相当于以速度 V_s 拖动船模（或实船）时绳索上的拖曳力。

2）主机的输出功率。主机的输出功率即主机的制动功率或有效功率。考虑推进效率（η_h、η_r、η_o）和轴系传动效率 η_s 后则主机的输出功率为

$$P_b = \frac{R \cdot V_s}{\eta_s \eta_d} \times 10^{-3} \text{ (kW)} \tag{1-2}$$

式中　η_d——$\eta_d = \eta_h \eta_r \eta_o$；

η_h——船身效率；

η_r——螺旋桨相对旋转效率；

η_o——敞水效率。

新船设计时，要确定推进器装置的功率，只要知道母型船的排水量、功率及航速等技术参数即可，一般采用"海军系数法"进行估算。

$$P_e = \frac{\Delta^{\frac{2}{3}} \cdot V_s^3}{C} \text{ (kW)} \tag{1-3}$$

式中　Δ——排水量（t）；

V_s——航速（kn）；

C——海军系数，与船型有关，若已知型船的航速 V_o，排水量 Δ_o 和功率 P_{eo}。则有

$$C = \frac{\Delta_o^{\frac{2}{3}} V_o^3}{P_{eo}} \tag{1-4}$$

3）相对功率。对于排水量相同的船舶，由于其性质、任务不同，动力装置所要求的功率相差很大。为便于比较，通常用相对功率表示。所谓相对功率就是对应于推进船舶每吨排水量所需的主机有效功率。

$$P_r = \frac{P_b}{\Delta} \text{ (kW/t)} \tag{1-5}$$

因为 $P_b = \frac{\Delta^{\frac{2}{3}} V_s^3}{C_2}$，$C_2 = C \cdot \eta_d$，$\eta_d$ 为推进效率，$\eta_d = \frac{P_e}{P_b}$，所以

$$P_{\mathrm{r}} = \frac{\Delta^{\frac{2}{3}} V_{\mathrm{s}}^3}{C_2 \Delta} = \frac{V_{\mathrm{s}}^3}{C_2 \Delta^{\frac{1}{3}}} \text{（kW/t）} \tag{1-6}$$

由此可见，相对功率与船速 V_{s} 的三次方成正比，与排水量的立方根成反比，故高速船舶每吨排水量所需要的功率较大。船的用途不同，其值也有一定差别，内河船舶比海船大些，军用船舶最大。

（2）质量指标。质量指标通常相对于主机功率或船舶排水量而言。在一定的排水量下，为了保证船舶具有足够的载货量，要求动力装置的质量越轻越好，但对于排水量相同的船舶，由于彼此的航速不同，所需要的总功率也不同，从而动力装置质量相差也很大。动力装置的质量指标常采用以下几项比值系数表示：

1）主机的单位质量 g_{z}，即主机单位有效功率的质量，表示式为

$$g_{\mathrm{z}} = \frac{G_{\mathrm{z}}}{P_{\mathrm{b}}} \text{（kg/kW）} \tag{1-7}$$

式中　G_{z}——主机质量（kg）；

　　　P_{b}——主机的有效功率（kW）。

对于内河船舶和军用舰艇要求有较小的 g_{z} 值。一般高速机 g_{z} 较低速机小。

2）装置的单位质量 g_{ε}，即主机单位有效功率所需动力装置的质量

$$g_{\varepsilon} = \frac{G_{\varepsilon}}{P_{\mathrm{b}}} \text{（kg/kW）} \tag{1-8}$$

式中　G_{ε}——动力装置的总质量（包括主机、辅机、管路、轴系、电站及锅炉等）（kg）。

动力装置质量有三个不同的内涵，即动力装置干质量（所有的机器、设备和管系的质量，不包括内部的工质和消耗品及其存储量）、湿质量（包括其内部所装工质和消耗品质量，但不包括消耗品存储量）和总质量（包括上述全部质量）。计算时常用湿质量。一般 g_{ε} 约为 g_{z} 的 2～3 倍。内河船舶的 g_{ε} 较海洋船舶小。

3）主机的相对质量 g_{zr}，即主机质量 G_{z} 与船舶满载排水量 Δ 之比，即

$$g_{\mathrm{zr}} = \frac{G_{\mathrm{z}}}{\Delta} \text{（kg/t）} \tag{1-9}$$

式中　Δ——船舶满载排水量（t）。

4）装置的相对质量 $g_{\varepsilon\mathrm{r}}$，即动力装置质量 G_{ε} 与船舶满载排水量之比：

$$g_{\varepsilon\mathrm{r}} = \frac{G_{\varepsilon}}{\Delta} \text{（kg/t）} \tag{1-10}$$

对于装置而言，其单位质量越小，表示该装置越轻，所消耗的金属材料也越少。但考虑到船舶种类不同及装置质量对船舶整体的影响，往往还要考虑相对质量，即 g_{zr} 和 g_{sr} 两个因素。

（3）尺寸指标。机舱的绝对尺寸有机舱总长度 L_{Σ}（m）、机舱总占有面积 S_{Σ}（m²）和机舱总占有容积 V_{Σ}（m³）。

机舱的相对尺寸有机舱的相对长度 $K_1=L_\Sigma/L_{wl}$、（L_{wl} 为船长）、机舱面积饱和度 K_s 和机舱容积饱和度 K_s。

1）面积饱和度 K_s。面积饱和度是指每平方米机舱面积所分配的主机有效功率，用公式表示为

$$K_s = \frac{P_b}{S_\Sigma} \text{（kW/m}^2\text{）} \tag{1-11}$$

式中　S_Σ——机舱所占面积（m²）。

2）容积饱和度 K_v。容积饱和度是指每立方米机舱容积所分配的主机有效功率，用公式表示为

$$K_v = \frac{P_b}{V} \text{（kW/m}^3\text{）} \tag{1-12}$$

式中　V——机舱所占的容积（m³）。

K_s 和 K_v 值大，表示机舱内机械设备布置得紧凑，利用程度高，这是在保证动力装置正常工作，方便维护的条件下力争做到的，但不同类型的船舶其指标也有差别。

2. 经济指标

动力装置的经济指标常用以下三个指标来表示：

（1）主机燃油消耗率 b_z。主机燃油消耗率是指在单位时间内主机单位有效功率所消耗的燃油量。

$$b_z = \frac{B_z}{P_b} \text{[kg/(kW·h)]} \tag{1-13}$$

式中　B_z——主机每小时燃油消耗量（kg/h）；
　　　P_b——主机有效功率（kW）。

（2）动力装置燃油消耗率 b_ε。

$$b_\varepsilon = \frac{B_\varepsilon}{P_b} \text{[kg/(kW·h)]} \tag{1-14}$$

式中　B_ε——主机、辅机、锅炉每小时燃油总耗量；$B_\varepsilon=B_z+B_f+B_g$（kg/h）。

（3）推进装置的有效热效率 η_e。推进装置的有效热效率是指有效功的热与所消耗的热之比，表达式为

$$\eta_e = \frac{3600P_e}{B_\varepsilon H_u}, \quad P_e = P_b \cdot \eta_s \cdot \eta_o \cdot \eta_r \cdot \eta_h \text{（kW）} \tag{1-15}$$

式中　P_e——推进装置的有效功率（kW）；
　　　H_u——燃料的低发热值（kJ/kg）；
　　　η_s——轴系传动效率（%）；
　　　η_o——螺旋桨敞水效率（%）；
　　　η_r——螺旋桨相对旋转效率（%）；
　　　η_h——船身效率（%）。

以上三个经济指标都是代表动力装置在有效功率下，燃料和热能利用的经济性。但是

有些船舶全功率、全航速时间不多，经常使用部分负荷运行，或者工况变化非常频繁。这时有一个全面性的燃料经济指标——装置每海里燃油消耗量。

（4）每海里航程的燃油消耗量 b_n。每海里航程的燃油消耗量是指船舶航行 1 n mile，装置所消耗的燃油量，即

$$b_n = \frac{B_\varepsilon}{V_s} = \frac{B_\varepsilon \cdot t}{V_s \cdot t}$$

或

$$b_n = \frac{b_z P_b}{V_s} + \frac{B_f + B_g}{V_s} \text{（kg/n mile）} \quad (1-16)$$

式中　　V_s——航速（kn）；
　　　　t——航行时间（h）。

一般 B_f 和 B_g 与航速无关。主机每海里消耗的燃油量为

$$b_{nz} = \frac{b_z P_b}{V_s} = \frac{B_z}{V_s} = \frac{B_z \cdot t}{V_s \cdot t} \quad (1-17)$$

又

$$P_b = \frac{\Delta^{\frac{2}{3}} \cdot V_s^3}{C_2}$$

$$b_{nz} = \frac{b_z \Delta^{\frac{2}{3}} V_s^3}{V_s C_2} = \frac{\Delta^{\frac{2}{3}}}{C_2} b_z V_s^2$$

由此可见，b_n 既与 b_z 有关，又与 V_s 有关。这项经济指标与船舶营运管理水平和轮机管理水平密切相关。

3. 性能指标

性能指标是进行动力装置选型的重要依据，也是反映装置好坏及特点的重要指标。其主要包括可靠性、机动性、使用寿命、振动噪声及机舱自动化等。

（1）可靠性。可靠性是用船舶动力装置在使用阶段的故障发生率和因此而发生的停航时间来考核的，常以主、辅机修理间隔时间作为衡量依据，故要求其主要零部件及易损件的使用寿命较长，如柴油机活塞组大修前的使用寿命：低速大型柴油机为 $4 \times 10^4 \sim 8 \times 10^4$ h；中速柴油机为 $8 \times 10^3 \sim 1.2 \times 10^4$ h；高速柴油机为 $3 \times 10^3 \sim 5 \times 10^3$ h。

（2）机动性。机动性是指装置中的各种机器设备，改变工况时的工作性能。

在发动机准备启动阶段，有关辅机及其系统，应处于工作状态，给发动机注油、盘车和暖机等，所需时间为 2～10 min，希望此时间短些为好。对于柴油主机工作的机动性能、灵敏性尤为重要。要求其曲轴在任何位置，环境温度在 8 ℃～10 ℃时，能迅速可靠地启动，从冷态启动到全负荷状态下运行，应不超过 10 min。应急情况下应不超过 4 min。选型时考虑数据为：直接传动所需时间为 8～10 s；间接传动所需时间为 3～8 s；调距桨传动所需时间为 2～5 s。

为了保证船舶低速航行，要求发动机在最低转速下能较长时间可靠而经济地运行。一般发动机的最低稳定转速是全速的 30%～40%，要求柴油机的停车时间为 2～5 min，在

紧急情况下应缩短时间。

（3）振动和噪声的控制。轴系的扭振应力不许超过许用的范围，否则将导致断轴，使柴油机的正常工作遭到破坏，故对其必须进行控制，一般可从结构设计或加弹性联轴器入手，使其扭振的附加应力不超过规范所规定的范围。

动力装置的强烈噪声严重影响轮机人员的健康。为此，在船舶噪声标准中，对机舱区的噪声作出如下规定：

无控制室机舱主机操纵　　　　　90 dB
无人机舱或有控制室机舱　　　　110 dB
机舱控制室　　　　　　　　　　75 dB
轮机人员工作间　　　　　　　　85 dB

（4）主机遥控和机舱自动化。根据船舶自动化程度，机舱可分为值班机舱和无人机舱两类，而主、辅机的操纵管理可分为驾驶台远距离遥控、微机自动化管理和机旁控制三类。机旁控制只作为故障时紧急情况的操纵管理。

（5）动力性和配合性能。动力性和配合性能是指柴油机动力的发挥和利用情况及螺旋桨的配合性能。一般应使柴油机的功率得到充分发挥，并与所驱动的螺旋桨匹配得当，既不能供大于求，也不能求大于供。

二、船舶动力装置设计

1. 船舶动力装置设计的特点和主要要求

（1）船舶动力装置设计有以下一些特点：

1）必须符合船舶的特殊使用条件——船用条件，包括环境条件、空间条件。

2）必须具有必要的目标任务条件和合适的保障条件，包括营运条件、作业条件、研究条件及工作条件、生活条件和生存条件。

3）必须全面地、综合地进行设计，进行通盘考虑，包括动力装置与总体性能、动力装置与其他专业、动力装置内部各子系统之间的综合平衡和匹配，以实现预定的技术经济指标。

4）必须全面掌握动力装置所覆盖的各技术领域，如船舶推进技术、热能转换技术、电气技术、安全技术、消防技术、防污染技术、冷藏技术、通风和空调技术、仿真技术及人员生活、生存技术等。

5）受控于国防公约、规则、船级社规范、船旗国法规等要求和约束。

6）必须根据市场经济的特点，对设备的选用和配套应在目标成本的控制下进行。

（2）船舶动力装置设计的主要要求。船舶动力装置设计时，除满足设计任务书的要求和相应的规范外，还必须有以下几个方面要求：

1）经济性。经济性主要包括两个方面：一是船舶自身的经济性能；二是船舶营运经济性。船舶本身的经济性能取决于两个方面：一是船体工作方面性能；二是动力装置方面经济性能。提高动力装置的经济性能应从提高推进装置的有效热效率方面加以考虑。主要从提高装置的推进效率，提高装置的热效率，改变船舶操纵，实现经济航速等方面着重研究。船舶营运经济性应进行周密地计划，合理地调度以有效提高船舶货物周转量。另外，对设备精心维护，合理使用，有效地降低营运费用。

2）可靠性。可靠性主要有两个方面含义：一方面是动力装置的生命力，是指动力装置受外界因素的影响后，仍能继续工作的能力；另一方面是动力装置能正常运行的时间。

3）机动性。机动性是指主推进装置从一种工况过渡到另一种工况的过渡能力，如启航、加速、制动、反转性、对外界负荷的敏感性等。要求设备和系统使用应力求操纵简单，管理方便。

4）可维性。衡量可维性的尺度是维修度，其定义：在规定条件下，在规定时间内，对可修复的产品进行维修能完成的概率。而衡量维修度的尺度是有效度。即为可修系统、设备或零部件在给定时间内保持功能处于正常状态的概率。

5）质量、尺寸指标。应尽可能地做到质量轻，机舱所占的长度、容积小，而面积饱和度与容积饱和度高。

6）振动、噪声指标。应使振动、噪声最小，符合有关规定并创造满意的工作和生活条件。

2. 船舶动力装置设计的主要内容

（1）船舶主推进系统设计，包括主机选型设计、主机及齿轮箱的配套设计、船舶轴系设计等；

（2）船舶电站设计（主电站及应急电站）；

（3）热源系统设计（蒸汽系统、热煤油系统等）；

（4）动力系统设计（燃油、滑油、冷却水、压缩空气、进排气、加热蒸汽等系统）和辅助设备选择；

（5）船舶系统设计（船底水系统、压载水系统、消防系统、疏排水系统、空调系统、油船、液化气船、化学品船的专用系统）；

（6）自动控制、监测、报警系统设计；

（7）防污染系统设计（机舱防油污系统、油船防油污系统、生活污水防污系统及防止有毒液体、物质污染系统等）；

（8）机舱通风系统设计。

三、船舶动力装置安装工程

轮机安装工程任务繁重，工作条件非常恶劣，这主要是因为轮机设备数量大、种类繁多、系统复杂，机船空间狭小，设备布置困难，起重条件差，大型工装设备难以展开，而且各工种交叉作业，互相干扰，工程计划安排和实施的难度很大，这些客观存在的不利因素都使得轮机安装工程的工作效率和安装质量难以保证。与此形成鲜明对照的是，随着船舶向大型化、标准化、自动化和节能化的方向发展，人民生活水平的提高、社会的进步和环保标准的不断提高，使人们对船舶的设计和建造也提出更高的要求，导致对轮机安装工程的技术水平和质量标准的要求也越来越高、越来越严，同时，工期也越来越紧。这就要求轮机安装工艺设计和工程管理必须更加科学与严谨，在技术上不断进步，在管理上不断提高。

事实上，轮机安装工艺也确实是在不断地进步。最早的造船工艺将舾装作业作为船体建造的后续工序，即船体先进行建造，船体完工下水后，停靠在舾装码头进行设备、管路、电缆的安装和调试，直至交船。现在的轮机安装工程已经大为改进，主要体现在以下几点：

（1）计算机技术在工艺设计中的大量使用，如轴系校中计算、管系放样等。

（2）推行预舾装工艺，将设备安装工作从机舱转移到车间，从而改善工作条件，缩短造船周期。

（3）进一步由专业化工厂提供集装箱化的成套设备和功能单元，实施设备成组、单元安装，减少设备在船上安装的工作量，提高设备安装质量。

（4）设计并采用先进的工装和工具，如用于螺旋桨、舵系吊装的艉部液压小车及激光数字校中仪等。

（5）新型材料的使用大大简化了安装作业，并且使安装质量更容易得到保证，如环氧树脂用于主机安装、高分子复合材料用来制造艉轴承等。

02 项目二　船舶轴系安装

【项目描述】

船舶轴系是船舶动力装置的重要组成部分，其安装及校中是船舶建造轮机工程中的一个关键项目，是一项工作量大、耗时长、技术复杂的系统工程，其安装进度和质量直接影响造船周期。船舶轴系在运转中承受着复杂的应力和负荷，为确保轴系长期安全正常地运转，除要求轴系设计时应保证具有足够的强度及刚度外，在轴系安装时，应保证它具有合理的位置及状态，使轴系各轴段内的应力及各轴承上的负荷均处在合理的范围之内。本项目主要通过企业实船轴系安装生产项目的工作任务训练，学习船舶轴系的相关知识，掌握轴系安装的相关技能，提高自身职业素养。

【项目分析】

船舶轴系安装项目需要依照《中国造船质量标准》的要求，满足入级船级社的船舶建造规范，同时，依据企业实际工艺规范和相关作业指导书来完成，轴系安装可分为车间内和船上两个场所完成。本项目将通过船舶轴系认知、轴系配对、确定轴系理论中心线、镗削轴系孔、轴系主要部件的安装和轴系校中及固定六个任务来学习和训练。

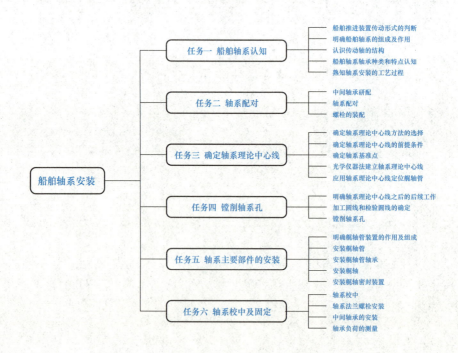

【相关知识和能力】

知识	能力
1. 船舶轴系的基础知识； 2. 确定轴系理论中心线的内容和方法； 3. 轴系理论中心线镗孔的方法； 4. 艉轴管、艉轴轴承、艉轴、艉轴密封装置安装方法； 5. 中间轴的校中方法； 6. 轴承负荷测量、计算和调整方法	1. 识读船舶轴系安装相关图纸； 2. 轴系配对； 3. 确定轴系理论中心线； 4. 镗削轴系孔； 5. 安装轴系主要部件； 6. 轴系校中和固定； 7. 轴承负荷测量

任务一 船舶轴系认知

【任务分析】

本任务的学习主要是对船舶轴系进行整体认知，为接下来的轴系安装做好知识准备和工艺流程准备，主要通过识读实船轴系布置图等图纸和轴系安装工艺规程对轴系的组成与轴系安装流程有全面的认知。

【学习目标】

1. 说出推进装置的主要传动形式；
2. 能够准确叙述船舶轴系的组成和作用；
3. 能够说出轴系轴承的种类和主要特点；
4. 能够准确识读轴系布置图；
5. 熟悉并能简单叙述轴系安装的工艺流程；
6. 提升职业使命感和责任感；
7. 自我检验学习成果，对此任务的学习过程进行总结和反思。

【任务实施】

一、船舶推进装置传动形式的判断

引导问题1：船舶推进装置的作用是什么？有哪些主要传动形式？

_____

_____

> **小提示**

推进装置也称主动力装置,是船舶动力装置中最重要的组成部分。其包括主机、轴系、传动设备和推进器等。图 2-1-1 所示为典型的船舶推进装置。其作用是将主机发出的功率,通过传动设备传递给推进器,从而推动船舶航行。

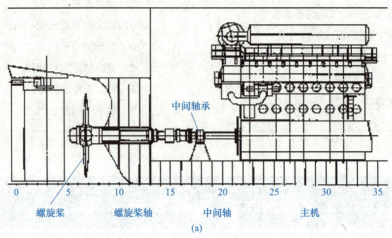

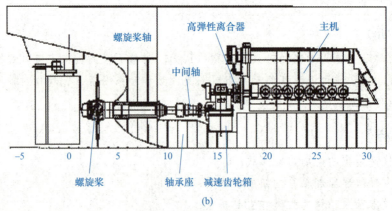

图 2-1-1 典型的船舶推进装置
(a) 直接传动;(b) 间接传动

根据传动功率方式不同,常见的船舶推进装置形式可分为直接传动、间接传动、特殊传动(电力传动、Z 形传动)等。

1. 直接传动推进装置

直接传动是主机直接通过轴系把功率传递给螺旋桨,在主机轴系之间无其他传动设备,为此,螺旋桨与主机有相同的转速与转向,如图 2-1-1(a)所示。由于螺旋桨在转速较低时有较高的效率,因此大型直接传动的推进装置一般都采用低速柴油机。

2. 间接传动推进装置

大直径螺旋桨在低速时能有效地提高推进效率,为了减少空泡,提高螺旋桨的推进效率,以中高速柴油机为主机的推进装置,必须配置齿轮减速机组,把传动轴转速降低到螺旋桨的最佳转速,以提高推进效率,如图 2-1-1(b)所示。

3．特殊传动推进装置

与直接和间接传动不同，它通常是指电力传动、Z形传动等。

（1）电力传动推进装置。电力传动是主机驱动主发电机发电，然后并网，再由电网供电给电动机，进而驱动螺旋桨的一种传动方式，如图2-1-2所示。

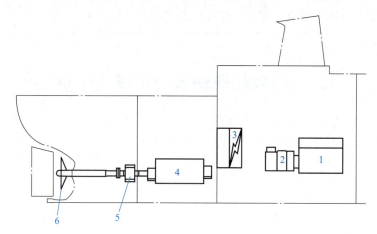

图2-1-2　电力传动

1—柴油机；2—主发电机；3—配电板；4—螺旋桨推进电动机；5—推力轴承；6—螺旋桨

（2）Z形传动推进装置。Z形传动装置又称悬挂式螺旋桨装置。图2-1-3所示为Z形传动装置的结构原理。

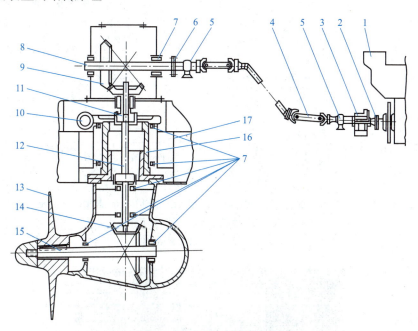

图2-1-3　Z形传动的结构原理

1—主柴油机；2—联轴器；3—离合器；4—带有万向节的传动轴；5—滑动轴承；6—弹性联轴器；7—滚动轴承；8—上水平轴；9—上部螺旋锥齿轮；10—涡轮-蜗杆装置；11—齿式联轴器；12—垂直轴；13—螺旋桨；14—下部螺旋锥齿轮；15—下水平轴；16—螺旋套筒；17—支架

图中主柴油机 1 的功率，经联轴器 2、离合器 3、带有万向节的传动轴 4、上水平轴 8、上部螺旋锥齿轮 9、垂直轴 12、下部螺旋锥齿轮 14 及下水平轴 15 传递给螺旋桨 13，从而推动船舶航行。另外，该传动装置可使螺旋桨做回转运动，首先由电动机驱动蜗轮-蜗杆装置 10，使旋转套筒 16 在支架 17 中回转，同时使螺旋桨 13、垂直轴 12 在 360°范围内做平面旋转运动，用以控制船舶转向。

二、明确船舶轴系的组成及作用

引导问题 2：识读图 2-1-4 所示的船舶轴系布置，参照图 2-1-5 所示的船舶轴系布置模型，简述船舶轴系通常由哪几部分组成和轴系的作用。

_____

_____

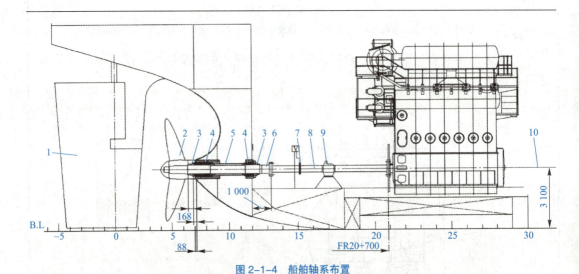

图 2-1-4　船舶轴系布置

1—舵；2—螺旋桨；3—艉轴密封装置；4—艉轴承；5—艉轴管；6—艉轴；7—接地装置；
8—中间轴；9—主机输出端；10—轴系中心线

注：B.L 表示基线；FR 表示肋位

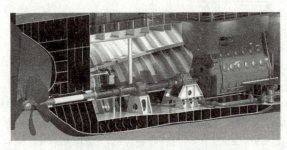

图 2-1-5　船舶轴系布置模型

> **小提示**
>
> 　　船舶轴系是从主机或传动设备的输出端到螺旋桨之间的整套设备的总称。其包括传动轴、轴承、轴系附件等，是船舶动力装置的重要组成部分。传动轴包括艉轴、中间轴和推力轴；轴承主要包括艉轴承、中间轴承和推力轴承；轴系附件主要包括艉轴管、隔舱填料函、轴系接地装置等。船舶轴系如图 2-1-4 所示。
> 　　船舶轴系的作用是将主机发出的功率传递给螺旋桨；螺旋桨旋转后产生的轴向推力通过轴系传递给推力轴承，再由推力轴承传递给船体，使船舶前进或后退。
> 　　远洋及近海船舶通常采用单桨轴系，其轴线在船中纵剖面上，如图 2-1-6 所示。客船一般为双桨轴系，双桨轴系的布置，其轴线常在船中纵剖面两侧的对称位置，如图 2-1-7 所示。双桨轴系船舶螺旋桨轴，从艉轴毂伸出船体外的长度比较大，需要使用人字架托。
>
>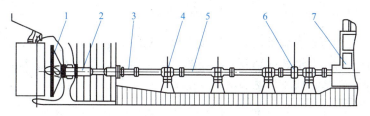
>
> 图 2-1-6　单桨轴系的布置
>
> 1—螺旋桨；2—艉轴管；3—艉轴；4—中间轴承；5—中间轴；6—联轴节（隔舱填料函）；7—主机
>
>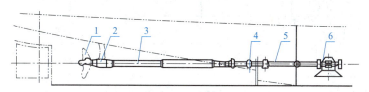
>
> 图 2-1-7　双桨轴系的布置
>
> 1—螺旋桨；2—人字架；3—螺旋桨轴；4—中间轴承；5—中间轴；6—推力轴及轴承

实船轴系展示

三、认识传动轴的结构

　　引导问题3：阅读下面小提示，说出各传动轴的结构中主要有_____和_____两部分。

> **小提示**

推力轴连接主机与中间轴，通常直接与主机相连接并带有推力轴承。A 为两端法兰，B 为轴干，C 为轴颈，可安装推力轴承，D 为承受轴向推力的推力环，如图 2-1-8 所示。

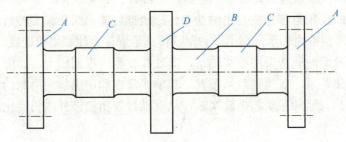

图 2-1-8　推力轴

中间轴连接推力轴和艉轴，直接连接主机与艉轴，结构比较简单，A 为两端法兰，B 为主体轴干，轴的支承处称轴颈 C，如图 2-1-9 所示。轴颈 C 的直径比轴干 B 直径大些，安装轴承，磨损后有足够的精加工余量。

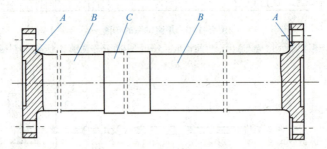

图 2-1-9　中间轴

艉轴又称螺旋桨轴，它是轴系中最末一段轴，它穿过艉轴管伸出船体，首端与中间轴相连，尾端安装螺旋桨，A 为法兰，B 和 D 为轴干，C 和 E 为轴颈，安装艉轴管轴承，F 为锥形轴，安装螺旋桨，G 为螺柱，安装螺旋桨导流帽，如图 2-1-10 所示。

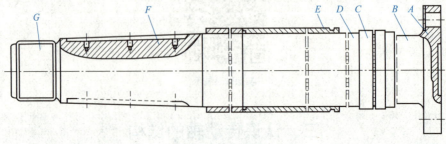

图 2-1-10　艉轴

四、船舶轴系轴承种类和特点认知

引导问题 4：学习【任务实施相关知识】，完成下面船舶轴系轴承相关填空题。

（1）推力轴及其轴承的作用：一是_____；
二是_____。

（2）推力轴承可分为_____和_____两种形式。_____式推力轴承在大中型船舶中广泛应用；而_____式推力轴承用于小型船舶。

（3）中间轴承按其基本结构及摩擦形式可分为_____和_____两种。中间轴承大多数采用_____的滑动轴承。

（4）常用的滑动式中间轴承按其润滑方式可分为_____、_____和_____三种形式。

五、熟知轴系安装的工艺过程

引导问题 5：简要叙述船舶轴系安装的主要内容。

_____
_____
_____
_____
_____
_____
_____

小提示

> 轴系的安装任务主要包括轴系中的艉轴、螺旋桨等一些零部件在车间的加工、装配，以及整个轴系在船体上的安装。轴系安装同时还涉及主机、螺旋桨和舵系的安装，必须将轴系、主机、螺旋桨和舵系视作一个整体，统筹考虑。船舶轴系工作条件恶劣、工况复杂，其安装质量的好坏直接决定了轴系能否长期安全正常地运转，并进一步影响船舶运行的可靠性。
>
> 图 2-1-11 所示为推进装置安装流程。这个流程不是一成不变的，而是与船型、船体主尺度大小、推进装置具体情况、船厂设备条件等因素密切相关的。

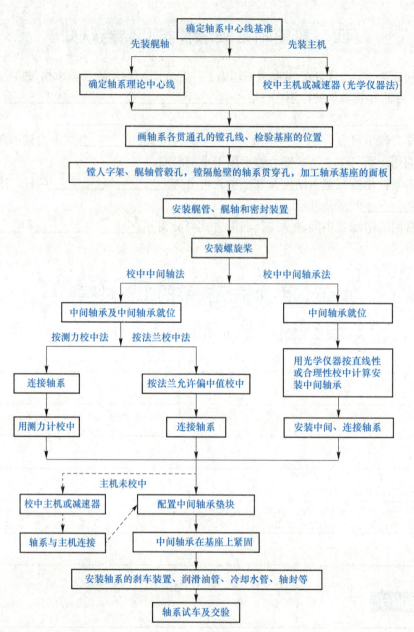

图 2-1-11 推进装置安装流程

船舶轴系安装的主要内容可以总结如下：
(1) 确定轴系理论中心线；
(2) 按轴系理论中心线，进行镗削艉轴管座孔的工作；
(3) 安装艉轴管、艉轴轴承、艉轴、艉轴密封装置及安装螺旋桨；
(4) 安装中间轴、推力轴等，并做好校中工作；
(5) 安装主机，并做好相互间校中工作；
(6) 在上述对中工作完毕后，可将轴系中各法兰进行连接固定工作。

【学习成果评价】

各组自我检验学习成果，对此任务的学习过程进行总结和反思。学生根据任务学习的过程与结果真实、诚信地完成评价表 2-1-1 ～表 2-1-3。教师根据学生学习过程与结果客观、公正、全面地完成评价表 2-1-2 和表 2-1-3，对学生进行综合评价。

表 2-1-1　学生自评表

任务	完成情况记录
任务是否按计划时间完成	
相关理论完成情况	
技能训练情况	
任务完成情况	
任务创新情况	
材料上交情况	
收获	

表 2-1-2　学生互评表

序号	评价项目	小组互评	教师评价	总评
1	任务是否按时完成			
2	材料完成上交情况			
3	成果质量			
4	语言表达能力			
5	小组成员合作面貌			
6	创新点			

表 2-1-3　教师评价表

序号	评价项目	自我评价	互相评价	教师评价	综合评价
1	学习准备				
2	引导问题填写				
3	规范操作				
4	完成质量				
5	关键操作要领掌握				
6	5S 管理、环保节能				
7	职业态度与精神				
8	参与讨论主动性				
9	沟通协作				
10	展示汇报				

注：评价档次统一采用 A（优秀）、B（良好）、C（合格）、D（努力）四档。

【任务实施相关知识】

一、轴承的种类、结构

1. 推力轴承

推力轴及其轴承的作用有两点：一是承受螺旋桨所产生的轴向推力，并传递给船体，使船舶产生运动；二是防止螺旋桨产生的轴向推力直接推动主机曲轴，使曲轴发生移动及歪斜，而损坏主机的机件。

直接传动的大型低速柴油机主机，往往主机自带推力轴承；带有减速齿轮箱的推进装置，其推力轴承设在其内。但采用中速机作为主机的推进装置要单独配置推力轴承。

推力轴承可分为滑动式和滚动式两种形式。目前滑动式轴承在大中型船舶中广泛应用；而滚动式推力轴承用于小型船舶。

（1）滑动式推力轴承。常见的滑动式推力轴承如图2-1-12所示。推力轴两端的法兰分别与主机功率输出法兰和中间轴法兰连接。推力轴承中部设有一个推力环，在推力环两侧各安置一组独立的扇形推力块13。用来承受轴向推力，其推力均匀分布在推力环前、后端圆环面积上，承受螺旋桨的正车推力和倒车推力。每块推力块在与推力环的接触面上都浇有白合金，其背面设有淬硬的顶头，偏心地支承在支撑垫4上，使推力块在推力环转动时有一定的浮动能力，以便形成楔形油膜，达到良好的润滑状态从而减少摩擦阻力。在支撑垫4的后面装有调整板7，用来调整推力环与推力块间的间隙大小。上轴瓦9和下轴瓦11分别放置在上下轴承座中用来承受径向负荷。冷却水管17用以供给海水来冷却滑油。在正常运行时推力环将滑油带起流往推力块的摩擦面上。在推力轴承两端部则设有挡油盖10、16，并在其中添入主毡环，以防止润滑油漏出。

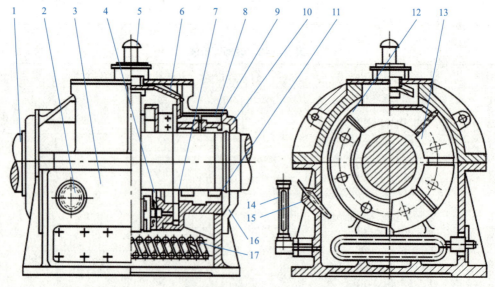

图2-1-12 滑动式推力轴承

1—推力轴承；2—螺塞；3—下壳；4—支撑垫；5—通气罩；6—刮油器；7—调整板；8—上壳；9—上轴瓦；
10—上挡油盖；11—下轴瓦；12—压盖；13—推力块；14—油位表；15—油温表；16—下挡油盖；17—冷却水管

（2）滚动式推力轴承。图 2-1-13 所示为小型船舶常用的一种滚动式推力轴承，螺旋桨正、反方向的推力可由推力环分别由前后两个轴承 5 经后轴承座 4 和前轴承座 7 及推力轴承支座 10 传递给船体。

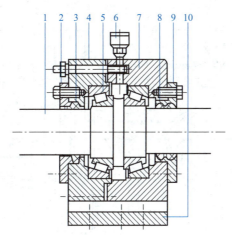

图 2-1-13 锥形滚动式推力轴承

1—推力轴承；2—油封压盖；3—油封圈；4—后推力轴承座；
5—单列圆锥滚柱轴承；6—旋盖式油环；7—前轴承座；8—油封圈；9—油封压盖；10—推力轴承支座

2. 中间轴承

中间轴承是为了减少轴系挠度而设置的支承点，它用来承受中间轴本身的质量及因其运动或变形而产生的径向负荷，从而保证中间轴承有一个确定的横向位置。中间轴承按其基本结构及摩擦形式可分为滑动轴承和滚动轴承两种。中间轴承大多数采用白合金的滑动轴承，但也有采用滚动轴承的。滚动轴承的摩擦系数小，因此，轴系的机械损失少一些。当采用滚动轴承时，各中间轴承和艉轴一端的连接法兰必须制成可拆联轴节，以便于滚动轴承的拆装，中间轴承均用润滑油润滑，用冷却水（在管子内）来冷却润滑油。

（1）滑动式中间轴承。

1）滑动式中间轴承的结构。中间轴承的轴颈直接与中间轴承的轴衬（轴瓦）相接触，为此，轴瓦上浇有白合金，又称白合金轴承，为了减少轴颈与轴瓦之间的摩擦，必须在两者之间供给一定的润滑油，形成良好的油膜以缓解轴对机座的冲击，并起到轴承散热作用。常用的滑动式中间轴承按其润滑方式可分为单油环式、双油环式、油盘式三种形式。

①单油环式中间轴承。常见的单油环中间轴承的基本结构如图 2-1-14 所示。

中间轴承放在轴承座 10 的轴瓦 4 中，轴承盖 2 用螺钉固定在轴承座上，轴承盖上设有盖板 1，加油时可推开盖板，将滑油从其下面的油孔注入，通过此孔可观察轴承的运行情况。油环 3 的直径比轴颈要大，因油环与轴非机械连接，故油环的角速度比轴慢。当轴旋转时它依靠摩擦力随轴一起转动，油环的下部浸入底部油池区，油池中的滑油被转动的油环带到轴颈的上部，再由刮油器刮下，并使滑油沿着轴面均匀分布。然后随轴转动，把油带到轴瓦 4 的油槽，对轴颈与轴瓦的摩擦面进行润滑。两摩擦面间的热滑油，在轴颈荷载的压力作用下，有一部分从轴瓦的两端溢出，流回轴承底座的油池中。大中型中间轴承的油池底部设有冷却水管，通入舷外水以冷却油池中的热油。为了防止滑油泄漏到轴承座外，在轴瓦两端外侧的轴上装有甩油环 8，其作用是使流至它的滑油在回转时的离心力作用下被甩掉,从而大大减少流向轴承座两端的油量。轴承座两端装有密封填料9,用来阻止滑油的外漏。油池中油位的高低由量油尺5测量。这种单油环式中间轴承主要适用小型船舶。

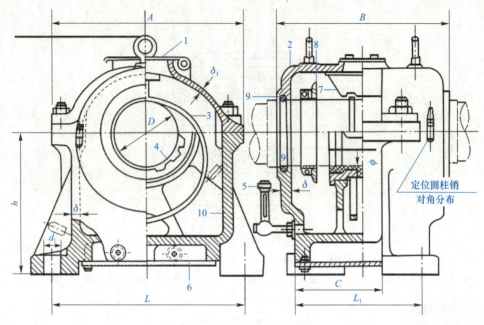

图 2-1-14 单油环式中间轴承

1—盖板;2—轴承盖;3—油环;4—轴瓦;5—量油尺;6—水隔层盖;7—挡油片;
8—甩油环;9—密封填料;10—轴承座

②双油环式中间轴承。双油环式中间轴承的结构如图 2-1-15 所示。对于中型船舶,轴承相对较长,为了改善润滑质量,一般采用双油环式。其润滑原理与单油环式相同,这里不重复介绍。

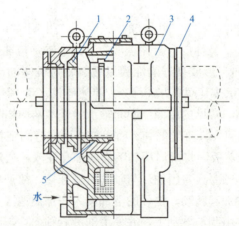

图 2-1-15 双油环中间轴承

1—甩油环;2—油环;3—轴承盖;4—压盖;5—轴瓦

油环式中间轴承,其轴承座与轴承盖、轴瓦、油环及甩油环均采用剖分式,以便装卸。但这两种浮动式油环适用连续稳定运行的轴系,当船舶低速航行或港湾作业,工况变化比较频繁时，转速变化较大，油环供油效果较差，特别当转速低于 50～60 r/min 时情况更糟，润滑的可靠性不能保证。所以，此种轴承仅适用中小型船舶，因其轴系的转速较高，可以保证润滑效果。

③油盘式中间轴承。油盘式中间轴承的基本结构如图 2-1-16 所示。这种轴承在轴瓦的左侧装有供轴承润滑用的固定式甩油盘 2。运行时，油盘随轴一起旋转，将油池中的油带到上面，并靠布置在上部的刮油器 6 刮油，使滑油沿轴向分布在需要润滑的轴颈上，这种轴承在轴低速运转时效果良好。一般情况下，油盘安装在轴承的船尾侧，且开口方向朝前，主要为了轴系尾倾时仍有利于从油池中携油，并防止润滑油抛向轴承尾部的填料函处而产生漏油现象。轴承底部的冷却水腔可引入舷外水，供冷却滑油用。

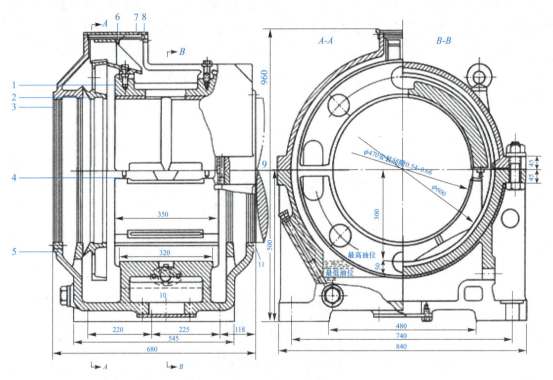

图 2-1-16 油盘式中间轴承

1—轴承盖；2—甩油盘；3—上轴瓦；4—下轴瓦；5—轴承座；6—刮油器；7—观察盖板；
8—网格；9—油尺；10—封板；11—油盖封头

2）滑动式中间轴承的特点。

优点：

①结构简单，工作比较可靠；

②制造成本低，安装维修方便；

③由于轴颈与轴瓦间具有油膜，故抗震抗冲击性能较强；

④所承受荷载较大。

缺点：

①摩擦因数较大，升温较高；

②油膜的形成须轴颈与轴承间具有一定间隙存在，因而影响了回转精度的提高；

③当转速与荷载过大时难于形成承载油膜。

（2）滚动式中间轴承。

1）结构形式。滚动式中间轴承的结构形式随着轴承的型号变化而略有变化。其轴承座与滑动轴承一样，通常用铸铁或铸钢铸造而成。小型的轴承也有用钢板焊接的整体式结构，而大中型轴承座采用剖分式结构。

滚动式中间轴承的结构如图 2-1-17 所示。轴承的内圈通过锥形套 5 和调整螺母 4 固定在中间轴的支承轴颈上，并随轴一起转动。轴承的外圈则紧固于轴承座 9 上，在安装滚柱轴承 12 时，应先将轴承安装在轴颈上，在自由状态下用千分表测出它的径向间隙。然后逐步旋紧锥形套 5 上的调整螺母 4，由于轴承内圈的内径呈锥形，故内圈逐步被胀大，间隙变小，当间隙减小到 40% 左右时，即可认为安全牢固。这种双列向心短圆柱自动调心的滚动轴承，不能承受轴向负荷，因而，安装时要特别注意将滚子轴承装入轴承座壳体的中部，使两端空余尺寸 A_1 和 A_2 相等。另外，轴承因其外圈之间允许有 1°～2.5° 的偏斜角，加之锥形套沿轴向有移动的可能，故安装比较方便。一般对于轴径小于 70 mm，特别是负荷小、转速高的小型船舶应用调心轴承。

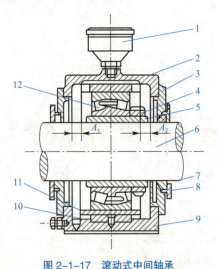

图 2-1-17 滚动式中间轴承

1—油杯；2—轴承盖；3—端盖；4—螺母；5—锥形套；6—中间轴；7—羊毛毡；8—密封盖；
9—轴承座；10—滑键；11—导向环；12—滚柱轴承

2）特点。滚动式中间轴承与滑动式中间轴承相比具有摩擦阻力小、传动效率高、滑油消耗量小、工作时有自动调心能力等优点；缺点是工作噪声大，而且为装拆轴承的需要，中间轴必须采用可拆式联轴节，承载能力小，安装工艺要求高。

3. 艉轴承

艉轴管一般都有前后两个轴承，前轴承短，后轴承较长。有的大型船舶艉轴管比较短，因此只设置一个艉轴承。这时，艉轴首端往往共设置一个中间轴承式的前轴承，便于维护管理。也有些船舶的艉轴管较长，设有三个艉轴承。艉轴承绝大多数采用滑动轴承，白合金艉轴承广泛用于各类船舶，用润滑油来润滑冷却，艉轴管首尾端都设有密封装置。当艉轴承采用橡胶、铁梨木、桦木层压板和尼龙等材料时，则用水作为冷却润滑剂。这时，艉轴通常都用铜质保护套或玻璃钢保护层来保护艉轴轴颈，以防止海水对艉轴的锈蚀。近来有些船舶上的艉轴承和中间轴承采用了球面支座自动调位的滑动轴承,这种轴承能够对船体变形给以有效的补偿,大大减轻了轴承因船体变形而产生的附加负荷。艉轴承也有采用滚动轴承的。

(1)白合金艉轴承。白合金可分为,以锡为主体的锡基合金(其中锡的含量约占83%)和以铅为主体的铅基合金(其中锡的含量约占16%)两大类。锡基合金性能优越;而铅基合金价格较低。现代大型船舶油润滑型轴承大都使用白合金艉轴承,如图2-1-18所示。衬套内表面开有数条纵向和横向的燕尾槽,并浇注白合金,长度应不小于艉轴直径的2倍。其优点是耐磨性好,抗压强度高,磨损少,散热良好,不伤轴颈;缺点是制造的修理工艺复杂,成本较高。

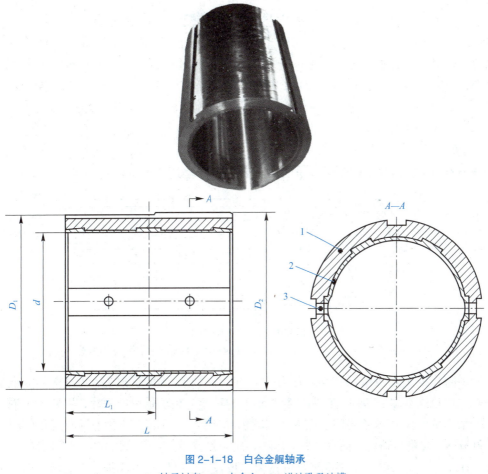

图 2-1-18 白合金艉轴承
1—轴承衬套;2—白合金;3—进油孔及油槽

(2)橡胶艉轴承。图2-1-19所示为整体式橡胶轴承。它是将橡胶通过模具直接硫化于衬套之内,衬套的材料通常采用青铜。对于内河船舶也可以采用铸铁或钢管。

橡胶艉轴承的优点是具有弹性,可以吸收振动,没有后密封装置(避免了这部分摩擦功的损失),无漏油损失,营运成本低且对水域无污染,管理比较方便;缺点是制造比较麻烦,硫化工艺要求高,传热性差,易老化失效,对轴有一定的腐蚀性,要求轴与橡胶接触表面用防腐材料进行包覆。

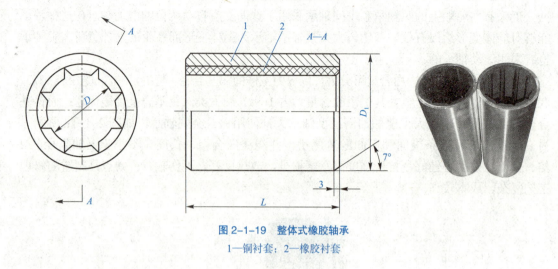

图 2-1-19 整体式橡胶轴承
1—铜衬套；2—橡胶衬套

（3）铁梨木艉轴承。铁梨木是海船常用的一种艉轴承材料，它木质组织细密坚硬，密度大，具有抗腐蚀性、抗压等优点，顺纤维方向抗压强度为 7 250 N/cm^2。铁梨木浸于水中能分泌出一种黏液，是良好的润滑剂；它与青铜的摩擦因数为 0.003～0.007，耐磨性好。铁梨木在干燥时容易裂开并扭曲变形，所以在加工安装前要浸泡，使其处于湿润状态。

铁梨木在艉管衬套中的布置多采用桶形排列的形式，如图 2-1-20 所示。

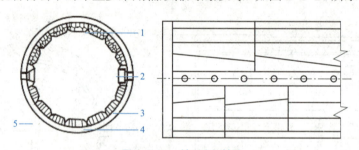

图 2-1-20 铁梨木艉轴承
1—纵纹板条（上）；2—止动条；3—主纹板条；4—流水槽；5—艉管衬套

为了防止铁梨木板条的转动，镶有两条青铜止动条，止动条的厚度为铁梨木条厚度的 60%，以免铁梨木条磨损后损伤螺旋桨轴上的轴套，止动条用埋头螺钉安装在青铜衬套上。铁梨木的木条与木条之间开有 V 形水槽，供通入冷却水对轴承进行润滑和冷却。铁梨木以端面（纹路与轴套表面垂直）工作时，比顺着或横着木纤维工作时耐磨性提高几倍。为此，在制造与安装时，下半部轴承的铁梨木板条的纤维应加工成垂直轴表面，而上半部分轴承负荷较小，其铁梨木板条纤维可与轴中心平行。

按规范，铁梨木后轴承的长度应不小于螺旋桨轴基本直径的 4 倍。艉轴较短时，可不设置前轴承。铁梨木板条厚度为 15～25 mm，宽度为 60～80 mm。冷却和润滑良好的铁梨木轴承，轴承比压 P 可达 0.3 MPa。

（4）桦木层压板艉轴承。桦木层压板是将桦木切成薄单板，经浸渍酚醛树脂后制成板坯，再在高温下压制成材，做成艉轴承，如图 2-1-21 所示。这种层压板材质坚实，强度较高，耐磨、耐腐蚀，其物理机械性能接近铁梨木，是一种较好的轴承材料。

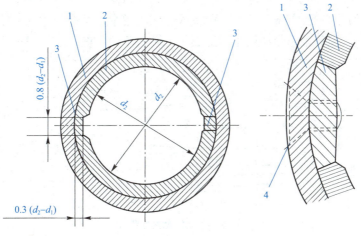

图 2-1-21　桦木层压板艉轴承

1—艉管；2—板条；3—青铜止动条；4—埋头螺钉

传动轴的机械加工技术要求

二、轴系分类

轴系按数目通常可分为单轴系、双轴系和多轴系。

（1）大型货船、油船多采用单轴系。单轴系位于船中纵剖面。

（2）要求航速高、操纵灵活、机动性好、工作可靠而吃水受到一定限制的客船、拖船、集装箱船及有其他特殊要求的船舶多采用双轴系，两条轴系对称地布置在船体中龙骨的左右两侧。由于双轴系船舶的艉轴需伸出船尾较长一段才能安装螺旋桨，故用于支承艉轴的艉轴管比较长。艉轴管的尾端用与船体焊成一体的人字架支撑，其前端固定在船体的艉轴壳孔之中。双轴系船舶左右主机回转方向必须相反，当船舶在正车前进时，右舷主机一般为右转，而左舷主机为左转。

（3）军船为了提高生命力和机动性，多采用三根、四根轴系。三根轴系的船舶，一根布置在船舶的纵剖面上，其余两根对称布置在左右弦两侧。

三、轴线的位置

根据主机及螺旋桨布置的要求，有时，轴线与基线成倾斜角 α 或与纵剖面成偏斜角 β，如图 2-1-22 所示。轴系的倾斜使主机处于不良的工作状态，降低了螺旋桨的有效推力。为了使螺旋桨的有效推力不致显著下降，以及保证主机工作的安全可靠，一般，α 角限制为 0°～5°，而且 β 角限制为 0°～3°。对于一般快艇，由于条件的限制，α 角可达 12°～16°，但很少超过 16°。对于单轴系船舶，通常，轴系与垂线（或龙骨线）是平行的，即 $\alpha=0°$，但双轴系船舶则很少能满足无倾斜角的要求。

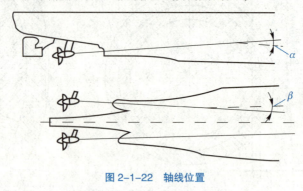

图 2-1-22 轴线位置

四、轴系安装的工艺过程

一般来说，轴系安装的工艺过程可分为先轴系后主机和先主机后轴系两种形式。

1. 先轴系后主机的工艺过程

（1）确定轴系理论中心线；
（2）按确定的轴系理论中心线镗削加工艉柱（或人字架）、轴毂孔和隔舱座板孔；
（3）安装艉轴管、艉轴承、艉轴、艉轴密封装置及螺旋桨等设备；
（4）下水；
（5）中间轴校中、安装；
（6）主机（包括减速箱、离合器等传动设备）的定位与固定。

先轴系后主机工艺将主机安装安排在船舶下水后进行，主机定位以轴系为依据。这种方法使得主机输出轴回转中心与轴系回转中心同轴较为方便，而且避免了下水后船体变形对轴系安装质量的影响，因此，长期以来被船厂广泛采用。先轴系后主机工艺的主要问题是生产周期较长。

2. 先主机后轴系的工艺过程

（1）确定轴系理论中心线；
（2）按确定的轴系理论中心线进行主机定位与固定；
（3）按确定的轴系理论中心线镗削加工艉柱（或人字架）、轴毂孔和隔舱座板孔；
（4）安装艉轴管、艉轴承、艉轴、艉轴密封装置及螺旋桨等设备；
（5）下水；
（6）中间轴的校中、安装。

在船台上，以轴系理论中心线为基准，先装主机（包括减速箱、离合器等传动设备）后装轴系，或主机和轴系同时进行。这种方法扩大了安装工作面，使主机定位后可以进行与主机相接的各种管系、附件等的安装工作，缩短了生产周期。先主机后轴系的主要问题是轴系校中时的约束条件增多，安装难度加大。

船舶轴系安装
通用工艺规范

任务二 轴系配对

【任务分析】

本任务主要是对船舶轴系在车间内进行的中间轴承的研配、轴系对接平轴、轴系法兰螺栓孔的钻铰、法兰螺栓的装配等工作的学习,为接下来轴系在船上安装做好准备,加快水下施工进度。

【学习目标】

1. 能够正确地对中间轴承进行检查和研配;
2. 准确理解轴系配对实质;
3. 能够准确叙述轴系配对的工艺过程;
4. 能够正确地在车间内对轴系进行找正(校中);
5. 能够使用专用工具和设备钻铰法兰螺栓孔;
6. 养成勤于劳动的习惯,提升安全生产意识;
7. 自我检验学习成果,对此任务的学习过程进行总结和反思。

【任务实施】

一、中间轴承研配

引导问题1:按照下面的小提示,参照图2-2-1～图2-2-3,完成中间轴承研配测量,并完成记录表2-2-1的填写。

表2-2-1 中间轴承研配记录表

测量项目	数据记录项1		数据记录项2		测量人
中间轴外径尺寸	A处1位置:	mm	B处1位置:	mm	
	A处2位置:	mm	B处2位置:	mm	
中间轴承内径尺寸	A处1位置:	mm	B处2位置:	mm	
	A处2位置:	mm	B处2位置:	mm	
	A处3位置:	mm	B处3位置:	mm	
理论间隙	δ_1处: ～	mm	δ_2处: ～	mm	
铅丝厚度	δ_1处:	mm	δ_2处:	mm	
间隙	A处:	mm	B处:	mm	

> **小提示**

中间轴承的研配是车间内要完成的一项重要工作,主要工艺过程如下:

(1) 检测中间轴轴颈尺寸是否满足工艺要求;

(2) 清洁中间轴轴颈及中间轴承轴瓦;

(3) 在中间轴承轴瓦上放置两个铅丝,把中间轴承固定在中间轴轴颈处,把紧螺栓;

(4) 拆除中间轴承,测量铅丝厚度,检查轴承间隙是否满足厂家图纸要求;

(5) 交验后对中间轴及中间轴承进行保养并做好保护。

在检测中间轴和中间轴承的尺寸时,按照图 2-2-1 和图 2-2-2 进行测量,在检查中间轴承间隙时按照图 2-2-3 进行。

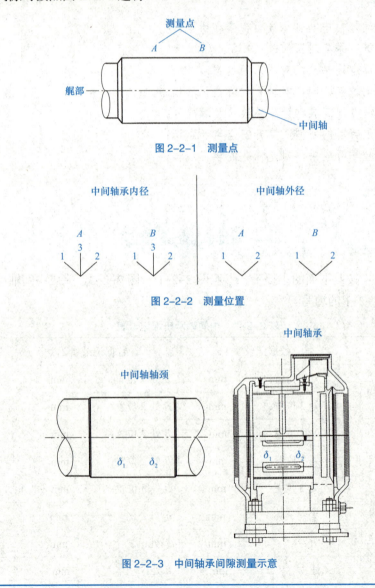

图 2-2-1 测量点

图 2-2-2 测量位置

图 2-2-3 中间轴承间隙测量示意

二、轴系配对

引导问题 2：什么是轴系的配对？叙述其工艺过程。

_____

_____

_____

_____

轴系配对是将各传动轴段置于同一轴线上，保证其同轴度要求，然后铰镗法兰螺栓孔，并配置相应的铰制孔螺栓等一系列工作的总称。此项工作过去多在轴系校中完成之后在船上进行，目前大多在车间内完成，主要是为了加快水下施工进度。

配对工作一般自艉向艏依次进行，先在临时支承上放置螺旋桨轴，检查其前法兰跳动量为最小值后作为基准，然后在临时支承上放置第一根中间轴，确认连接法兰的偏移和曲折值满足要求之后，用临时螺栓将法兰拉紧并紧固，之后便可进行铰孔工作。铰孔完成之后，按照铰孔尺寸和配合要求配置铰制孔螺栓。

引导问题 3：按照图 2-2-4 完成艉轴尺寸测量，按照图 2-2-5 完成中间轴和螺旋桨轴找正工作，并完成表 2-2-2 数据的填写。

表 2-2-2 中间轴和螺旋桨轴找正记录表

测量项目	数据记录项 1	数据记录项 2	测量人
中间轴尺寸测量	中间轴长度理论值：　　　mm	中间轴轴径理论值：　　　mm	
	中间轴长度测量值：　　　mm	中间轴轴径测量值：　　　mm	
艉轴尺寸测量	1 位置处艉轴外径理论值：　　　mm	1 位置处艉轴外径理论值：　　　mm	
	2 位置处艉轴外径理论值：　　　mm	2 位置处艉轴外径理论值：　　　mm	
	3 位置处艉轴外径理论值：　　　mm	3 位置处艉轴外径理论值：　　　mm	
	4 位置处艉轴外径理论值：　　　mm	4 位置处艉轴外径理论值：　　　mm	
轴系找正数据测量	法兰外圆尺寸：　　　mm	工艺要求：开口和外圆均不大于 0.02 mm	
	法兰开口尺寸：　　　mm		
支撑位置确认	L_3 长度：　　　mm	L_5 长度：　　　mm	
	L_4 长度：　　　mm	L_6 长度：　　　mm	

> **小提示**
>
> 在进行中间轴和螺旋桨轴找正工作之前,需要测量中间轴与艉轴(螺旋桨轴)的工作轴颈尺寸并记录,艉轴尺寸测量示意如图 2-2-4 所示。按主机轴系安装工艺布置中间轴与艉轴并进行找正,如图 2-2-5 所示。找正过程中要求中间轴与艉轴法兰接触紧密,用 0.02 mm 塞尺不能塞入,偏移均不大于 0.02 mm,同时记录测量时的工作温度和环境温度。
>
> 1、2、3、4 为四个测量位置。
>
>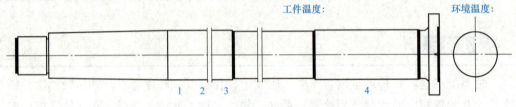
>
> 图 2-2-4 艉轴尺寸测量示意图
>
>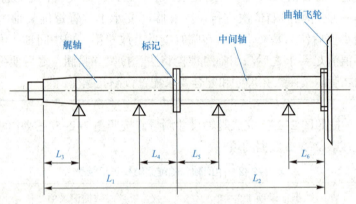
>
> 图 2-2-5 中间轴与艉轴找正支撑位置
>
> 说明图中为临时支撑,且 $L_3=L_4=0.2L_1$,$L_5=L_6=0.2L_2$。
>
> 找正也称为校中,工艺过程:用临时螺栓将两轴拉拢,使法兰端面间隙越小越好。然后测量并调整两个法兰的偏移和曲折,允差见表 2-2-3,报检合格后,用临时螺栓均匀地将两轴拉紧,直至两法兰平面贴紧,然后固紧螺母。在拉紧过程中,法兰的曲折和偏移不得发生变化,可以在法兰外圆安装两块百分表,拉紧过程中表的读数不发生变化,说明情况正常,然后即可进行铰孔工作。
>
> 表 2-2-3 两法兰的偏移值和曲折值允差　　　　　　　　　　mm
>
> | 序号 | 法兰外径 | 两法兰的偏移值和曲折值允差 |
> |---|---|---|
> | 1 | ≤500 | ≤0.02 |
> | 2 | 500～800 | ≤0.03 |
> | 3 | >800 | ≤0.04 |

引导问题4：完成中间轴和螺旋桨轴找正工作后，对螺栓孔进行铣孔，完成加工后进行法兰孔的测量并记录在表2-2-4中。

表2-2-4　加工后法兰孔的测量记录表　　　　　　　　　　　　　　　　　　mm

孔序号	艉轴法兰孔		中间轴法兰孔		平均值	孔序号	艉轴法兰孔		中间轴法兰孔		平均值
	a	b	a	b			a	b	a	b	
1						7					
2						8					
3						9					
4						10					
5						11					
6						12					

注：加工后孔的粗糙度为 $Ra1.6$。

小提示

　　两轴法兰进行调整对中后，检查法兰各孔加工余量是否满足要求，使法兰孔中心对正，间隔安装6个临时连接螺栓并打紧，交验。安装镗孔机进行铣孔，第一组6个螺栓孔加工完毕后，在对称位置配置两个定位销并安装。逐个调换安装临时连接螺栓，对其他6个螺栓孔进行铣孔，直至加工完毕。对孔进行编号标记，测量加工数据并记录，如图2-2-6所示，拆除临时连接螺栓，将中间轴和螺旋轴存放在安全地点并保养。

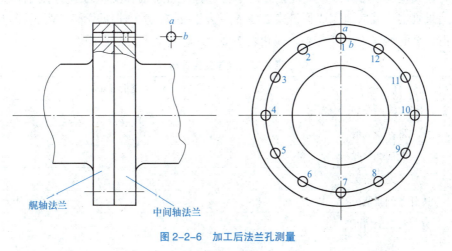

图2-2-6　加工后法兰孔测量

实船法兰螺栓孔铰孔

三、螺栓的装配

引导问题5：法兰螺栓的装配方法有_____、_____、_____三种。

 小提示

  在万吨级的船舶轴系各轴之间，法兰螺栓的装配方法有打入法、压入法、低温冷装法三种。

  目前大多数船厂采用打入法。轴与孔的公差一般取零对零，或过盈0.005 mm，有的还有0.01 mm的间隙，用98～147 N大锤打入。压入法和低温冷装法一般最低过盈量为零，通常过盈量为0.01～0.02 mm。使用这两种方法时，压入法需要一套专门工装设备和固定止推装置才能把螺栓顶进去，而低温冷装法仅需保温瓶及保温箱设备。低温冷装法一般采用液氮作为介质。液氮冷却是一个热交换过程，螺栓在液氮槽内，最初3～5 min急骤收缩，液氮大量蒸发，液面处于沸腾状态，6～7 min以后，开始逐渐稳定，到10 min以后，基本稳定下来。实践证明，夏季12～15 min（冬季当气温在0 ℃以下时为18～20 min）期间取出螺栓，进行安装较有把握。在上述时间里，一般螺栓直径为80～90 mm者，缩小量为0.12～0.15 mm。

【学习成果评价】

  各组自我检验学习成果，对此任务的学习过程进行总结和反思。学生根据任务学习的过程与结果真实、诚信地完成评价表2-2-5～表2-2-7。教师根据学生学习过程与结果客观、公正、全面地完成评价表2-2-6和表2-2-7，对学生进行综合评价。

表2-2-5 学生自评表

任 务	完成情况记录
任务是否按计划时间完成	
相关理论完成情况	
技能训练情况	
任务完成情况	
任务创新情况	
材料上交情况	
收获	

表2-2-6 学生互评表

序号	评价项目	小组互评	教师评价	总 评
1	任务是否按时完成			
2	材料完成上交情况			
3	成果质量			

续表

序号	评价项目	小组互评	教师评价	总评
4	语言表达能力			
5	小组成员合作面貌			
6	创新点			

表 2-2-7　教师评价表

序号	评价项目	自我评价	互相评价	教师评价	综合评价
1	学习准备				
2	引导问题填写				
3	规范操作				
4	完成质量				
5	关键操作要领掌握				
6	5S 管理、环保节能				
7	职业态度与精神				
8	参与讨论主动性				
9	沟通协作				
10	展示汇报				

注：评价档次统一采用 A（优秀）、B（良好）、C（合格）、D（努力）四档。

【任务实施相关知识】

一、轴的对接工艺

轴与轴之间的对接平轴工作，可以在平台或长轴车床上进行。图 2-2-7 所示为轴在平台上进行对接的情况，此时在每根轴下面垫好临时支承后，由于轴不放在支承上时，会因自重而引起弯曲变形，其方向及大小与支承位置有很大关系。

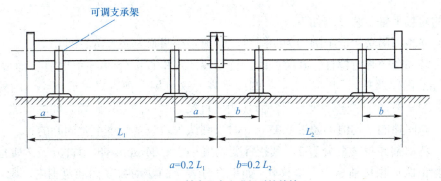

$a=0.2 L_1$　　$b=0.2 L_2$

图 2-2-7　轴在平台上进行对接的情况

一般法兰端面至支承架中心的距离 a 及 b，在平轴工作中，使相邻一对法兰两连接法兰的偏中值接近零，如图 2-2-7 所示，可通过下面近似公式求取：$a=0.2L_1$、$b=0.2L_2$。法兰的偏中值指偏移值及曲折值。所谓偏移（常用符号 δ 表示），是指两法兰的轴心线不重合，但平行，如图 2-2-8（a）所示；所谓曲折（常用符号 φ 表示），是指两法兰的轴心线交叉成一定角度，如图 2-2-8（b）所示。图 2-2-8（c）则表示出毗邻两法兰既存在偏移值又存在曲折值的情况。

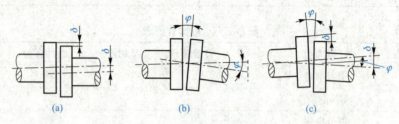

图 2-2-8　两轴连接法兰的偏移及曲折
（a）偏移；（b）曲折；（c）既偏移又曲折

临时支承必须能上下做升降运动，还应能在轴的左右方向调整轴的位置。可用千斤顶改制，在轴的左右各放置一只千斤顶，共同支起一个元宝铁来支承中间轴。临时支承也可制成车床中心架的形式，便于调整中间轴的位置。

对接平轴工作一般自艏向艉依次进行，可先安放螺旋桨轴（或艉轴），检查其跳动量为最小值后作为基准，然后在临时支撑上放上第一根中间轴，用百分表检查，保证连接法兰处的偏移和曲折为最小值，用临时螺栓将它们紧固，再次检查各个轴颈处的跳动量，直至其值在允许范围内为止。中间轴在车床上的对接情况，如图 2-2-9 所示。

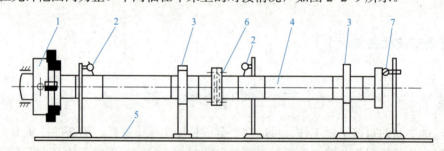

图 2-2-9　中间轴在车床上对接平轴
1—四爪卡盘；2、7—百分表；3—中心架；4—中间轴；5—床身导轨；6—定心圈

轴的对接平轴工艺过程如下：

（1）当相邻两法兰定中圆均为凹圆时，应预先在凹圆内嵌入定心圈 6。

（2）装入全部临时螺栓。在装配时，要用厚薄规检查接合面，使四周接合面处不能塞进 0.02 mm 的厚薄规。同时，法兰外圆应平齐，这可用一把直尺先后在法兰的外圆面的上、下、左、右四个位置贴放，用厚薄规测量直尺与另一法兰外圆面之间的间隙。对上，下及左、右间隙的平均值不超过 0.05 mm 时，则认为两法兰基本上是同心的。

（3）转动轴并观察百分表 2，其指针变动应小于 0.04 mm。再用百分表 7 所指示的摆动量来验证两根相接轴是否有偏移 δ。如果百分表 7 的摆动数在标准范围内，则百分表 2 的摆动量是由法兰接合处轴线曲折值 φ 引起的。如果发现曲折值超过允许范围，则必须刮削法兰面来消除曲折。但此后必须再重新用百分表校对。

（4）对接工作完成后，便可进行铰孔工作。此时，全部临时螺栓应该上紧。铰孔时，可先拆去 1～3 个临时螺栓，先铰这几个孔。

二、铰孔

轴在车床上加工完毕后，按照图纸在法兰端面上画出螺栓孔中心线及螺栓孔线，然后在钻床或卧式镗床上钻（镗）出螺栓孔。但此孔应留出精铰孔的余量，此余量的大小不能具体规定，要视钻（镗）孔时的精度和粗糙度来决定。如果机床精度高，余量可留小一些，为 0.5～1.0 mm；如果机床精度低，钻出的孔粗糙度又较高，则余量要留大一些，超过 1 mm，甚至 2 mm 以上，但这样必定增加精铰时的工作量。

对接找正工作完成后，便可进行铰孔工作。中、小直径的螺栓孔可以采用手工铰孔和机铰，大直径的螺栓孔为了减轻劳动强度，提高工作效率，一般采用机铰或镗孔机进行镗削。

图 2-2-10 所示为手工铰孔的方法。将铰刀 3 的尾部插入扳钻孔内，扳钻的另一端顶在卡箍上，而卡箍夹固在轴上，摇动扳钻手柄 7 即可进行铰孔。铰刀 3 必须与法兰端面垂直，可用角尺 4 来检验。孔铰好后，在法兰端面螺孔处应刮出鱼眼坑，刀排上的螺母是为进刀而设置的。

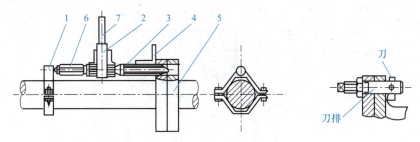

图 2-2-10 采用双簧扳钻进行手工铰孔

1—两半式卡箍；2—双簧扳钻；3—铰刀；4—角尺；5—中间轴或艉轴法兰；6—螺母；7—手柄

图 2-2-11 所示为大型轴系法兰铰孔机。它由自控气门装置、挠性气缸组和扳手机构三大部分组成。压缩空气通过自控气门装置进入气缸推动活塞，活塞杆带动装有棘轮机构的扳手，扳动铰刀旋转。使用风动铰孔工具，在粗铰时，可切削去直径余量 0.5～1.0 mm；在精铰时，一般切削余量不超过 0.1 mm。

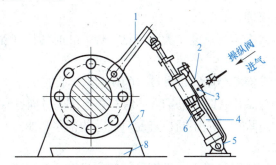

图 2-2-11 大型轴系法兰铰孔机

1—扳手；2—滑阀；3—配气口；4—气缸；5—绕接头；6—活塞；7—支架；8—润滑剂盘

图 2-2-12 所示为常用轴系法兰镗孔机。镗杆置于两个支承轴承内，支承用螺栓固定于轴上，并使镗杆中心与轴中心线平行，由电动机带动减速齿轮箱供应动力。

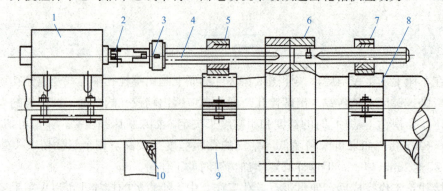

图 2-2-12 轴系法兰镗孔机

1—齿轮箱；2—万向接头；3—刀架；4—镗杆；5、7—支承轴承；6—法兰；8、9—支承夹圈；10—垫木

图 2-2-12 所示的设备只能加工圆柱孔。如将镗杆内进给机构加以改进，使进给用丝杠与轴孔中心线不平行，成一规定的角度，从而使镗刀进给方向与轴孔中心线成一角度，就解决了圆锥孔的加工问题（图 2-2-13）。

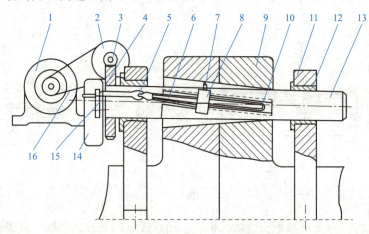

图 2-2-13 加工锥孔的镗孔机

1—电动机；2—皮带轮；3—蜗杆；4—蜗轮；5—万向接头；6—丝杠；7—刀具；8—刀架；9—法兰；
10—燕尾槽；11—支承；12—支承轴承；13—憧杆；14—变速器；15—传动齿轮；16—皮带

铰孔时应注意以下事项：

（1）待铰孔应留有铰孔余量，余量大小视钻（铰）孔时的精度和粗糙度来决定，一般为 0.5～2.0 mm。

（2）为达到较低的表面粗糙度，每次铰孔的切削量不宜过大。

（3）在铰（镗）法兰螺栓孔时，进给方向应与螺栓压入方向一致。

（4）在加工螺孔的过程中，应不断检查配对法兰的偏移和曲折，如发生差异，要停止加工，修正后再继续加工。

（5）铰孔需分批次、错孔加工，一批螺孔精铰完成之后，就要立即为其配置铰制孔螺栓，并将其安装到位，然后拆去其他临时螺栓，对其他螺栓孔进行铰孔。

（6）螺栓与孔还需要用钢号码分别打上序号标记，以免安装时弄混。

经过精铰后，螺栓孔应达到的技术要求：

（1）孔的表面粗糙度 Ra 应达到 1.6 μm。

（2）孔的圆柱度，对于孔径在 50 mm 以下的，≤ 0.02 mm，在 50 mm 以上的，≤ 0.03 mm。

（3）孔的圆度，对于孔径在 50 mm 以下的，≤ 0.01 mm，在 50 mm 以上的，≤ 0.02 mm。

（4）孔的中心线必须和端面垂直。垂直度应小于 0.03 mm，法兰与圆弧过渡处须刮平，并削出鱼眼坑。

（5）圆柱形螺孔孔径的倒锥 ≤ 0.02 mm。

（6）螺栓孔如采用圆锥形螺孔，其锥度一般为 1∶15 ～ 1∶20。

三、铰制孔螺栓的配置

1. 铰制孔螺栓的类型

铰制孔螺栓按照其螺杆形状可分为圆柱形和圆锥形两种类型，如图 2-2-14 所示。圆柱形铰制孔螺栓较为常见，其优点是加工方便；缺点是法兰螺栓与孔的配合精度较高，否则不能达到必需的紧密配合要求，且螺栓经多次拆装后，孔与螺栓之间的配合精度不能保证，容易松动；而圆锥形铰制孔螺栓的特点则是安装方便，而且可以多次拆装，但是加工工艺过程比较复杂。

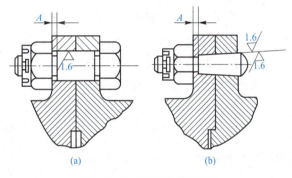

图 2-2-14 铰制孔螺栓示意图

（a）圆柱形；（b）圆锥形

2. 铰制孔螺栓的装配要求

（1）在装入螺栓以前，必须将螺孔、螺栓清洗干净，并涂上清洁的机油。

（2）将螺栓装进螺孔后，用铅锤或紫铜锤轻轻敲击螺栓头部，将螺栓敲入孔内。如果用普通手锤敲击，则要在螺栓头部垫上紫铜或黄铜板，以免击伤螺栓。

（3）旋上螺母，当螺母上紧后，要求螺栓头部和螺母与法兰平面接触的面贴紧，用 0.05 mm 塞尺检查，在 90% 周长上插不进。

（4）对锥形螺栓，在装配中应经过研配，用色油检查，要求其接触面积在 75% 以上。螺栓在研配时，绝不允许用锉刀锉削其表面。

（5）螺栓上紧后，其螺纹部分应缩进孔内 5 mm 左右。

（6）锥形螺栓头部露出孔的长度，力求使每个螺栓都相等。

（7）将所有螺栓上紧后，在螺栓、螺母及法兰螺孔上打上记号，以便拆除再装时能对号入座。

（8）在将轴运上船以前，要将螺栓全部拆卸下，并在螺栓、螺孔上抹上机油，以免生锈。

镗削螺栓孔设备安装与操作流程

任务三　确定轴系理论中心线

【任务分析】

轴系和主机安装时轴系理论中心线是重要安装基准，根据轴系理论中心线确定主机的安装位置和轴系各传动轴与轴承安装位置。本任务主要是按照主机轴系安装工艺和轴系布置图等工艺文件进行轴系理论中心线的确定，为之后的主机安装和轴系安装的相关任务做好准备。

【学习目标】

1. 准确识读轴系布置图；
2. 能够准确说出艏艉基准点的位置；
3. 能够正确地确定船舶轴系理论中心线；
4. 能够正确地使用激光经纬仪；
5. 能够准确地定位艉轴管；
6. 提升集体意识和团队合作精神；
7. 自我检验学习成果，对此任务的学习过程进行总结和反思。

【任务实施】

一、确定轴系理论中心线方法的选择

引导问题1：阅读下面的小提示，完成轴系理论中心线相关填空题。
（1）轴系理论中心线的作用有_____、_____。
（2）确定轴系理论中心线的方法主要有_____和_____两种。

> **小提示**
>
> 　　轴系理论中心线是在船舶设计时所确定的中心线，是主机和轴系安装的基准。轴系工作区域内艉柱轴毂上与艉轴管配合的孔、人字架中与轴承配合的孔及轴系隔舱壁孔等，在机械加工时应保证各孔中心位于轴系理论中心线上。轴承座、主机座等位置的检查和加工也是以轴系理论中心线为基准的，因此，需进行轴系理论中心线的确定。
> 　　确定轴系理论中心线的方法主要有拉线法和光学仪器法两种。轴系长度小于20 m 的中、小船舶常用拉钢丝线的方法；大型船舶常用光学仪器法。
> 　　目前，很多船厂采用拉线法和光学仪器法相结合的方法来确定轴系安装的正确位

置。首先利用光学仪器来确定轴系理论中心线，并画出各处的加工圆和检验圆；其次利用拉线法确定艉轴管、中间轴承、主机的具体位置及轴、舵线之间的相交性，同时利用样棒确定艉轴、中间轴的前后位置和中间轴长度；再次用光学仪器法核对检查各轴承的安装位置及镗孔精度。

由于对舵系理论中心线和轴系理论中心线的相互位置有一定的要求，因此两者中心线的确定基本上是同时进行的，而且测定的基本要求和条件大致相同。舵系理论中心线的测定，将在船舶舵系安装的项目中加以学习。

二、确定轴系理论中心线的前提条件

引导问题2：确定理论中心线时，要求在不受阳光暴晒和温度无急剧变化的情况下进行，一般＿＿＿＿＿＿＿＿＿＿＿＿＿工作较好。

▎小提示

在确定轴系理论中心线时，船体变形要尽量接近在水中变形的情况。为此，在测定轴系理论中心线之前，应具备下列条件：

（1）从艉端算起在主甲板以下船体长度的85%内（或机舱前壁以后至艉部，视船型而定）的船体装配工作必须基本完成。

（2）主机和轴系的安装区域内，所有的舱室及油舱、水舱、箱柜都应经过焊缝检验及密闭性试验并合格。

（3）测量船体基线挠度，画出船基线及船中心线并做记录。

（4）按设计图纸要求全面检查船台楞木的布置，并将艉部临时支撑全部拆除。

（5）在确定理论中心线时，船上应停止有较大冲击和振动性的工作，严禁上层建筑的吊装作业。

（6）确定理论中心线时，要求在不受阳光暴晒和温度无急剧变化的情况下进行，一般在夜间或阴雨天工作为好。

三、确定轴系基准点

引导问题3：阅读小提示，完成确定轴系基准点的填空题。

（1）一般将艏基准点设在＿＿＿＿＿或＿＿＿＿＿，而艉基准点设置在＿＿＿＿＿，也可以设置在＿＿＿＿＿。

（2）基准点的坐标系由船长度方向的＿＿＿＿＿、宽度方向的＿＿＿＿＿，以及高度方向的＿＿＿＿＿构成。

> **小提示**
>
> 无论采用何种方法确定轴系理论中心线,首先要确定基准点。两点决定一直线,轴系理论中心线由艏、艉两个基准点来确定,这两个基准点应由船体检验部门认可。选择基准点位置时,两点在艏、艉方向的间距要远一些,以便提高测量精度,两个基准点间应当包括要求测量的范围,另外还要考虑到测量尺寸的方便性。
>
> 一般将艏基准点设置在机舱前舱壁或邻近的肋位上,而艉基准点设置在零号肋位或者之后,也可以设置在挂舵臂上,如图 2-3-1 所示。图 2-3-2 所示为基准点细节。
>
>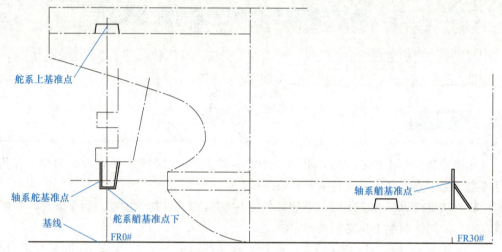
>
> 图 2-3-1 基准点设置
>
>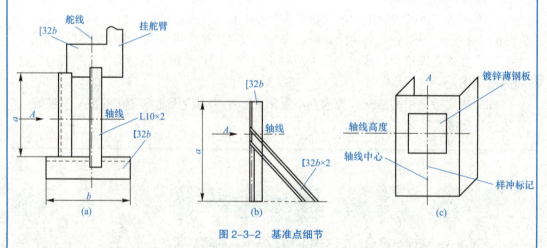
>
> 图 2-3-2 基准点细节
> (a) 艉基准点; (b) 艏基准点; (c) A 向
>
> 基准点的坐标系由船长度方向的肋位线、宽度方向的中纵剖面线及高度方向的船体基线构成。

肋位线一般会在船台和船体构件上有所标记，很直观，直接测量即可；基线一般会由船体施工人员在船体建造工程完成后，测量龙骨变形量，计算龙骨平均高度点，作为船体实船基线，并在安放在船台上的高度标尺上做出高度标记；而实船中纵剖面线也会在艉封板及机舱区域的船台上或打点，或直接勘画出实船中纵剖面的投影线。

另外，有些船厂将照光艉基准点设置在地面上，这样做是为了避免船舶本身产生的各种变形，以及因船体施工导致的各种振动的不利影响，从而增加照光基准点的稳定性。需要注意的是，如果将照光艉基准点设置在地面上，必须在船体无阳光照射一定时间、船体恢复到最初确定的基点位置之后，才可以进行轴线测定工作。

四、光学仪器法建立轴系理论中心线

引导问题 4：识读图 2-3-3 所示的轴系布置图，利用图 2-3-4 所示的实训室设备及环境，确定轴系理论中心线并完成表 2-3-1 的记录与填写。

表 2-3-1 轴系理论中心线建立记录表

序号	内容	结果记录		记录人与确认人
1	确定艉基点位置	左右偏差		
		高度偏差		
2	轴系理论中心线位置	激光经纬仪基座水平度偏差	方向 1	
			方向 2	
		与实船中纵剖面线上给定的标记点重合偏差	点 1	
			点 2	
		与艉基准点重合高度偏差		
		激光经纬仪物镜垂直 90°00′00″偏差		

小提示

1．场地及设备说明

（1）轴系理论中心线是水平线，根据场地条件，规定照光方向是从主机前端往后照；

（2）艉轴管前地面上两个铁块上的标记点为船体中纵剖面与机舱内底板交线上的两个点；

（3）艉部基准点支架位置的地面为基面。

2. 要求

根据轴系布置图和场地给定的标记点，确定艉基点的位置，用激光经纬仪建立轴系理论中心线（图2-3-3），完成任务要求如下：

（1）艉基点的位置，要求高度和左右偏差均≤1 mm；

（2）激光经纬仪的基座应水平，两个相互垂直方向的水平度偏差≤1格；

（3）轴系理论中心线与场地给定的标记点应重合，左右偏差≤1 mm；

（4）轴系理论中心线与艉基准点应重合，高低方向的偏差≤1 mm；

（5）激光经纬仪的物镜应该处于水平状态，液晶显示屏上显示的垂直参数应该为90°00′00″，偏差≤5″。

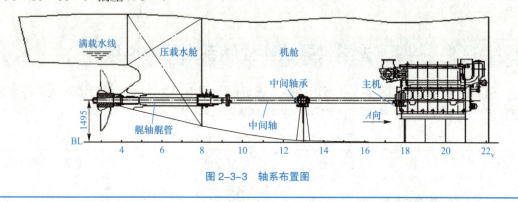

图2-3-3 轴系布置图

激光经纬仪的使用说明书

游标卡尺、塞尺的使用说明

实训室轴系理论中心线测定微课

五、应用轴系理论中心线定位艉轴管

引导问题5：利用上面建立的轴系理论中心线，调整定位艉轴管，并完成表2-3-2的记录与填写。

表2-3-2 艉轴管定位记录表

序号	内容	结果记录		记录人与确认人
1	光靶安装	光靶1	安装位置	
			上下偏差	
			左右偏差	
		光靶2	安装位置	
			上下偏差	
			左右偏差	

续表

序号	内容		结果记录		记录人与确认人
2	光靶与理论中心线位置	光靶 1	上下偏差		
			左右偏差		
		光靶 2	上下偏差		
			左右偏差		

小提示

使用已调整完毕的激光经纬仪定位时,激光束代表轴系理论中心线,然后即可以激光束为基准来定位艉轴管。

1. 要求

使艉轴管中心与轴系理论中心线同轴:
(1) 两个光靶的中心与艉轴管相应部位的内孔中心同心,偏差 ≤ 0.05 mm;
(2) 两个光靶的中心与轴系理论中心线同心,偏差 ≤ 1 mm。

2. 工艺过程

(1) 在艉轴管前后端面使用水平尺、角尺画十字线和测量位记号线。
(2) 在艉轴管前后轴承位上各安装一只光靶,靶心端面与艉轴管端面大致平齐,用角尺检查其与艉管轴线的垂直度。
(3) 用调节螺钉结合测量数据调整光靶,使之与艉轴承位孔同轴。
(4) 使用安装在艉轴管前后支撑座上的调节螺钉调整艉轴管的上、下、左、右位置,使激光通过光靶中心。调节时,先调远端,再调近端,之后复查远端,直至合格。
(5) 将经纬仪目镜焦距调节到基准标靶,复核激光光斑与标靶十字线是否重合。

如有变化,说明经纬仪位置有变,应重新调节经纬仪,照光工作重新进行。

实训设备及环境如图 2-3-4 所示。

图 2-3-4 实训设备及环境

【学习成果评价】

各组自我检验学习成果,对此任务的学习过程进行总结和反思。学生根据任务学习的过程与结果真实、诚信地完成评价表 2-3-3 ～表 2-3-5。教师根据学生学习过程与结果客观、公正、全面地完成评价表 2-3-4 和表 2-3-5,对学生进行综合评价。

表 2-3-3　学生自评表

任务	完成情况记录
任务是否按计划时间完成	
相关理论完成情况	
技能训练情况	
任务完成情况	
任务创新情况	
材料上交情况	
收获	

表 2-3-4　学生互评表

序号	评价项目	小组互评	教师评价	总评
1	任务是否按时完成			
2	材料完成上交情况			
3	成果质量			
4	语言表达能力			
5	小组成员合作面貌			
6	创新点			

表 2-3-5　教师评价表

序号	评价项目	自我评价	互相评价	教师评价	综合评价
1	学习准备				
2	引导问题填写				
3	规范操作				
4	完成质量				
5	关键操作要领掌握				
6	5S 管理、环保节能				
7	职业态度与精神				
8	参与讨论主动性				
9	沟通协作				
10	展示汇报				

注:评价档次统一采用 A(优秀)、B(良好)、C(合格)、D(努力)四档。

【任务实施相关知识】

一、轴系基准点位置确定

1. 轴系基准点高度位置的确定

图纸上一般只标注出基准点至船体基线的高度尺寸，施工时需要在指定的基准点所在肋位线向上量取规定的数值。为了测量方便，艉基准点高度位置往往是从中龙骨上平面（双层底上平面）的中线向上量取，因为中龙骨上平面距离基线的高度是已知的。如果是中、小型船舶，单层底，而且中龙骨有线型，不方便直接测量，则可以在安放在船台上标有基线高度的标尺上标出轴线高度，然后使用透明软管、全站仪、激光经纬仪等工具将轴线高度引入设置在机舱内、外的艏、艉基准点上（图2-3-5）。

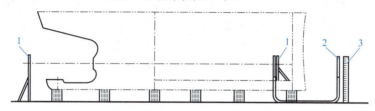

图2-3-5 借助连通水管将轴线高度引到机舱内、外的艏、艉基准点上

1—拉线架；2—连通水管；3—标尺

相比连通水管，全站仪和激光经纬仪的测量精度更高、更方便，所以，大型船舶在确定了艉基准点之后，大多采用全站仪和激光经纬仪来测量基准点。

轴系理论中心距离基线的高度应根据主船体的变形情况做适当调整，但具体的调整方法和调整数值应同设计部门协商，且不得超差。

2. 轴系基准点的左右位置的确定

（1）对单轴系，可以用吊线坠对准船中心线来确定，也可以使用光学仪器法和经纬仪通过扫船中心线的方法来确定。

（2）对双轴系，应根据轴系布置图要求的艏、艉基准点与船中线的距离，借助吊线坠和样棒，左、右均分予以确定。

3. 轴系基准点的船长方向位置的确定

按照相关图纸和技术文件，对照船体内、外底板和其他船体构件上的肋位线标记，使用样棒、卷尺和吊线坠等工具、量具直接测量即可。

二、拉线法确定轴系理论中心线

拉线法是一种较为传统的方法，优点是操作简便，对设备要求比较低；缺点是钢丝因自重产生的挠度会造成一定程度的测量误差，而且钢丝在空间坐标的测量比较困难，测量精度很大程度上取决于操作者的技术水平和状态。所以，拉线法一般应用于轴系长度小于20 m的中、小型船舶，或者用于大、中型船舶的轴线初步确定，以及其他次要设备的定位安装。

1. 拉线法的工艺过程

图 2-3-6 所示为拉线。

拉线之前，需要在相关舱壁、肋板、底板等处预先开出小孔，以便钢丝穿过，孔的位置按轴系布置图给出的尺寸大致确定，有时还需考虑船体线型图、肋骨线型图及船体艉部的船体变形情况。小孔孔径为成品孔的 1/3～1/2，宁小勿大。然后在规定的位置安装两只拉线架。前面的拉线架设置在机舱主机前端 0.5～1 m 处，也可设置在机舱前舱壁附近，为固定式拉线架，如图 2-3-7（a）所示；钢丝通过压板固定在滑板 7 上，摇动手柄 8 可以使钢丝随滑板 7 沿水平方向移动，摇动手柄 10 可以使钢丝随滑板 9 沿上下方向移动。船艉的另一个拉线架设置在舵系中心线之后 0.5～2 m 处，采用活动式，如图 2-3-7（b）所示，从固定端拉过来的钢丝经过滑轮后转向，依靠挂重拉紧，转动方榫 1 可以使钢丝沿上下方向移动，转动方榫 4 可以使钢丝沿水平方向移动。另外，钢丝的拉紧也可以依靠如图 2-3-8 所示的拉紧螺栓。

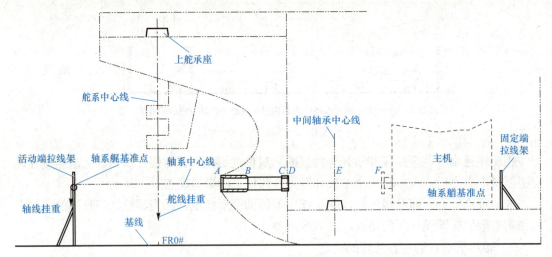

图 2-3-6 拉线示意

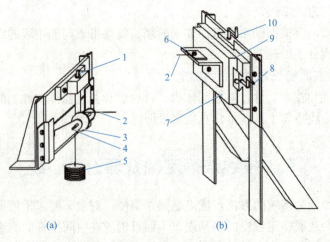

(a)   (b)

图 2-3-7 拉线架

（a）固定式；（b）活动式

1、4—方榫；2—钢丝；3—滑轮；5—挂重；6—钢丝压板；7、9—滑板；8、10—手柄

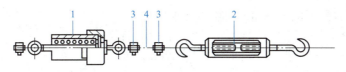

图 2-3-8 拉线用的拉紧螺栓

1—拉力计；2—花篮螺栓；3—钢丝夹具；4—钢丝

2. 钢丝的选用与挠度计算

拉线选用的钢丝又称琴钢丝。一般轴系长度在 15 m 以上时采用直径为 0.6 mm 以上的钢丝，长度在 15 m 以下时采用直径为 0.5 mm 以下的钢丝，钢丝的参数见表 2-3-6，所选用的琴钢丝表面应无任何锈点和折伤。使用挂重或花篮螺栓将钢丝拉紧（拉紧力一般取其拉断力的 70%～80%），在钢丝上标出长度方向的基准点位置。通过拉线架上的调整装置调整钢丝的上、下、左、右方向，左右位置的确定使用吊线坠和样棒，高度尺寸直接使用直尺进行测量。最终使得钢丝上标记的基准点的左右位置和高度尺寸满足图纸和工艺文件的技术要求。此时，钢丝即代表轴系理论中心线。轴系理论中心线建立之后，即可进行主机基座、轴毂孔等设备的定位和测量工作。

表 2-3-6 钢丝直径与拉力的关系

钢丝直径 /mm	截面面积 /mm²	均布荷载 /(N·mm)	极限应力 /(N·mm²)	极限拉力 /N	推荐拉力 /N
0.30	0.070 7	5.488	1 764	124.5	98
0.40	0.125 6	9.702	1 764	221.5	147
0.50	0.196 3	15.58	1 666	327.3	196
0.60	0.282 7	21.76	1 666	470.4	294
0.70	0.384 8	29.60	1 568	597.8	392
0.80	0.502 6	38.71	1 568	784.0	539
0.90	0.636 1	48.91	1 519	970.2	686
1.00	0.785 4	60.47	1 519	1 196	833

拉钢丝线时，如不考虑钢丝自重所产生的下垂量，则以钢丝代表的轴系理论中心线必然有误差，且拉线长度越长，相应的误差就越大，所以必须予以修正。修正的方法是求出各点的下垂量数值，主要是钢丝通过的各隔舱壁、中间轴系座、镗孔基准架等处的理论中心点的下垂量数值。在确定各理论中心点时，应将该处由钢丝所定出的中心位置垂直升高相应的下垂量数值（图 2-3-9）。

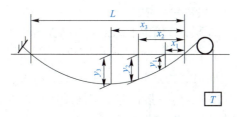

图 2-3-9 钢丝下垂量计算

钢丝在不同位置处的下垂量 y 可由下式求出：

$$y = \frac{qx(L-x)}{0.99 \times 2T}$$

式中　y——在计算点上的挠度（mm）；
　　　q——钢丝单位长度的质量（g/m）；
　　　x——计算点到基准点之间的距离（m）；
　　　L——钢丝艏、艉基准点之间的距离（m）；
　　　T——挂重（kg）。

三、光学仪器法确定轴系理论中心线

采用光学仪器法确定轴系理论中心线利用的是光在均匀介质中直线传播的原理。其基本思路：按照工艺图纸和文件规定的位置安装两个基准光靶，调整光靶，使两个光靶的十字线中心在轴系理论中心线或延长线上，之后安装并调整光学仪器，使仪器的主光轴（或光束）通过基准光靶上的十字线中心，此时仪器主光轴（或光束）就代表了轴系理论中心线。采用光学仪器法确定轴系理论中心线具有精度高、劳动强度低、速度快、操作方便等优点，因而，广泛应用于长轴系船舶和大、中型船舶。

图 2-3-10 所示为使用激光准直仪进行轴系理论中心线的确定。

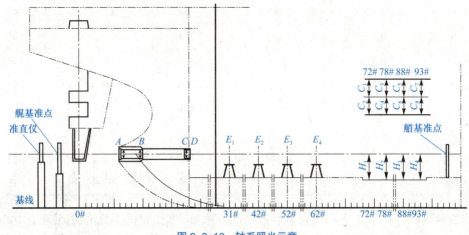

图 2-3-10　轴系照光示意

照光法确定轴系理论中心线的过程如下：

（1）设置艏、艉基准点。

1）艏基准点设置在主机之前，艉基准点设置在舵系中心线后方船台地面上，或挂舵臂上，基准点用槽钢制成，要求稳定、牢固。

2）按照图 2-3-10 所示的方法在槽钢上确定基准点，画十字线，打样冲，然后安装照光用的标靶，标靶中心对正十字线。标靶形式比较灵活，一般使用薄金属板、纸等材料制成，为便于观察和测量，靶面最好为亚光。图 2-3-11 所示为一块金属（或胶）板制成的用于照光的标靶。图 2-3-12 所示为一张画有十字线的白纸，准直仪安装在艉部，向前照射安装在机舱的艏基准点时，将白纸掀起。

图 2-3-11 照光用的标靶　　图 2-3-12 安装在艉部的照光用的标靶

（2）在待镗孔的艉轴管前、后端各装焊一组镗杆定位基准点（上下左右各 1 点，共 4 点）。

（3）在艉轴管（或人字架）前、后端的内孔中分别安装光靶，光靶端面应与艉轴管轴线垂直。光靶的数量和位置根据确定艉轴管中心与画线的需要确定。光靶的形式很多，图 2-3-13 所示为一种带百分表的光靶，这种光靶数据读取相对比较方便、直观、准确。

图 2-3-13　带百分表的光靶

图 2-3-14 所示为船厂常用的一种带套筒的八腿光靶支架，套筒里可以安装图 2-3-15 所示的照光靶心和测量靶心，可以使用测量靶心配合独脚卡钳进行测量，也可以使用图 2-3-16 所示的八腿光靶进行艉柱轴毂孔里的安装和测量。

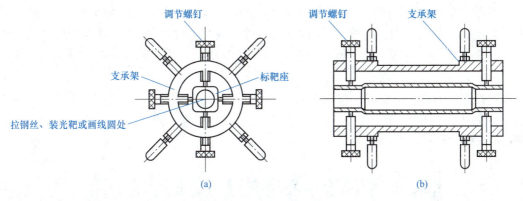

(a)　　　　　　　　　　(b)

图 2-3-14　八腿光靶支架
（a）正面；（b）侧面

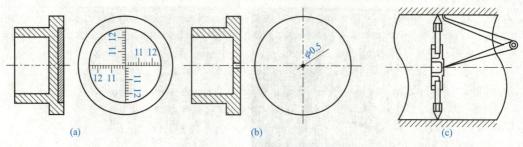

图 2-3-15 照光靶心和测量靶心

(a) 照光靶心; (b) 测量靶心; (c) 测量靶心的使用

图 2-3-16 八腿光靶在艉柱轴毂孔里的安装和测量

（4）按舵系的上、下基准点拉舵系中心线并调整定位（详见舵系安装项目）。

（5）安装光学仪器、照光。可以将光学仪器设置在艉基准点之后，自艉向艏照光；或设置在艏基准点之前，自艏向艉照光。如果是自艉向艏照光，则将光学仪器架设在艉基准点后方且与其距离不小于 1 m 的地面上或平台上，然后调整光学仪器十字线中心与艏、艉基准点光靶十字线中心重合，此时光学仪器的主光轴或激光束即代表轴系理论中心线。有些船厂的艉基准点使用纸质标靶，照光时先对正艉基准点，之后将纸靶翻起，对正艏基准点，然后将艉基准纸靶翻下，对正，如此反复几次直至合格。有些船厂的艉基准点使用带钢靶心的光靶，对正艏基准点时，将靶心取下即可。如果是由艏向艉照光，则将光学仪器安装在主机之前的支架或平台上。

还可以直接将光学仪器设置在基准点上。首先，以艏（或艉）基准点为中心画出光学仪器胎架的安装孔、切割圆线及检查圆线；其次，按切割圆线加工光学仪器胎架的安装孔；再次，将光学仪器及其胎架置于孔内，按检验圆线找正、固紧；最后，调整光学仪器，使仪器的光轴或光束与艉（或艏）基准点光靶中心重合，此时光学仪器的主光轴或激光束即代表轴系理论中心线。相较于图 2-3-10 中所示的光学仪器同基准点分离、光学仪器需要反复对正两个基准点的方案，光学仪器直接架设在艏基准点上，只需对正艉基准点即可，比较快捷。

四、轴系理论中心线在设备定位中的应用

艉柱、人字架等船体构件及艉轴管在船上安装时，可以利用光学仪器法或拉线法给出

轴系理论中心线，然后依据轴系理论中心线调整艉柱、人字架等船体构件及艉轴管的位置，使这些部件的孔的中心线与轴系理论中心线同轴，之后施焊，将这些部件固定在船体结构上。下面介绍拉线法定位艉轴管的工艺过程，艉柱、人字架的定位与之相似。

艉轴管在船上安装时，可以使用拉线法进行定位，如图 2-3-17 所示。代表轴系理论中心线的钢丝调整好之后，可以在艉轴管前后两个端面及轴承位上，用水平尺和角尺画测量用的十字线与记号线。然后以钢丝为依据调整艉轴管的位置，使前后两个截面所测得的 $S_上 - S_下 = 2y$（y 为该处钢丝下垂量），同时 $S_左 = S_右$，则说明艉轴管轴承位的中心线与钢丝所代表的轴系中心线重合。

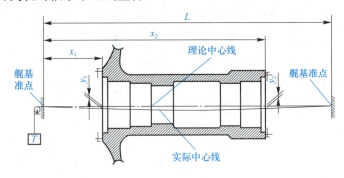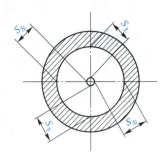

图 2-3-17　拉线法测量孔的中心

任务四　镗削轴系孔

【任务分析】

在轴系理论中心确定以后，即可根据其来检查各待加工孔，如人字架轴毂孔、艉柱轴毂孔和艉轴管孔装焊后的位置是否正确，是否偏离所建立的轴系中心线。本任务主要是利用轴系理论中心线检查艉轴管孔是否有加工余量，同时，利用理论中心线确定加工圆线和检验圆线，按照主机轴系安装工艺和轴系布置图、艉轴艉管总图及轴系镗孔工艺完成艉轴管的镗孔的工作，为后续的艉轴管和艉轴承的安装做好准备。

【学习目标】

1．准确识读艉轴艉管总图；
2．明确轴系镗孔作业指导书，并熟知镗孔工艺过程；
3．能够正确地确定并画出加工圆线和检验圆线；
4．能够正确地安装镗排装置；
5．能够准确地进行镗孔；
6．能够正确地对轴系进行复光；
7．养成安全操作、团队协作意识；
8．自我检验学习成果，对此任务的学习过程进行总结和反思。

● 【任务实施】

一、明确轴系理论中心线之后的后续工作

引导问题 1：简要叙述轴系理论中心线确定之后，利用其要进行的几项工作。

_____

_____

小提示

轴系理论中心线确定之后，参照图 2-4-1 可进行以下工作：

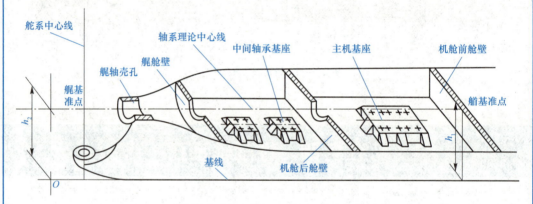

图 2-4-1　轴系理论中心线确定之后应检查的施工项目

（1）检查各待加工孔（人字架轴毂孔、艉柱轴毂孔和艉轴管孔）装焊后的位置是否正确，是否偏离所建立的轴系中心线；同时计算如果以此中心线镗孔，有无加工余量，能否镗出工艺文件规定尺寸的孔，且艉柱（或人字架）轴壳的最小厚度应不小于规定数值。

艉柱轴壳壁厚 t 应满足：

$$t > (0.33 \sim 0.30)d$$

式中　t——壳孔壁厚（mm）；
　　　d——艉轴直径（mm）。

若是浇注环氧树脂，则需测量其单边厚度能否满足树脂厂家的技术要求。可以采用光学仪器法和拉线法进行测量。使用光学仪器法时，将光靶十字线中心调至与仪器十字线中心重合，再用钢直尺通过光靶十字线中心检查镗孔尺寸并测量十字线中心至轴毂外圆的最小尺寸，然后减去镗孔半径，即可知轴毂最小厚度。使用拉线法时，直接用直尺量取钢丝到内外壁的距离即可。

（2）测量主机组、中间轴承等基座的左右开挡尺寸是否满足安装要求，测量主机组

和中间轴承基座面板与轴系理论中心线之间的高度，确认垫片厚度是否在规定范围之内。

（3）检查轴系中心线与舵系中心线的相交情况、垂直度，以及其他相对位置关系是否满足图纸和文件的技术要求。

1）轴系中心线与舵系中心线的允许偏差（允差）按下式计算：

$$\delta \leqslant \sqrt[3]{L}$$

式中　δ——允差（mm）；
　　　L——船的总长（m）。

2）《中国造船质量标准》（CB/T 4000—2017）要求轴系中心线与舵系中心线的偏离量不大于 8 mm，垂直度误差不大于 1 mm/m。

根据以上结果，如有必要可调整轴线，轴线的允调值：轴系长度大于 15 m 时，高度方向 ±10 mm，水平方向 ±7 mm；轴系长度小于 15 m 时，高度方向 ±7 mm，水平方向 ±3 mm。

（4）根据修正后的（或者无修正）艏、艉基准点将光学仪器重新找正定位，然后分别调整各待加工孔中的光靶，使光靶中心与光学仪器同轴，最后以靶心的圆心为圆心，在艉柱、人字架、艉轴管等待镗孔的轴壳孔前后端面画镗孔加工圆线和检验圆线，或者以光靶架外圆为基准，将装焊在艉管前、后端的镗杆校中基准点做好，为镗孔做准备。

二、加工圆线和检验圆线的确定

引导问题2：明确加工圆线和检验圆线的用途。

小提示

轴系理论中心线确定后，应确定艉轴管前、后端镗孔的加工基准，同时确定艉轴管前、后端面的加工量，并在艉轴管前、后端面画加工圆线和检验圆线。

加工圆线和检验圆线是两个同心圆，加工圆线是为了镗孔时确定其加工线，以便达到所规定的尺寸要求；加工圆直径稍大（大 20～30 mm）的是检验圆线，它作为镗孔和船舶大修检验轴系理论中心线之用。画线专用工具和加工圆线与检验圆线示意如图 2-4-2 所示。采用光学法和拉线法画加工圆线和检验圆线的工艺过程不同，具体见本任务的【任务实施相关知识】相关介绍。

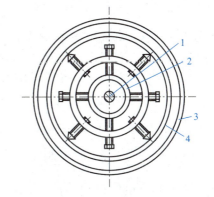

图 2-4-2　画线专用工具和加工圆线与检验圆线示意
1—钢丝；2—画线套筒；3—检查圆线；4—加工圆线

三、镗削轴系孔

(一) 镗排在船上的安装

引导问题3：镗杆的校中就是使_____的轴心线与_____的中心重合。

> **小提示**

镗排在船上安装主要任务是校中镗杆。镗杆的校中就是使镗杆的轴心线与轴系理论中心线（待镗孔端面上检验圆线的中心线）重合。镗杆与轴系中心重合如图2-4-3所示。校中镗杆的方法有以下两种。

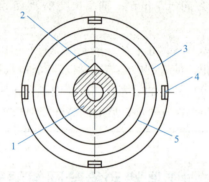

图 2-4-3 镗杆与轴系中心重合

1—镗杆；2—画针盘；3—检验圆线；4—工艺基准螺钉；5—加工圆线

1. 用划针盘校中

用划针盘调准镗杆的位置如图2-4-4所示。用V形划针盘1绕着镗杆4画个圆，检验此圆与检验圆线的同心度，再调节镗杆的位置直到同心。将镗杆的支承连接在船体上，即在被加工孔的附近焊架子，再将镗杆轴承架用螺栓与之紧固。

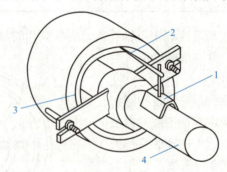

图 2-4-4 用划针盘调准镗杆的位置

1—V形划针盘；2—划针；3—检验圆线；4—镗杆

2. 用光学法校中

用光学法校中时镗杆最好是空心的，以便于镗杆两端的内孔能安置光靶。先将光靶十字线中心调到与镗杆外圆同轴，将仪器的光轴调到轴系理论中心线上（仪器可安装在主机或减速器输出轴上，或安装在船台上）；然后根据仪器的十字线中心调整镗杆支承轴承位置，使镗杆两端光靶十字线中心都与仪器十字线中心重合，镗杆校中完成。如果已有充分可靠的船体变形资料，不将艉轴中心线安装在轴系理论中心线上，则镗杆两端光靶十字线中心可与仪器十字线中心不重合，偏移量可根据船体变形资料确定。

（二）镗削加工

引导问题 4：阅读下面的小提示，完成镗孔加工的填空题。

（1）在保证镗孔精度的同时又要提高生产效率，镗孔必须分为_____和_____。

（2）最后一刀的加工方向最好由_____到_____进行，使刀具磨损造成的锥度与艉轴管_____方向一致（孔锥度的小端在轴毂孔的艉端），以保证与下面艉轴管安装要求相符合。

小提示

镗杆校中完毕即可进行加工。为保证加工出来的孔符合要求，艉柱轴毂孔及艉隔舱加强板孔的端面要一次安装加工出来；如果镗杆长度允许，人字架轴毂孔也要求同时加工出来，否则只能单独校中镗孔。根据轴毂孔等的加工要求，在保证镗孔精度的同时又要提高生产效率，镗孔必须分为粗镗和精镗，并按加工孔径大小推荐切削用量（表 2-4-1），粗加工后须根据检验圆线检验镗杆位置有无移动［以艉轴管端面的检验圆线为依据，用划针盘检查上、下、左、右四个位置，使镗排中心和检验圆线的中心重合（偏差控制在 ±0.03～0.1 mm 范围）］，在检验无误或位置调整后方准进行精加工。

为了避免温度变化使艉轴毂产生变形而影响被加工孔的精度，艉柱轴毂孔精镗的最后一刀应在阴雨天或夜间一次连续完成。最后一刀的加工方向最好由到艏到艉进行，使刀具磨损造成的锥度与艉轴管压入方向一致（孔锥度的小端在轴毂孔的艉端），以保证与下面艉轴管安装要求相符合。

表 2-4-1 镗孔切削参数

方式	切削深度 /mm	走刀量 /(mm·r^{-1})	镗杆转速 /(r·min^{-1})
粗镗	1～5	0.5～1.0	8～15
精镗	0.2～0.5	0.2～0.3	15～30

某实船镗孔架如图 2-4-5 所示，镗孔加工如图 2-4-6 所示。

图 2-4-5 镗孔架

图 2-4-6 镗孔加工

实船轴系镗孔　　　　　轴系镗孔加工操作使用说明书

（三）轴系复光与轴孔测量

引导问题 5：内孔加工完成后，需要测量各挡孔径尺寸并记录在表 2-4-2 中。

表 2-4-2　测量记录表格　　　　　　　　　　　　　mm

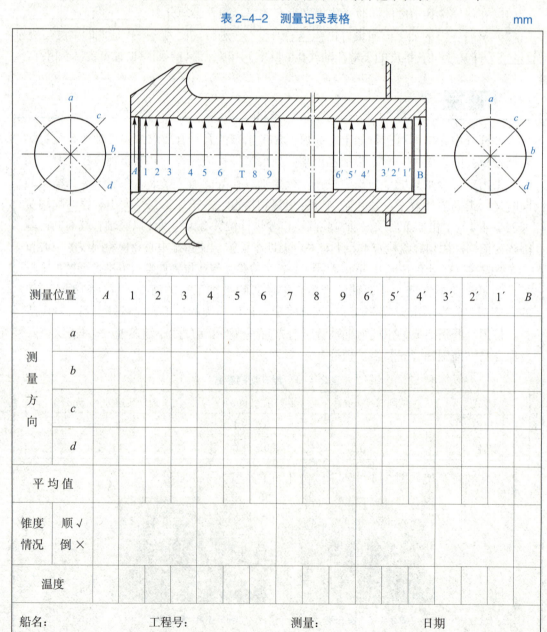

测量位置		A	1	2	3	4	5	6	7	8	9	$6'$	$5'$	$4'$	$3'$	$2'$	$1'$	B
测量方向	a																	
	b																	
	c																	
	d																	
平均值																		
锥度情况	顺√ 倒×																	
温度																		

船名：　　　　工程号：　　　　测量：　　　　日期

> **小提示**

轴系复光主要是利用实际加工的轴孔中心为基准测量艉管内孔的圆度、圆柱度、同轴度，镗孔后，孔的中心线与轴系理论中心线的偏差应小于 0.15 mm/m。同轴度及与轴系理论中心线的偏差的检查方法如下：

在已镗好的艉轴管前、后轴孔内，分别放上照光靶，并按照镗孔圆调整其靶心，使之与镗孔中心完全一致。按图 2-4-7 所示的 A、G 两基准点高速投射中心，然后将投射仪十字线投到轴管的 B、D、C 处的光靶十字线上，如图 2-4-8 所示，检查其中心偏差（即该处的镗孔中心偏差值）。当艉轴管没有工艺孔，而 B 点无法测量时，B 点可后移至可测位置，复照光中心应做出记录。

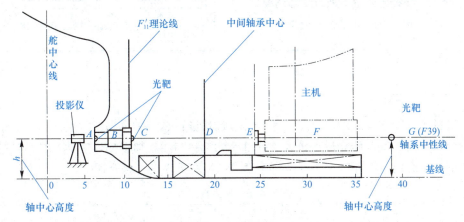

图 2-4-7 轴系照光

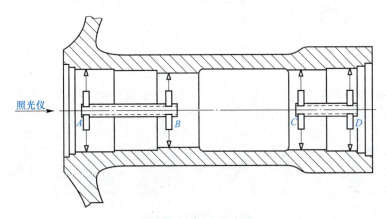

图 2-4-8 复照光

镗杆拆除后消除孔径边缘毛刺，测量各挡孔径尺寸并记录在表 2-4-2 中。图 2-4-9 所示为实船测量。

孔加工完毕经检验合格后，才能加工端面，两端面镗削尺寸以图样为准，并以端面镗削线为准，长度误差之和为 ±1.5 mm，所镗平面必须垂直于中心线，垂直度公差应不大于 0.1 mm/m，端面加工后，检验圆线就被切断了。

端面加工完毕并经检验合格后,量取舭柱轴毂的两配合面内径和舭隔舱加强垫板孔内径,以及舭柱轴毂孔前后端面的距离和其前端面至加强垫板端面的距离,如图2-4-10所示,并做出它们的样棒,交给加工车间作为加工舭轴管相应直径和长度的依据。

图2-4-9 实船测量孔径尺寸

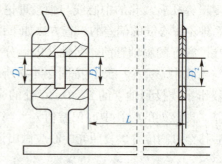

图2-4-10 舭柱轴毂和舭隔舱加工后的测量

【学习成果评价】

各组自我检验学习成果,对此任务的学习过程进行总结和反思。学生根据任务学习的过程与结果真实、诚信地完成评价表2-4-3～表2-4-5。教师根据学生学习过程与结果客观、公正、全面地完成评价表2-4-4和表2-4-5,对学生进行综合评价。

表2-4-3 学生自评表

任务	完成情况记录
任务是否按计划时间完成	
相关理论完成情况	
技能训练情况	
任务完成情况	
任务创新情况	
材料上交情况	
收获	

表2-4-4 学生互评表

序号	评价项目	小组互评	教师评价	总评
1	任务是否按时完成			
2	材料完成上交情况			
3	成果质量			
4	语言表达能力			

续表

序号	评价项目	小组互评	教师评价	总评
5	小组成员合作面貌			
6	创新点			

表 2-4-5 教师评价表

序号	评价项目	自我评价	互相评价	教师评价	综合评价
1	学习准备				
2	引导问题填写				
3	规范操作				
4	完成质量				
5	关键操作要领掌握				
6	5S 管理、环保节能				
7	职业态度与精神				
8	参与讨论主动性				
9	沟通协作				
10	展示汇报				

注：评价档次统一采用 A（优秀）、B（良好）、C（合格）、D（努力）四档。

【任务实施相关知识】

一、加工圆线和检验圆线的画定

1. 光学法

采用光学仪器确定轴系理论中线时，在待加工孔的两端安装光靶，将光靶中心调至与代表轴系理论中心线的仪器的主光轴或光束重合。取下十字线靶心，换上带中心孔的钢靶心，以钢靶心的中心孔为圆心，用圆规分别在待加工孔的前、后端面上画出加工圆线和检验圆线。

此时需要注意的是，由于艉轴支承在艉轴轴承上，艉轴承的轴心线应比艉轴轴心线高出轴承间隙的一半。因此，如果将轴壳孔镗成与艉轴同轴（所用的艉轴承的内外圆是偏心的），则艉隔舱加强垫板和艉柱轴壳用的钢靶的中心孔在靶心的圆心上，如图 2-4-11（a）所示；如将轴壳孔镗成与艉轴承同轴（所用的艉轴承内外圆是同轴的），则艉隔舱加强垫板和艉柱轴壳用的钢靶心中心孔的位置距圆心 $\varDelta/2$ mm，如图 2-4-11（b）所示，$\varDelta$ 为艉轴与轴承的间隙。

当安装这种钢靶心时，必须使中心孔位置在靶心圆心的正上方。为此，在靶心上画有一条通过圆心和中心孔的直径线。当安装靶心时,在光靶正面吊一铅锤,使钢靶心上的直径线与铅垂线平行,并且使中心孔在圆心之上,如图2-4-12所示。以此时的中心孔为圆心画出加工圆线和检验圆线。

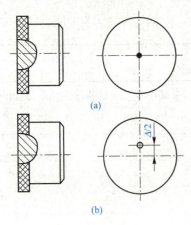

图2-4-11 钢靶
(a)轴壳孔与艉轴同轴;(b)轴壳孔与艉轴承同轴

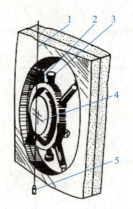

图2-4-12 钢靶芯安装
1—钢丝线;2—支撑螺钉;3—调节螺钉;4—钢靶;5—铅锤

2. 拉线法

采用拉线法确定轴系理论中线时,先按钢丝在待镗孔的端面上画出十字线,而加工圆线和检验圆线通常是在拆除钢丝后按十字线画出。常用做法:在钢丝拉着时,在画十字线的一根线上任意取一点,打上样冲眼,用卡钳量取该点至钢丝的最小距离,以此为准,在其余三根十字线线段上求出与钢丝等距离的三点并打上样冲眼。然后拆除钢丝,在孔端嵌入一木条,木条中钉有一小块镀锌薄钢板,分别以这四个样冲眼为圆心,取稍大于这四个点所组成的圆的半径,用画针在镀锌薄钢板上画出四段圆弧,找出四段圆弧包围的一小块区域的中心点,用画针检查此点与十字线上四个样冲眼的距离,如果相等,此中心点就是所求的理论中心点。在中心点上打样冲眼,以此点为圆心在待镗孔的端面上用圆规画出加工圆线和检验圆线,如图2-4-13所示。

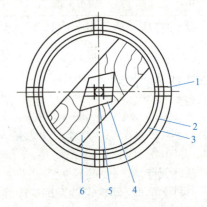

图2-4-13 拉线法画加工圆线和检验圆线
1—双十字线;2—检验圆线;3—加工圆线;
4—镀锌薄钢板;5—钢丝;6—木块

二、典型镗排装置

1. 通用镗排装置

图2-4-14所示为通用镗排装置。图中前、后轴承架紧固于焊接在尾柱轴壳7及尾隔舱壁10的支架上,中间轴承9支承在尾部肋板上,电动机11通过皮带轮12将动力传至传动机构2。经齿轮减速后,传到蜗杆蜗轮副,蜗轮通过键使镗杆得到回转运动,刀架8

通过滑键随镗杆回转，刀架的进给运动是通过进给箱使镗杆内的长丝杠自转得到的。镗孔后，装上平面刀架 6 加工端平面。

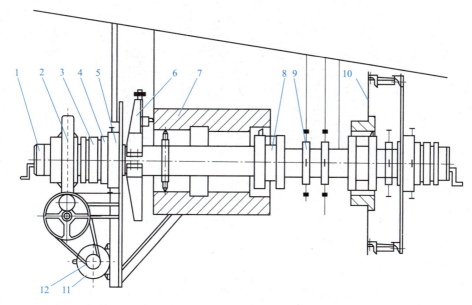

图 2-4-14　通用镗排装置

1—进给箱；2—传动机构；3—止推轴承；4—支承轴承；5—支架；6—平面刀架；7—尾柱轴壳；8—刀架；9—中间轴承；10—尾隔舱壁；11—电动机；12—皮带轮

平面刀架如图 2-4-15 所示。它的导轨是与镗杆垂直的，丝杆 4 外端装有星轮 5，在支承架的一定部位安装一挡块。平面刀架回转一周使星轮 5 碰挡块一次，挡块使星轮 5 自转一个角度，从而使刀具沿导轨进行进给运动。

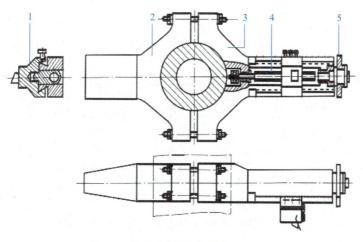

图 2-4-15　平面刀架

1—刀架托板；2—本体；3—刀架本体；4—丝杆；5—星轮

2. 悬挂式镗排装置

图 2-4-16 所示为悬挂式镗排装置。镗杆通过镗杆支承、支架和固定架安装在人字架上，电动机通过一整套传动机构减速后，带动镗杆转动，刀架随之转动，进行镗削工作。

悬挂镗排直接安装在人字架（艉柱）轴毂上，不仅避免了船体变形对镗孔质量的影响，同时减小了振动，使镗孔的精度、粗糙度大为改善。

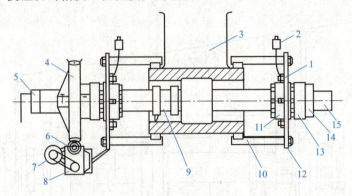

图 2-4-16　悬挂式镗杆装置

1—定位块；2—油杯；3—人字架；4—蜗轮；5—走刀行星齿轮；6—蜗杆；7—电动机；8—齿轮箱；9—刀架；10—固定架；11—镗杆支承；12—支架；13—止推轴承；14—紧圈；15—镗杆

3. 空心镗排装置

图 2-4-17 所示为空心镗排装置。在主机曲轴功率输出端安装光学准直仪或激光准直仪，调整仪器，使投出的光束与曲轴中心线的延长线及镗孔中心线相重合。在镗杆主轴承等部位均装有十字光靶（或激光检测器），调整镗杆位置使光靶上的十字线与投射的十字线对准（如使用激光准直仪，则由激光检测器观察定位）。这种装置的特点是将轴系理论中心线的找中测定与镗杆的定位校中工作同时进行，从而提高了镗孔的定位精度，简化了工序，提高了工效。

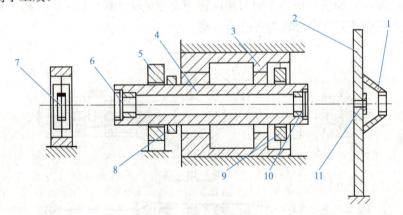

图 2-4-17　空心镗排装置

1—光学仪承放架；2—船体艉部拉线架；3—轴毂；4—空心镗杆；5—轴承；6—光靶；7—复光基点（照光时确定）；8—镗排；9—四爪支撑轴承；10—光板；11—船体艉部理论点

三、镗排装置的刚性对加工精度的影响

镗孔质量的好坏对整个轴系安装至关重要。为保证加工件的形位公差和粗糙度，提高镗排系统刚性是很重要的。镗排系统刚性主要与镗杆和轴承支架本身的刚度有关。此外，

镗杆轴承支架的间距也对其有影响。

镗杆刚性不足会出现"让刀"现象,即镗杆在切削加工时在切削力作用下发生弹性变形,在一定的作用力下,变形量从靠近轴承处至两轴承中间位置处逐渐加大,变形量越大,加工出的孔径就越小,最终形成一个锥孔。当使用跨度长的镗杆时,还可能会出现所镗孔与轴系理论中心线不重合的现象,导致在轴承安装后,艉轴与轴承的接触面积减小,形成局部接触,轴承磨损加剧。另外,镗杆的挠度会在镗削时产生跳动,尤其是在高转速时,常会损坏刀具,或在加工表面出现刀纹,粗糙度不能满足要求。

因此,在设计和选用镗杆时应该尽量加大镗杆直径,当镗杆跨度较长时可以考虑增加一个中间轴承以修正镗杆挠度(图 2-4-18),具体做法如下:

(1) 在距离艉管后端面 1.5 m 左右设置准直仪;

(2) 将同一标高的两水平标尺分别置于 A,B 两处,调整准直仪,使其与 A、B 两处的水平标尺处于同一标高上,锁定准直仪;

(3) 将 A 处的水平标尺移至 C 处,依据准直仪,使用调位工装调整中间支承,修正镗杆挠度。

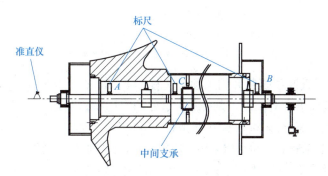

图 2-4-18 使用准直仪修正镗杆挠度

除图 2-4-18 所示的方法外,镗杆的挠度还可以采用图 2-4-19 所示的方法预先在车间里测得。在机床床面(或平台)上设置两只可调临时支承,支承位置、间距与在实船镗孔时镗杆支承的布置相同,图中虚线为下垂后镗杆位置。用百分表校正镗杆 I、J 两点的高度,使之相等,然后以 I、J 两点为基准,测量镗杆中部 F 处的下垂量,同时测量艉轴管前、后端两处镗杆的下垂量,也可以使用拉线法测量。

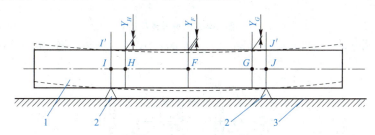

图 2-4-19 镗杆下垂量

1—镗杆;2—可调临时支承;3—机床床面(或平台)

得到镗杆中间部位的挠度之后,实船安装镗杆时即可按此数值对镗杆中间轴承进行顶升,如图 2-4-20 所示。

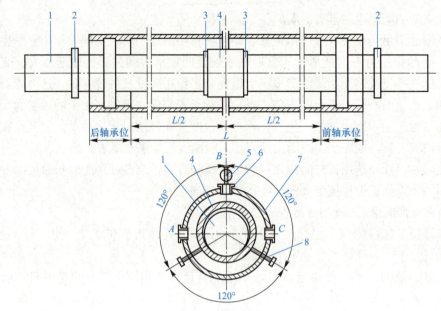

图 2-4-20 镗杆中间支承

1—镗杆；2—镗杆轴承；3—中间轴承定位止推环；4—中间轴承；5—百分表；
6—焊接螺母；7—艉轴管；8—调位螺钉

图 2-4-20 的两只调位螺钉 8 用来顶升镗杆，A、B、C 处各安装一只百分表，正上方 B 处的表用来测量轴承顶升高度，两侧 A、C 处的表用来检测顶升过程中是否有顶偏。正常情况下，A、C 处的百分表读数应基本相等。

另外，如果艉轴管很长，也可以采用分段镗孔。如先镗艉轴管后段，完成后检查之前在前段上确定的镗杆定位基准点相对于已加工孔中心的偏差，如果偏差超过 0.05 mm，则要修整基准点，使之与成品孔的中心对正，然后再对前段进行镗孔，如图 2-4-21 和图 2-4-22 所示。

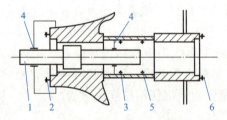

图 2-4-21 分段镗孔

1—镗杆；2、3—镗杆定位基准（艉轴管后段）；4—镗杆支承；5、6—镗杆定位基准（艉轴管前段）

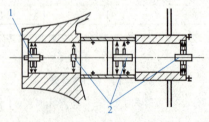

图 2-4-22 分段镗孔时以成品的后段孔为中心找正前段

1—准直仪支架；2—光靶支架

除镗杆外，还应该尽可能加大镗杆轴承支架的刚性，轴承支架应该尽量安装在船体强结构处，并予以可靠固定和加强，尽量减小镗杆轴承支架之间的距离，以减轻镗杆变形。

四、镗孔的技术要求

1. 常规要求

（1）镗削后孔的轴心线与检验圆线中心的偏差应 ≤ 0.10 mm。
（2）轴系的人字架轴壳孔、艉柱轴壳孔和艉隔舱孔不同轴度 ≤ 0.10 mm。
（3）孔端面加工后应与孔轴心线垂直，其不垂直度不得超过 0.15 mm/m。
（4）孔的圆度与圆柱度不得大于表 2-4-6 的要求。
（5）加工后的内孔表面粗糙度 Ra 值 ≤ 3.2 μm，允许极限 ≤ 6.3 μm；端面的粗糙度 ≤ 12.5 μm。

表 2-4-6　艉轴管孔圆度、圆柱度允许值　　　　　　　　　　　　　　mm

轴径	公差标准范围	备注
≤ 120	≤ 0.015	1. 在制造厂没有要求时使用； 2. 圆柱度公差值方向应与衬套压入方向保持一致，不允许反方向
> 120 ～ 180	≤ 0.020	
> 180 ～ 260	≤ 0.025	
> 260 ～ 360	≤ 0.030	
> 360 ～ 500	≤ 0.035	
> 500 ～ 700	≤ 0.040	
> 700 ～ 900	≤ 0.050	
> 900 ～ 1 100	≤ 0.060	
> 1 100 ～ 1 300	≤ 0.070	
> 1 300 ～ 1 500	≤ 0.080	

2. 大型船舶艉管内孔和艉轴承衬套外圆加工的特殊要求

按测定轴系理论中心线时所画的加工圆线对艉柱毂孔、艉舱壁处艉管座孔加工到所需尺寸，使艉轴承安装中心线与理论中心线一致。

艉轴管内孔及艉轴承的加工技术要求如下：

（1）镗排中心与测量的理论中心线偏差值校正至 0.10 mm 之内；
（2）艉柱各台阶孔同轴度 ≤ 0.025 mm，圆度 ≤ 0.03 mm，圆柱度每挡 ≤ 0.01/100，且只许顺圆柱度，粗糙度 Ra ≤ 1.6 μm；
（3）艉柱与艉座孔应一次镗出，同心度 ≤ 0.10 mm；
（4）艉柱端面及艉座端面不垂直度 ≤ 0.08 mm/m；
（5）艉柱镗削后应做测量，并记入表中，以便艉轴承衬套外圆加工和保证安装精度；
（6）艉轴承衬套外径与艉柱内孔过盈量为 0.01 ～ 0.03 mm；
（7）艉轴承外径同内孔中心有偏心，此值为 $1/2\delta$（δ 为艉轴与艉轴承间隙）；
（8）为确保艉轴承与艉柱过盈量精度不受气温影响，加工艉轴承衬套外径和压装完毕应在一天内完成，而且环境温度要基本相同，并在轴承衬套前后端面上标明"上""下"标记，便于压装。

船舶轴系镗孔工艺规范

任务五　轴系主要部件的安装

【任务分析】

在轴系各孔加工完毕，主机座及轴承座固定垫焊接及其上表面加工以后，就可以进行轴系的安装了。轴系主要部件的安装质量和工程进度直接关系到后续的船舶下水及轴系校中工作能否如期进行，是整个推进装置安装工程中重要的一环。本任务将按照主机轴系安装原则工艺、轴系布置图和艉轴管装置总图完成艉轴管安装、艉轴管轴承的安装、艉轴的安装及艉轴密封装置的安装等工作，为后续的轴系校中工作做好准备。

【学习目标】

1. 准确识读艉轴管装置总图；
2. 能够准确区分艉轴管、艉轴管密封装置类型及结构；
3. 能够正确安装艉轴管；
4. 能够正确安装艉轴管轴承；
5. 能够正确安装艉轴；
6. 能够正确安装艉轴密封装置；
7. 培养分析问题、解决问题的能力；
8. 自我检验学习成果，对此任务的学习过程进行总结和反思。

【任务实施】

一、明确艉轴管装置的作用及组成

引导问题1：阅读小提示和本任务【任务实施相关知识】中的介绍，完成艉轴管装置相关填空题。

（1）艉轴管装置一般由_____、_____、_____及_____等部分组成。

（2）艉轴管装置按润滑方式可分为_____和_____两种形式。

（3）艉轴管的结构按照轴承壳体和艉管是否制成整体而分为_____和_____两种类型。

（4）按照加工方式，整体式艉轴管又可分为_____和_____两种类型，目前_____更为常见。

> **小提示**
>
> 艉轴管装置的作用是支承艉轴或螺旋桨轴，并使其能可靠地通出船外，不使舷外水大量漏入船内，同时，也不使润滑油外泄。艉轴管装置一般由艉轴管、艉轴承、密封装置以及润滑与冷却系统等部分组成。艉轴管装置按润滑方式可分为油润滑（图 2-5-1）和水润滑（图 2-5-2）两种形式。
>
>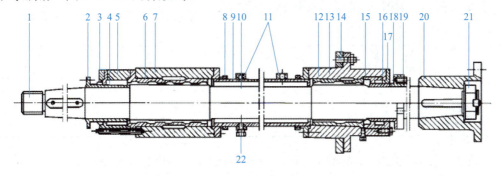
>
> 图 2-5-1 油润滑艉轴管装置
>
> 1—艉轴；2—防磨衬套；3—压盖；4—密封填料；5—密封件外壳；6—后艉轴承；7—人字架毂；8—锁紧法兰；9—锁紧螺母；10—艉管；11—油管接头；12—前艉轴承；13—前支承；14—垫板；15—密封支座；16—密封填料；17—压盖；18—前防磨衬套；19—锁紧环；20—联轴器；21—螺母；22—放油螺塞
>
>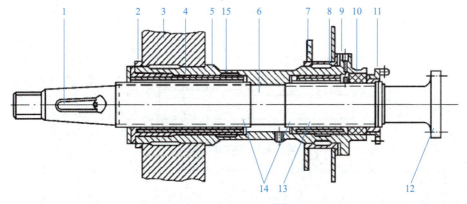
>
> 图 2-5-2 水润滑艉轴管装置
>
> 1—螺旋桨键；2—锁紧螺母；3—艉柱；4—后艉轴承；5—艉管；6—艉轴；7—轴承支座；8—隔舱壁；9—垫板；10—密封填料；11—压盖；12—法兰；13—前艉轴承；14—轴套（轴包覆）；15—衬套
>
> 艉轴管一般由前、后轴承壳体和艉管组成。轴承壳体的作用是安装艉轴承和艉轴密封装置，艉管则起连接和保护作用。其结构按照轴承壳体和艉管是否制成整体而分为整体式和连接式两种类型。相对于连接式，整体式艉轴管被更广泛地采用。

二、安装艉轴管

引导问题 2：艉轴管的常见安装方法有_____、_____、_____三种形式。

引导问题 3：叙述压入安装艉轴管的工艺概况。

_____

_____

引导问题 4：叙述环氧树脂安装艉轴管的工艺概况。

_____

_____

_____

引导问题 5：叙述焊接安装艉轴管的工艺概况。

_____

_____

_____

> **小提示**

艉轴管的常见安装方法有压入安装、环氧树脂安装、焊接安装三种形式。

艉轴管压入安装方法多用于单机单桨艉机型船舶的整体铸造艉轴管。其工艺概况：艉柱轴毂和隔舱壁座板镗孔完成后，按镗孔尺寸及其配合要求精加工艉轴管安装位相关尺寸，然后将加工好的艉轴管吊装上船并压入艉柱轴毂和隔舱壁座板孔，如图 2-5-3 所示。

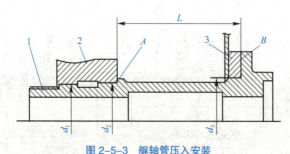

图 2-5-3 艉轴管压入安装

1—艉轴管；2—艉柱轴毂；3—隔舱壁座板法兰；A、B—配合面

艉轴管环氧树脂安装方法工艺概况：艉轴管事先在车间按设计尺寸加工并装配好，然后整体上船装入艉轴毂孔和前支承座孔，按轴系理论中心线校中其位置之后，再浇注环氧树脂予以固定。

焊接安装常用于油润滑、水润滑的各种中、小型船舶，此法又称为艉轴管精加工无余量上船焊接安装。工艺概况：艉轴管事先在车间按设计尺寸加工并装配好，然后整体上船，按照轴系布置图的要求定位，之后将其焊接在船体结构上。

艉轴密封管密封

三、安装艉轴管轴承

引导问题 6：艉轴管的常见安装方法有_____、_____、_____三种形式。

引导问题 7：按照压入法的工艺过程压装艉艉轴承，参照测量图 2-5-4 和图 2-5-5 完成表 2-5-1～表 2-5-4 的记录填写。

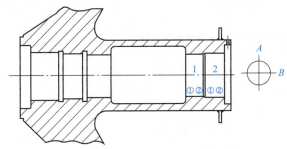
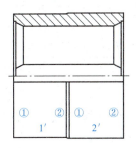

图 2-5-4　压装前艏轴承与轴孔尺寸测量位置 1

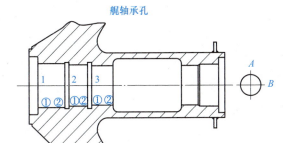
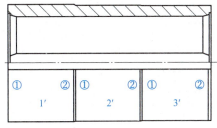

图 2-5-5　压装前艉轴承与轴孔尺寸测量位置 2

表 2-5-1　测量记录表　　　　　　　　　　　　　　　　　　　　　　mm

项目	压入前艉轴承内径	压入后艉轴承内径	艉轴承处轴径	艉轴承处轴承间隙
理论值				艉轴承内径－艉轴外径＝
实际值				

表 2-5-2　压装前艏轴承与轴孔尺寸测量记录表 1　　　　　　　　　mm

测量位置		1		2		1′		2′	
		$\varphi①$	$\varphi②$	$\varphi①$	$\varphi②$	$\varphi①$	$\varphi②$	$\varphi①$	$\varphi②$
测量尺寸	A								
	B								
平均值									
过盈量		1′－1=				2′－2=			

85

表 2-5-3　压装前艉轴承与轴孔尺寸测量记录表 2　　　　　　　　　　　　　　　　　mm

测量位置		1		2		3		1′		2′		3′	
		$\varphi①$	$\varphi②$	$\varphi①$	$\varphi②$	$\varphi①$	$\varphi②$	$\varphi①$	$\varphi②$	$\varphi①$	$\varphi②$	$\varphi①$	$\varphi②$
测量尺寸	A												
	B												
平均值													
过盈量		1′−1=				2′−2=				3′−3=			

表 2-5-4　艉艉轴承压装数据记录表

千斤顶型号：		活塞面积：　　cm²	
艉管前轴承安装		艉管后轴承安装	
环境温度	℃	环境温度	℃
艉轴管温度	℃	艉轴管温度	℃
压入量 /mm	推入压力 /MPa	压入量 /mm	推入压力 /MPa

> **小提示**
>
> 　　为了支承艉轴，一般会在艉轴管里设置两个轴承；轴线非常短的船舶，其前轴承可能会被取消；如果艉轴过长，有可能设置三个轴承。艉轴承在艉轴管里的安装都属于紧配合，有时还需要安装止动螺钉。艉轴承的安装一般采用压入、低温和环氧树脂三种方法。
> 　　压入安装工艺概况：艉柱（或人字架）或艉轴管的轴承位镗孔之后，按照镗孔尺寸和装配要求对轴承相关部位进行加工，然后将轴承压入艉柱（或人字架）或艉轴管的轴承位。图 2-5-6 所示为实船压装艉轴管轴承的工作图片。
> 　　低温安装工艺概况：将艉轴承放在盛有液氮或干冰的容器中，液氮或干冰气化，吸收热量，使轴承温度降低，外径变小。经确认后，将艉轴承装入艉轴管，待艉轴承温度恢复到正常温度，与轴承位之间形成过盈配合，轴承安装完成。
> 　　环氧树脂安装工艺概况：将艉轴承装入轴承壳体，按轴系理论中心线校中定位，然后在轴承和壳体之间浇注环氧树脂，将轴承固定。

图 2-5-6　实船压装艉轴管轴承

四、安装艉轴

（一）安装轴套

引导问题 8：简单叙述轴套的作用。

_____

_____

引导问题 9：在艉轴上安装轴套的方法一般有_____、_____、_____、_____四种方法，_____法是目前广泛采用的方法。

> **小提示**
>
> 采用水润滑轴承的海船艉轴轴颈上装有轴套（保护套），其作用在于防止艉轴遭受海（河）水的腐蚀，并且可延长艉轴的使用寿命，轴套磨损后，可在车床上进行精车，而当精车到极限厚度时，又可将轴套拆换。对于没有装轴套的艉轴，其轴颈经多次精车后，也可再加装保护套，使艉轴仍能使用。
>
> 一般来说，每节工作轴颈处安装一个整体轴套。但对于大型船舶艉轴，由于工作轴颈较长，有些超过 3 m，所以在制造和安装轴套时，都会有很大困难，允许分段制造、分段安装。分段配合必须考虑其搭口（接缝处）的水密性，绝不能有渗漏现象，因为如果水渗入舱内，则艉轴将会锈蚀而缩短使用寿命。
>
> 轴套的材料要求有良好的耐磨性和抗蚀性，海船一般采用锡青铜 ZQSn10-2，内河船舶则采用 ZQSn5-5-5，小型船舶也可采用锰铁黄铜 ZHMn55-3-1 制成。
>
> 在艉轴上安装轴套的方法一般有红套法、环氧树脂胶粘法、浇注法、两半式焊合法四种方法。红套法即用加热轴套的办法，将轴套套入艉轴，待冷却后即能紧紧地箍紧在轴颈上，这是目前广泛采用的方法。具体安装方法见本任务【任务实施相关知识】中的相关介绍。

（二）安装艉轴

引导问题 10：艉轴的安装方法一般有两种，一种是_____安装，适用于前端具有固定法兰的大型艉轴；另一种是_____安装，适用于具有可拆联轴节的中、小型船舶艉轴。

引导问题 11：艉轴安装后，参照图 2-5-7 完成艉轴承与艉轴间隙测量，并完成表 2-5-5 的记录填写。

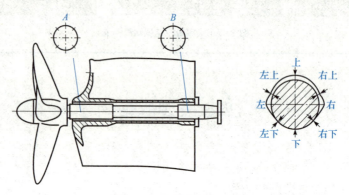

图 2-5-7 艉轴承间隙测量

表 2-5-5 艉轴承与艉轴间隙测量记录表　　　　　　　　　　　　　　　　　mm

测量位置	A					B				
	上	下	左下	右下	左上	右上	上	下	左下	右下	左上	右上
间隙值												
间隙和	上+下		左下+右下		左上+右上		上+下		左下+右下		左上+右上	
和值												

> **小提示**
>
> 艉轴的安装方法一般有两种，一种是从船内往船外安装，适用于前端具有固定法兰的大型艉轴；另一种是从船外向船内安装，适用于具有可拆联轴节的中、小型船舶艉轴。具体安装方法见本任务【任务实施相关知识】中的相关介绍。
>
> 艉轴安装完成后应该用长塞尺测量艉轴承左、右及下部间隙，要求下部接触面 0.05 mm 塞尺插不进，左、右间隙在总间隙的 40%～60%，测量时应在艉轴末端挂重，质量与螺旋桨相仿，如图 2-5-7 所示。

五、安装艉轴密封装置

引导问题 12：简单叙述艉轴密封装置的作用。

引导问题 13：常用的艉轴管密封装置有_____、_____和_____三种。
引导问题 14：艉轴密封装置的安装主要包括_____、_____和_____。

> ◆ 小提示 ◆
>
> 为了防止舷外水沿艉轴浸入船内及滑油的外泄，在艉轴管装置中必须设置艉轴密封装置。由于布置的位置不同，艉轴密封装置分为首部密封装置和尾部密封装置两种。油润滑的艉管装置设有首部密封装置和尾部密封装置，首部密封的任务是防止润滑油漏入船舱，而尾部密封装置担负着防止滑油漏出舷外，又防止舷外水进入艉轴管的双重任务。水润滑的艉轴管装置只设置首部密封装置，防止舷外水浸入船舱。图 2-5-8 和图 2-5-9 分别为水润滑和油润滑密封装置的实物图片。
>
>
>
> 图 2-5-8　水润滑艉轴密封装置实物　　图 2-5-9　油润滑艉轴密封装置实物
>
> 常用的艉轴管密封装置有首端填料函式密封装置、橡皮环式（SIMPLEX）密封装置和油圈式密封装置。三者的具体结构在本任务【任务实施相关知识】中进行学习。
>
> 当艉轴装入艉轴管后，应安装首、尾部密封装置。艉轴密封装置的安装主要包括艉轴密封装置本身的安装、冷却和润滑系统的安装、密闭性试验等。具体安装工艺过程在本任务【任务实施相关知识】中进行学习。

【学习成果评价】

各组自我检验学习成果，对此任务的学习过程进行总结和反思。学生根据任务学习的过程与结果真实、诚信地完成评价表 2-5-6～表 2-5-8。教师根据学生学习过程与结果客观、公正、全面地完成评价表 2-5-7 和表 2-5-8，对学生进行综合评价。

表 2-5-6　学生自评表

任务	完成情况记录
任务是否按计划时间完成	
相关理论完成情况	
技能训练情况	
任务完成情况	
任务创新情况	
材料上交情况	
收获	

表 2-5-7　学生互评表

序号	评价项目	小组互评	教师评价	总评
1	任务是否按时完成			
2	材料完成上交情况			
3	成果质量			
4	语言表达能力			
5	小组成员合作面貌			
6	创新点			

表 2-5-8　教师评价表

序号	评价项目	自我评价	互相评价	教师评价	综合评价
1	学习准备				
2	引导问题填写				
3	规范操作				
4	完成质量				
5	关键操作要领掌握				
6	5S 管理、环保节能				
7	职业态度与精神				
8	参与讨论主动性				
9	沟通协作				
10	展示汇报				

注：评价档次统一采用 A（优秀）、B（良好）、C（合格）、D（努力）四档。

【任务实施相关知识】

一、艉轴管的加工

按照加工方式，整体式艉轴管又可分为整体铸造和焊接两种类型。目前，由于加工和成本方面的原因，整体铸造式艉轴管很少使用，焊接式更为常见。

另外，目前将艉柱（或人字架）轴毂与艉轴管后轴承壳体合二为一的改进型艉轴管被广泛采用。图 2-5-10 所示为改进型艉轴管结构。

1. 整体铸造式艉轴管

整体铸造式艉轴管由前后轴承壳体与中间的艉管整体铸造而成。材料一般采用铸钢 ZG25、灰

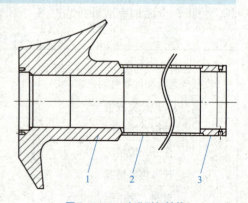

图 2-5-10　改进型艉轴管
1—艉轴毂；2—艉管；3—前轴承壳体

铸铁 HT24-44 和球墨铸铁 QT40-10 等。图 2-5-11 所示为整体铸造式艉轴管。

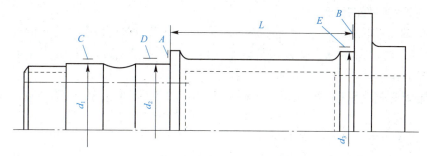

图 2-5-11　整体铸造式艉轴管

整体铸造式艉轴管的铸造质量需要可靠保证。铸钢件表面经适当处理后进行外观质量检验，工件表面不得有气孔、裂缝、缩孔、冷隔、结疤及影响铸钢件实际使用的其他缺陷，并且要求做无损探伤以检验其内部质量。船用铸钢件的缺陷可能在外表检查时发现，也可能在热处理或机加工后发现，对于不允许存在的缺陷，可以用机械加工、批凿、打磨、气割或碳弧气刨等方法去除。

2. 焊接式艉轴管

焊接式艉轴管（图 2-5-12）由前、后轴承壳体与艉管焊接而成。前、后轴承壳体材料一般采用铸钢 ZC25，一些小型船舶也有使用厚壁无缝钢管的。艉轴管多采用无缝钢管或 Q235-A 钢板卷制而成。

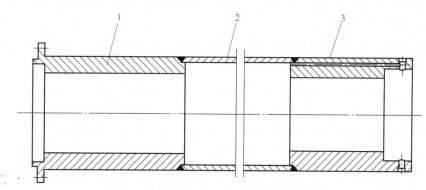

图 2-5-12　焊接式艉轴管
1—后轴承壳体；2—艉轴管；3—前轴承壳体

焊接式艉轴管的加工过程如下：

（1）部件加工。

1）前、后轴承座（壳体）内、外圆粗加工，焊接止口加工到位；

2）管法兰只加工内孔及焊接坡口；

3）艉轴管由钢板卷制（或由无缝钢管切割）而成，之后加工端面及焊接坡口，总长加工到位。

（2）艉轴管组件的装焊：前、后轴承座及艉轴管定位在胎架上，用码板固定轴承座；焊缝区域预热 100 ℃～200 ℃；焊接采用对称焊、多道焊，控制焊接变形；所有焊缝焊接完成后用 850 mm 以上的石棉保温 2 h 以上。

(3) 密闭性试验。

(4) 艉轴管组件的退火。

(5) 艉轴管的机加工：依次加工前、后轴承座外圆和内孔、艉轴管法兰外圆、端面及其他细节。前、后轴承壳体及法兰的加工尽量一次装夹完成。艉轴管加工技术要求如下：

1) 艉轴管加工完成后，不允许有裂缝、气眼、夹渣及浇不足等缺陷，较小的缺陷允许修补；

2) 表面粗糙度应符合图纸要求；

3) 圆度、圆柱度应符合图纸要求，而且不能有倒锥；

4) 艉轴管端面与轴承位中心线的垂直度应符合图纸要求，一般不大于 0.15 mm/m。

二、安装艉轴管的方法

1. 压入安装

整体铸造式艉轴管尺寸大、质量重，吊装压入之前需要与起重部门协调，商议吊具的规格、数量、吊装眼板的位置等，准备工作一定要充分。具体工艺过程如下：

（1）艉轴管船上安装前需按艉柱轴毂孔镗削的样棒和测量的尺寸复核，艉轴管长度和配合必须符合相关工艺要求。

（2）艉轴管等所用零部件运至现场，各配合表面擦洗干净，在圆柱配合面上涂以适量的润滑油脂，以利于安装。

（3）将涂有红丹白漆的帆布垫片或青铅垫片套到艉轴管外圆上，然后在艉轴管的配合外圆上涂上黄油白漆。

（4）使用手动葫芦或滑车将艉轴管送入孔内，保持其位置、形态，注意艉轴管上下位置。艉轴管送进一定长度后，进入部分失去支撑，向下倾斜，故必须设法保持或恢复艉轴管轴线位置，使其和轴毂孔轴线基本一致。小的艉轴管可在船外从轴毂孔插入一根杠杆，将其尾部抬起；也可特制一根一端有法兰的钢管，安装艉轴管前将钢管固定在艉轴管尾端。当艉轴管送进至还未发生倾斜而钢管已伸出船外时，可在船外吊起或托住钢管，使整个送进过程不发生倾斜。中、大型船舶也可在艉尖舱内用葫芦将伸入部分吊着，不让其向下倾斜，并继续送进。当配合面逐渐增大、阻力增加时，可使用千斤顶或液力拉伸器轴向加压，必要时允许锤击，但须用软金属垫好，保护平面。在压入的同时，不断地旋紧艉轴管螺母，如图 2-5-13 和图 2-5-14 所示。

（5）艉轴管装妥、螺母紧固之后，用塞尺检查艉轴管螺母平面与艉柱孔端面平面是否贴合，要求 0.05 mm 塞尺插不进。

（6）艉轴管安装结束后，在艉柱轴毂端面相应位置钻孔攻丝，安装艉轴管螺母止动块，并固紧前端法兰，使之与隔舱壁座板法兰端面紧密贴合。上紧固螺母时应按对角线逐步予以扳紧。

（7）艉轴管安装完毕并经检验合格后，安装冷却、润滑管系，然后对艉尖舱进行压水试验，检查艉管、艉柱和隔舱加强板之间的密封性能。

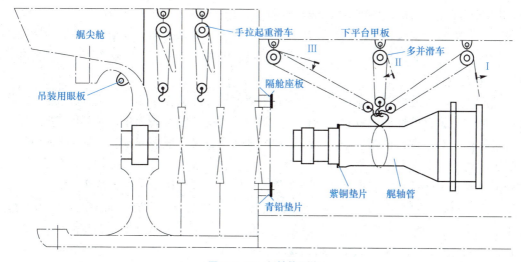

图 2-5-13 艉轴管吊装

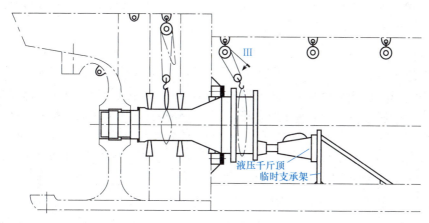

图 2-5-14 艉轴管灌入艉柱和隔舱座板孔之后的压入

2. 环氧树脂安装

环氧树脂安装方法简化了安装工艺，减少了工作量，而且安装质量也容易保证，因此得到广泛应用。相关部门还制定了《尾轴管及尾轴承环氧树脂定位》（CB*/Z 321—1981）。该标准适用于单机功率 200 HP（1 HP=0.735 kW）以下的船舶。事实上，树脂安装也广泛应用于大、中型船舶，工艺基本相同。图 2-5-15 所示为某船环氧树脂安装的艉轴管装配图的局部。

艉轴管环氧树脂安装过程如下：

（1）艉柱轴毂和前轴承壳体座装焊完成且经检验合格，孔与轴系理论中心

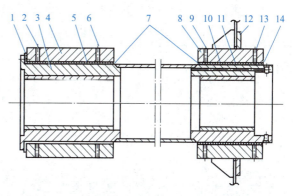

图 2-5-15 某船环氧树脂安装的艉轴管装配图的局部

1、7、14—挡条和密封；2、9—浇口；3—后轴承壳体；4—艉柱；
5、11—环氧树脂；6、13—透气口；8—前轴承壳体座；
10—前轴承壳体；12—加强复板

93

线的偏差及环氧树脂单边厚度均在允许范围之内。

(2) 安装前,用丙酮清洗艉柱(或人字架)轴毂、艉轴管和前支承座等与环氧树脂发生接触的各浇注区域,去除油污、氧化皮、铁锈、油漆和水分等,之后的浇注应在清洗完成后 24 h 之内进行。

(3) 将加工好的艉轴管灌入艉柱(或人字架)轴毂和前支承座内,用预先安装好的调位螺栓调整艉轴管的轴向位置和径向位置。轴向位置的调整比较简单,按照图纸尺寸执行即可。径向位置的调整比较复杂,需要以理论轴线为基准,既要保证与轴线的同轴度,又要保证轴毂和艉轴管轴承壳体之间的间隙在规定范围之内,一般在 20 mm 左右,具体数据根据图纸或树脂厂家的要求确定。径向位置的调整可以采用光学法和拉线法。

1) 光学法:在艉轴管前后轴承位上各安装一只光靶,用调节螺钉调整光靶,使之与艉轴管轴承位孔同轴,然后使用安装在艉轴管前后支承座上的调节螺钉调整艉轴管的上、下、左、右位置,使代表轴系中心线的激光束或光轴能够通过前、后两只光靶的中心,或者利用校中工具测量艉轴管轴承位中心到艉轴管前后端面上与轴系中心线同轴的检验圆线的距离,以确定艉轴管是否在轴线上,同时,需检查艉轴管与支承套内壁之间的间隙,应满足艉轴管安装图纸要求。

2) 拉线法:调整艉轴管,通过对分别位于前、后轴承位上的前、后两个截面的上、下、左、右四个方向到钢丝距离的确认,使艉轴管轴承位孔与钢丝所代表的轴系中心线重合。

(4) 分别在艉柱轴毂和前支承座的前后两端、法兰外径处设置泡沫或橡胶制作的密封挡环,以防止树脂外漏。轴毂和前支承座端面上的螺栓孔用木塞或胶套堵死。按图纸要求安装透气管及注入管,注入管及透气管一般采用无缝钢管,钢管上应无任何油漆和油污。

(5) 按比例将固化剂倒入树脂中,搅拌。EPOCAST 36 推荐使用 300 ~ 500 r/min 的安装有桨叶的电钻搅拌 2 ~ 3 min,具体操作按照树脂厂家的要求进行。

(6) 艉轴管法兰面与轴毂端面处使用自然重力法浇注,浇注剂从浇注口浇入,直到透气口溢出为止。艉管法兰面处浇注结束后约 2 h,再进行轴毂和前支承座的浇注,采用泵入法从下部注入管进行浇注,直至透气孔溢料且液位恒定时为止,可以从透气孔补充浇注。

(7) 固化。固化时间由供货商提供,见表 2-5-9。

表 2-5-9 环氧树脂 EPOCAST 36 规定的凝固时间表

序号	环境温度 /℃	凝固时间 /h
1	< 13	不凝固
2	13 ~ 17	48
3	18 ~ 20	36
4	> 20	24

(8) 收尾工作。待环氧树脂样块硬度报验结束后,用砂轮机割除透气管、注入管及调整螺栓高出支承套外表面的部分,并打磨平整,不得直接敲掉。然后将透气口、注入口及调整螺栓凹凸口封住。至此,浇注工程全部结束,按要求固紧艉轴管螺母。

艉轴管环氧树脂安装需要注意以下几点:

(1) 如果环境温度低于 15 ℃,应采取适当的加热措施,如用红外线灯或碘钨灯照射,使艉轴管轴壳温度大于20 ℃并保温8～48 h，注意加热必须均匀，且不能从艉轴管内部加热，以免损伤轴承。

（2）在浇注的同时需要浇注两只试块，完全固化后，即向船东、船检部门报验样块硬度，其巴氏硬度值超过40即表明环氧树脂已完全固化。

（3）固化期间不得进行吊装重物、电焊、打磨、浸水等作业，并不得进行塞轴工作。

（4）环氧树脂的混合、搅拌及浇注工作均需要在树脂厂家的服务工程师指导下进行，或者直接由服务工程师亲自操作。

使用环氧树脂安装艉轴管

3. 焊接安装方法

焊接安装的工艺过程如下：

（1）将人字架轴毂（艉轴管后轴承壳体）、艉管和艉轴管前轴承壳体等预先在车间按理论尺寸焊接、加工成型；

（2）用调节螺栓将艉轴管临时安装在船上，并按理论中线校中；

（3）按照规定的次序将人字架支臂、艉轴管及船体焊接成整体；

（4）焊接工程完成后，焊缝应试油和探伤、复查轴线的准确性；

（5）清理施工现场，进入穿轴及零部件整体安装工程阶段。

虽然焊接时采取反变形、控制焊接电流和对称焊接等措施控制变形，但是艉轴管焊接变形仍然不可避免，主要原因是轴承壳体内孔的圆度、圆柱度及同轴度误差超差。为了解决焊接变形问题，船厂采取以下措施：

（1）如果变形比较严重，可采用水火矫正。但是此方法比较粗糙，效果有限，不能完全满足技术要求。

（2）有船厂在车间将人字架支臂的一部分与轴毂外圆焊接（或铸造，如图2-5-16所示）成整体，然后上车床进行轴毂加工，之后上船进行定位，在现场测量上支臂的尺寸并制成样板，根据样板加工上支臂，上支臂定位完成之后，进行人字架上、下支臂的对接焊。这样做一定程度上可以降低人字架轴毂孔的焊接变形，但是铸造的难度和成本有所提高。

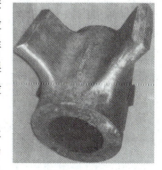

图2-5-16 人字架轴毂与支臂铸造成一体

（3）安装偏心艉轴承或偏心衬套，其过程为按照规定的坐标测量轴毂（艉柱、人字架或艉轴管）孔中心线与轴系理论中心线之间的偏心数据，根据偏心数据在车床上加工偏心艉轴承或偏心衬套，然后将内外径不同轴的艉轴承或衬套按照规定的坐标安装到位。这样做需要对轴毂结构和尺寸进行相应修改，并且有一个前提，即轴承位的圆度和圆柱度误差情况尚好。

（4）焊接完成后检查焊接变形情况，如有必要，可以对理论中心线进行微调，然后对轴承位进行镗孔。既然要镗孔,那么艉轴管上船焊接安装时就必须留出镗孔所需的加工余量。事实上,目前大中型船舶安装艉轴管时经常采用这种先焊再镗的方法。后轴承壳体与艉柱轴毂合二为一的改进型艉轴管的安装方法:分别将艉柱轴毂、前轴承壳体和艉管按照轴系中心线定位之后焊接到船体结构上,然后按照理论轴线对艉柱轴毂和前轴承壳体进行镗孔,之后按照装配要求对艉轴承相关部位进行加工,最后将艉轴承压入艉柱轴毂和前轴承壳体。

三、安装艉轴管轴承的方法

1. 压入安装

压入压力大多由液压千斤顶、液压拉伸器或者丝杠提供,有时也会使用撞锤。图 2-5-17 所示为使用液压千斤顶压装艉轴管轴承。

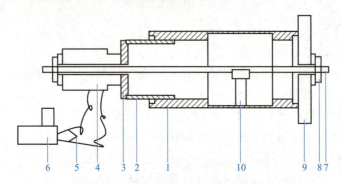

图 2-5-17　使用液压千斤顶压装艉轴管轴承

1—尾管；2—轴承；3—压板；4—双向液压千斤顶；5—高压软管；6—电动液压泵；
7—长螺栓；8—螺母；9—支撑架；10—导向滑轮

（1）压入安装的压力。压入安装或以过盈量为标准,或以压入力为标准,也有的将两者同时参考作为标准。大、中型船舶多使用液压安装,压入过程中推力的测定是最后鉴定轴承与轴承座的配合和装配是否达到设计要求的重要指标。压入力一般为 20～50 MPa,或参照如图 2-5-18 所示的压力与轴径的关系,也可参照表 2-5-10 中推荐的数值。

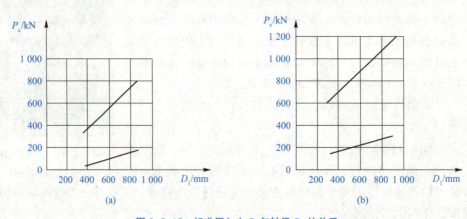

图 2-5-18　标准压入力 P_x 与轴径 D_1 的关系
（a）前轴承；（b）后轴承

表 2-5-10　艉轴承的压入力

轴承外圆 D/mm	压入力 /kN	
	前轴承	后轴承
300＜D＜500	68.65～294.2	147.1～588.4
500＜D＜900	147.1～588.4	343.23～980.67
900＜D	147.1～784.53	343.23～1 176.8

（2）工艺过程。

1）压入前，应清洁轴承和轴承位，在轴承与孔的配合表面喷上润滑剂二硫化钼，以减少配合面的摩擦力，防止咬合。安装轴承前，应认真清洁，喷上润滑剂二硫化钼（可防咬死）。

2）压入轴承前，应测量环境温度、艉轴管及轴承温度。

3）将轴承放入艉轴管内。量取轴承伸出的长度，一般量 3～4 点，且长度值应相等，说明艉轴管与轴承的中心线在一条直线上。

4）根据轴承直径可检查出压入力的范围，压入时记录每 50 mm 压入量时的压力，直至全部压入。压力和位移应有线性关系，如从某位移起线性关系发生改变，可能是艉轴管与轴承某些部位已咬死，此时应停止压入，待查明原因后再决定该继续压入还是拉出检查。注意轴承是有上、下的，"TOP"标记向上。核对产品证书钢印号码及船级钢印。

5）艉轴管前、后轴承如果压入力偏离上限很大，在压入过程中即可计算出，停止压配工作。因为压入力和压入距离是线形关系，千万不要等偏离上限时再停止压配工作，否则将给轴承拉出时带来麻烦。等轴承拉出后查找原因，解决后再进行压配。如压入力偏离下限，则根据情况而定，如偏离量很大，则将轴承拉出后查找原因，一般情况下是更换轴承。

6）因为轴承是偏心的（相差半个间隙），一般是轴承内孔中心相对外圆中心偏上总间隙的一半。因此，轴承是不允许在压入过程中转动的，一旦转动后，将会产生轴中心线的偏离。一般这种问题出现后，马上停止压配，采取防转措施，利用艉轴管平面螺孔，设计一只防转工装伸入轴承外圆直槽内作为导向工装即可。

2. 低温安装

低温安装工艺比较简单，工作效率高，劳动强度低，因此被广为采用，尤其是用来制造复合材料轴承，而白合金轴承很少使用，这是因为白合金轴承由线胀系数不同的两种金属制成，低温安装会使两种金属之间产生较大的应力，同时，低温也会影响巴氏合金的机械性能。

低温冷装采用的介质通常有干冰、液氮等。下面介绍选用液氮进行轴承低温安装的工艺过程。

（1）准备足够容积的密封保温容器和足以浸没轴承的液态氮。

（2）清洁轴承表面及轴承座孔内壁，可用丙酮去除油污。将加工后的轴承放入密闭容器（图 2-5-19），注入液氮。为使轴承迅速冷却收缩，要将轴承完全浸没在液氮中，时间为 10～15 min。如液氮不能浸没轴承，应延长冷冻时间，确保轴承缩至可安装尺寸。

（3）将轴承放入轴承座孔。为防止轴承膨胀，自轴承脱离液氮到安装到位，速度要快。

（4）如轴承由多段组合而成，安装时应首先将里端轴承安装好，待 3～5 min 后再安装下一段，各段对紧。如有环槽及水槽，注意摆放位置，对于艉轴承，水槽应保证放在轴线正下方的两侧，如图 2-5-20 所示。

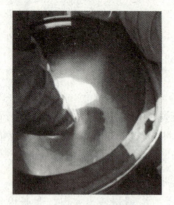

图 2-5-19 轴承在液氮中

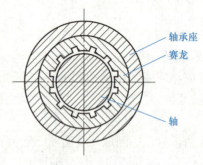

图 2-5-20 水槽的方向

（5）安装后应在装入端加压盖。

低温安装过程中需要注意以下事项：

（1）安装前先将各部件清洗干净，不得附有油渍、水、砂等杂物。

（2）如果使用液氮，需要采取适当的安全措施，以防止液氮触及皮肤而导致冻伤，施工场所应通风良好，防止液氮气化造成容器周围缺氧。

（3）安装过程中一般不允许用大锤硬性敲击。

（4）待轴承温度完全恢复到常温后才可以灌轴。

（5）安装时禁止使用任何润滑剂。

3. 环氧树脂安装

具体工艺过程与之前介绍过的艉轴管环氧树脂安装工艺基本相同，也可参见船舶标准《尾轴管及尾轴承环氧树脂定位》（CB*/Z 321—1981）。环氧树脂安装方法一般用于人字架或艉轴承的安装，如图 2-5-21 所示。

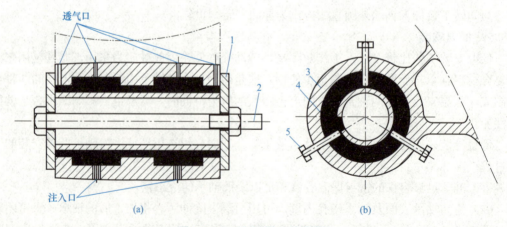

图 2-5-21 环氧树脂安装艉轴承

(a) 侧视图；(b) 正视图

1—封板；2—螺杆；3—托架；4—艉轴承；5—调节螺钉

四、轴套的安装方法

1. 整体式轴套的安装

轴套在艉轴上的安装方法主要是红套法。单个整体式轴套红装的工艺过程如下：

（1）将轴颈光车好的艉轴搁置在 V 形垫木上，如图 2-5-22 所示。艉轴表面必须擦拭干净，不得有油污，在套合时，轴颈必须干燥，为了防止轴套红装时超过预定位置，可以在艉轴上安装一定位卡箍，卡箍的位置按图纸上的规定放置。

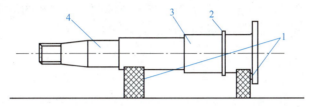

图 2-5-22　轴套红装时的艉轴搁置情况

1—垫木；2—卡箍；3—前轴颈；4—后轴颈

（2）加热轴套，使孔径膨胀到量棒能放进时，即认为可以红装。取出轴套，迅速擦拭轴套内孔及外表面，不允许内孔有任何杂物。然后将轴套从艉轴锥体端套入，先套至轴颈 4 处，并立即用起重机吊起艉轴锥体端，移开垫木，将轴套继续套进到轴颈 3 处，并碰上卡箍为止。顺次进行其他几段轴套的红装，如果艉轴首端安装的是可拆联轴节。则热套时，可以从两端分别套入。

（3）让轴套自然冷却，不允许用任何方法进行强制冷却，以免影响套合质量。冷却后，用小锤轻轻敲打轴套，如声音清脆，表示轴套质量良好，然后拆去卡箍，热套工作即告完成。如果艉轴短，工作场所、起吊设备及空间条件又许可，也可将艉轴直立，进行直套，这样速度更快。

（4）套好轴套的艉轴再上车床，精加工轴套外圆及原粗加工留下的其他部位，使各部分的尺寸加工到符合技术要求。

2. 组合式轴套的红装

当轴套分为两至三段套在同一轴颈上时，其操作上将比整段安装复杂些，其要求如下：

（1）每段轴套的长度一般不超过 1 000 mm，否则在铸造及加工上都会有困难。

（2）分段配合必须考虑其搭口的水密性，在搭口处绝不能有渗漏现象，因为如果水渗入舱内，则艉轴将会锈蚀而缩短使用寿命。一般套与套之间的接缝处采用三种形式，如图 2-5-23 所示。

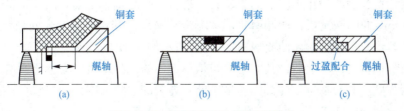

图 2-5-23　铜套与铜套之间的接缝形式

如图 2-5-23（a）所示是将一般轴套的端面车成特定形状，使套与套部分采用过盈配合，待热套配合后，在车床上再精加工轴套外圆时，用滚轮滚压，将缝口碾平。

如图 2-5-23（b）所示是两个套的接缝处留出一个燕尾形凹槽，在此燕尾槽内可填入经过退火的紫铜片或紫铜条，或用与轴套相同材料的两个半圆垫片，将其捻入缝内，然后用锡焊焊妥。也可用与轴套相同材料的金属焊接，但焊接时，必须在缝口左右约 50 mm 处，用湿石棉布包扎或用其他方法冷却。

如图 2-5-23（c）所示是保证质量较好的一种办法。其接缝形式和图 2-5-23（b）相同，但还采用了搭口热套的方法，即套与套之间采用过盈配合。

分段制造、安装的轴套，其红套工艺过程与整体轴套基本相同，如图 2-5-24 所示。调位螺钉用来调整吊笼中的轴套与艉轴之间的同轴度。

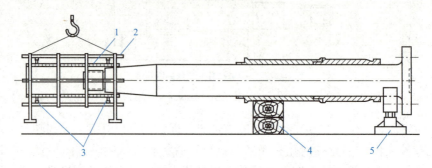

图 2-5-24　分段轴套安装
1—轴套；2—吊笼；3—调位螺钉；4—垫木；5—可调支承

对于分段制造、安装的轴套，每套一节，立即用压缩空气首先冷却搭接处，使搭接处先冷，自由端慢冷，以免搭接处出现冷缩缝。搭口处的水密性必须得到保证，一旦有水渗入，艉轴将会因锈蚀而缩短使用寿命。因此，轴套安装完成之后，在搭口处钻孔攻丝，加工两个螺孔，用以安装密闭性试验用的螺纹接头等附件。密闭性试验的试验压力为 0.2 MPa，5 min 内轴套接缝处不得有任何裂纹或渗漏。试验合格后，螺孔用闷头螺塞通过锡焊进行封没。

3. 红套时应注意的问题

（1）轴套加热温度为 250 ℃～300 ℃，并要求加热均匀，防止轴套变形，常用的加热方式有油加热、电加热和瓦斯加热等。

（2）轴套套在其红套轴上后应检查其紧密性，在距离艉轴锥体端 70 mm 长度上，严禁有配合不紧密的地方。

（3）由于红套法操作复杂，动作慢一些，在套到一半时就可能无法再套进，同时也无法拉出，容易造成返工，所以准备工作一定要充分。事先可以准备一个轴套内径测量样棒，使用样棒可快速测量出加热后的铜套孔径是否已膨胀到预定套合尺寸。量棒可用直径为 10～15 mm 的圆铁制成，两端磨尖，尖端带圆弧形，其长度为套合处轴颈直径再加 2 倍的过盈量。也有厂家将量棒制成如图 2-5-25 所示的 T 形。

（4）由于轴套套于轴上后，其应力分布是不均匀的，冷却后应力会急剧增大，它会严重影响轴套强度，甚至在轴套端部应力集中处有脆裂的危险，因此，一般在轴套两端开有卸荷槽。其形状如图 2-5-26 所示，安装时方向不要弄错。

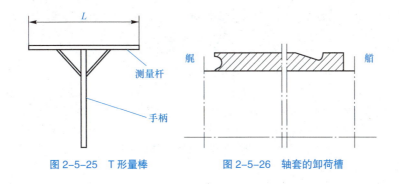

图 2-5-25　T形量棒　　　　图 2-5-26　轴套的卸荷槽

五、艉轴非工作轴颈包覆层

艉轴非工作表面可以包玻璃钢保护层,以防止海水腐蚀。对于双轴系带人字架的艉轴及一些小艇的艉轴露出海水较多,所以,包覆玻璃钢保护层有很大意义。其工艺过程如下:

(1) 艉轴表面要除净油污和锈斑,可用丙酮、汽油、香蕉水或四氯化碳等清洗。

(2) 将已裁成一定宽度的玻璃布卷装在特制的圆筒体中,以便抽出包裹。玻璃布一头浸入胶粘剂,浸透后,由另一头抽出,即可包扎。

(3) 将配制好的胶粘剂在艉轴表面均匀涂刷一层;然后将浸透胶粘剂的玻璃布绕在艉轴上。包扎自艉轴后端开始,并与螺旋桨旋向相反,缠绕间距为玻璃布宽度的 1/3 ~ 1/2。包扎时需注意:布的起点及终点应在距离两端 150 ~ 200 mm 处,也就是由此处开始向近端包扎,然后向反方向包扎;在包扎至另一端时,也必须在达到终点后,再向反方向包扎 150 ~ 200 mm。玻璃布重叠层数不少于四层;然后将布剪断。也可在包扎之前,先在轴表面上涂一层胶粘剂,将玻璃布按其宽度在轴上均匀包覆一层。然后,涂一层胶粘剂,再包一层玻璃布,直到达到需要厚度为止。

(4) 在包覆过程中,艉轴应匀速缓慢转动,直至胶粘剂不流动为止。

(5) 每包扎一层后,应稍待 0.5 h 左右,使其中丙酮挥发后,再包扎第二层,以避免在第二层包扎后产生气孔。

(6) 艉轴包好玻璃纤维布后,应让其自然干燥;一般在 40 ~ 48 h 后即可自然硬化。

(7) 装配前,应将毛刺去除。包扎环境要求干净无灰沙,在未完全硬化前,不能遇水或油污。

包覆工作可在车床或有关工装设备上进行,如图 2-5-27 所示。

为了保证玻璃钢纤维布包覆层与艉轴铜套的紧密结合,铜套接触保护层的端头最好车成倒锯齿形,如图 2-5-28 所示。

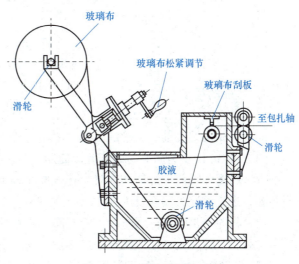

图 2-5-27　艉轴包玻璃钢设备

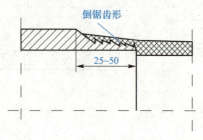

图 2-5-28 艉轴玻璃钢布保护层接口

六、艉轴安装方法

1. 吊装前的准备工作

（1）螺旋桨轴的安装必须在艉管安装完成并检验合格后进行。

（2）吊装前用压缩空气和棉布将艉轴管及艉轴彻底清洗干净，有人字架的船舶，也应同样将人字架轴承孔清洗干净，出口船使用布或面团等材料来做清洁。在艉轴管前、后轴承位置和艉轴上涂清洁的润滑油，对于铁梨木和层压板艉轴轴承，可以涂些黄油起润滑作用。

（3）艉轴末端螺纹部分用布或薄橡皮包扎好，防止在装配中碰伤。对于具有固定法兰的艉轴，还应将前密封装置的相关零件预先套到轴上，如填料压盖、分油圈、防磨衬套和密封圈等。

（4）为便于在艉轴进入艉轴管之后调整艉轴姿态，一般会在艉轴上安装一根引管，引管上包覆岩棉和锡箔纸或其他等效保护材料，防止其撞击到艉管内部或端面，如图 2-5-29 所示。

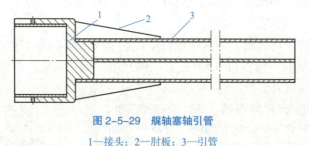

图 2-5-29 艉轴塞轴引管
1—接头；2—肘板；3—引管

2. 艉轴的吊装

将塞轴引管安装在艉轴前端的螺纹上，并且在绑扎钢丝绳的部位包上麻包以保护艉轴后，即可开始吊装艉轴。艉轴的吊装一般使用葫芦、小车或滑车等进行。

图 2-5-30 所示为从船内向船艉，使用葫芦进行艉轴吊装。其过程如下：

（1）吊塞艉轴前仔细清洁艉管内孔，并在轴承部位涂上滑油，同时清洁艉轴、前后密封装置、螺旋桨桨毂端面及内孔。

（2）将前密封整体连同垫片、密封圈一起在螺旋桨轴塞轴前套入螺旋桨轴前端，并将后密封装置、螺旋桨、液压螺母、导流帽等吊运至船艉的安装位置附近并保护好。

（3）螺旋桨轴吊装、塞轴过程如图 2-5-30 所示。塞轴过程中应在艉轴表面涂抹滑油。

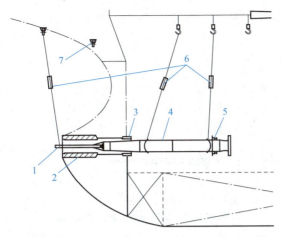

图 2-5-30 船内向船艉使用葫芦吊装艉轴

1—艉轴引管（可拆防碰螺母居中把手）；2—艉柱轴毂；3—前艉轴承座；4—艉轴；
5—前密封装置；6—葫芦；7—吊装眼板

（4）螺旋桨轴引管出艉柱后端面后，需及时将起吊绳索转移到引管上，以保持螺旋桨轴平衡。

（5）螺旋桨轴引管完全出艉柱后，需及时将起吊绳索转移到艉轴上，并拆除引管。

（6）螺旋桨轴出艉柱后端面适当距离后，将后密封连同垫片、密封圈一起套入螺旋桨轴；同时将螺旋桨吊装到位，螺旋桨内孔对准螺旋桨轴，并继续将螺旋桨轴向后塞入直至螺旋桨轴锥体部分完全进入螺旋桨桨毂，螺旋桨轴塞轴完成。

图 2-5-31 所示为从艉部向船内灌轴，使用葫芦接力传递法进行艉轴吊装。其过程如下：

（1）将艉轴用起重机吊至艉部附近后，按图 2-5-31（a）所示在艉部设置葫芦 4，在靠近前轴承位处系钢丝绳 5，使其受力，松掉靠近前轴承位钢丝绳 2，将艉轴向艉轴管输送。

（2）按图 2-5-31（b）所示在艉轴管附近船壳板上设一只葫芦 6，靠近前轴承位处系钢丝绳 7，随其受力，将葫芦 4 上的钢丝绳 5 重新系于艉轴艉锥体附近，同时，在艉封板附近再设一葫芦 6，将钢丝绳 5 系在前轴承前端，松掉起重机吊钩 3 及钢丝绳 2。

（3）调整三只葫芦升降，其中两只葫芦控制艉轴向前运动，一只葫芦控制艉轴向后运动，目测艉轴与艉轴承四周间隙基本正常，使轴在艉轴承内平行向前移动。

（4）当艉轴进入艉轴管二分之一长度后，按实船具体情况留用 1～2 只葫芦或重新在艉轴管出口斜前上方或船舶左右两舷船壳板上设置葫芦，以保证艉轴继续进入艉轴管时不被卡住。

（5）艉轴进入艉轴管后会发生下沉，可借助塞轴引管和临时支承调整艉轴姿态，使艉轴稍稍抬起，前轴颈的台阶不碰到前轴承下沿，并利用葫芦控制艉轴向前移动，直至艉轴前轴颈落位于前轴承上。

（6）利用葫芦控制艉轴到位，艉轴安装结束。

在送进过程中，要注意将艉轴对正艉轴管，防止艉轴承和艉轴螺纹相碰。另外，除如图 2-5-31（c）所示在前轴承附近设一个临时支承点外，有些船厂专门设计了附有滚轮装置的高度可调的液压支承，将其设置在艉轴管中部和出口处，当艉轴和塞轴引管进入艉轴管以及出艉轴管时,轴和塞轴引管会落在滚轮上,由滚轮支承,并且借助调节支承的高低来摆正轴的姿态。

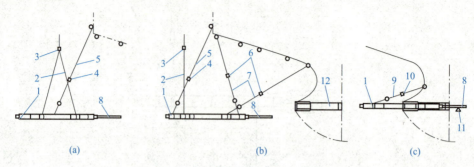

图 2-5-31 葫芦接力传递法安装艉轴

1—艉轴;2、5、7、9—钢丝绳;3—起重机吊钩;4、6、10—葫芦;8—塞轴引管;11—临时支承;12—艉轴管

图 2-5-32 所示为使用小车从船外向船内安装艉轴。导轨敷设在墩木上,调整墩木位置使导轨和轴线平行。小车本身可以调整高低,小车上支承座的左右位置也可以调整。把艉轴放到小车的支承座上,调整支承座的高低和左右位置,使艉轴中心线和人字架轴壳孔或艉轴管轴心线同轴。将绞车上的钢丝绳和艉轴尾端连接好,使艉轴连同小车一起沿着导轨向前移动。

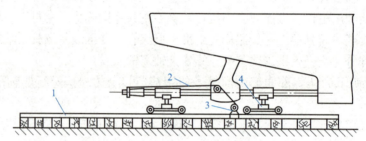

图 2-5-32 使用小车从船外向船内安装艉轴

1—导轨;2—钢丝绳;3—绞车;4—小车

另外,还有使用滑车和葫芦、移动支架和滚轮来进行艉轴塞轴工作的。

3. 艉轴吊装后续工作

(1) 在艉轴前后两端的艉轴密封装置、可拆联轴节等附件及螺旋桨安装完毕后,按艉轴管装配图的技术要求调整螺旋桨桨毂大端与船体艉柱后端面之间的距离,即图 2-5-33 中的 L_1,同时测量艉轴法兰前端面到舱壁的距离 L_2,并做记录。

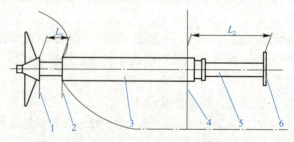

图 2-5-33 艉轴轴向位置测量

1—螺旋桨;2—艉柱或艉轴管后端面;3—艉轴管;4—隔舱壁;5—艉轴;6—艉轴前法兰

（2）艉轴到位后，法兰端垫以枕木以防轴端弯曲变形，以及对艉轴管前轴承造成损伤，另外，使用一根固定于船体结构上的槽钢或角钢将艉轴予以固定，以避免下水时艉轴转动和轴向窜动，造成不必要的损失，如图 2-5-34 所示。

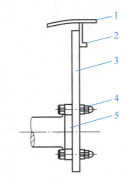

图 2-5-34　艉轴前端临时固紧装置

1—船体结构；2—肋骨；3—槽钢；4—螺纹连接件；5—艉轴前法兰

七、艉轴管密封装置的安装方法

艉轴管密封装置有很多种类型，常用的有首端填料函式密封装置、橡皮环式（SIMPLEX）密封装置和油圈式密封装置。

（一）首端填料函式密封装置

艉轴管首端填料函密封装置的结构如图 2-5-35 所示。它是将填料缠绕在轴上，再以填料压盖压紧，使填料紧贴在轴上，从而保证密闭性，因此，其密封性能与压盖的压紧程度有关。但是如果压得太紧，则轴与填料函摩擦力较大，既造成摩擦发热消耗功率，又容易使轴擦伤，因此不希望压得太紧，允许有少量的滴漏，只有停航时才可以压紧到不漏的程度，待起航时又放松。

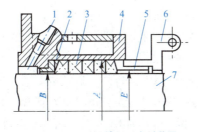

图 2-5-35　首端填料函密封装置

1—进水管；2—衬环；3—填料；4—艉轴管；5—压盖衬套；6—压盖；7—艉轴

填料函中的衬套、填料压盖、压盖衬套等安装时均以外圆为定位配合面，在轴承磨损、轴下沉时，轴往往会与它们的内圆接触，因此，在设计和加工填料函中的衬套、填料压盖及压盖衬套时，往往使用外圆借偏心的办法达到安装时上面间隙小于下面间隙，且在安装时必须注意它们的方向。如果不采用借偏心的办法，还可以用放大内孔间隙，即配合 B 的间隙大于配合 A 的办法来避免与轴的摩擦。各间隙的具体数值可参照表 2-5-11 中所列数字选取。无论采用借偏心还是用放大间隙的办法来防止轴的擦伤，其填料函内孔与轴左右两侧间隙应当相当。

表 2-5-11 填料函中的间隙　　　　　　　　　　　　　　　　　　　　mm

轴颈 d	填料压盖与填料函本体的间隙 A	填料压盖与轴的装配间隙 B	极限间隙 A_j	极限间隙 B_j
< 100	0.10 ~ 0.15	2.00 ~ 2.50	0.80	5.0
100 ~ 180	0.15 ~ 0.25	2.50 ~ 3.00	0.90	6.0
180 ~ 260	0.20 ~ 0.35	3.00 ~ 3.50	1.00	7.0
260 ~ 360	0.25 ~ 0.40	3.20 ~ 3.70	1.10	8.5
360 ~ 500	0.30 ~ 0.45	3.50 ~ 4.20	1.20	10.0
500 ~ 600	0.35 ~ 0.50	4.00 ~ 4.80	1.25	12.0

填料函安装前，先清洁衬套、填料压盖、艉轴颈，然后涂上润滑油，再装入衬套；安装填料压盖后，应在填料函内孔中推入并拉出数次，以便检查填料压盖前后移动的灵活性；同时，还要测量填料函、衬套等的内孔与艉轴上、下、左、右四处的间隙值是否符合技术要求。

上述安装检查结束后就可以安装填料了。填料截面尺寸必须和填料函与艉轴间尺寸适应，其下料长度则应按艉轴直径换算成周长，使每根绕艉轴一周，装入填料函。为了提高密封效果，各圈填料的搭口应当错开，最后压紧填料函压盖。

填料安装好后应检查填料压盖法兰与填料函本体端面间距离，要保证距离相等。在运行中，对于水润滑的填料函允许有少量艉轴管内的水流出，如果有温升，其极限温度应不超过 60 ℃；对于油润滑的填料函一般不应漏油，如果有漏油时，每分钟漏油量不超过 6 ~ 10 滴时允许使用，如果有温升，其极限温度应不超过 75 ℃。

（二）橡皮环式（SIMPLEX）密封装置

1. 橡皮环式密封装置的结构

橡皮环式密封装置是一种较新型的艉轴管密封装置，可分为首部密封和尾部密封两种结构（图 2-5-36），但密封原理相同。

（1）首部密封装置的作用是防止艉轴管内润滑油漏出，一般设有两道橡皮环 4，橡皮环上装有弹簧，把它压紧在防蚀衬套 1 上，当轴工作时防蚀衬套与橡皮环间滑动，由于橡皮环与其上弹簧箍紧在防蚀衬套上，因而防止了漏油（橡皮环的安装是有方向的，当艉轴管漏油时其油压将使橡皮环压向防蚀衬套从而阻止漏油，因此切不可装反）；压环 10、隔离环 11、橡皮环 4 用螺栓固定在橡皮座 7 上，且橡皮座固定在艉轴管前端面上；压紧环 9 是由两个半圆形组合而成的，夹紧在艉轴上并通过螺栓与防蚀衬套连接使之与艉轴一起转动。

（2）尾部密封装置既要防止艉轴管内润滑油漏出，又要防止海水侵入艉轴管。螺旋桨在工作时振动较大，容易破坏密封，因此尾部橡皮环较多，多采用三道或四道，以防泄漏；在橡皮环 4 之间装有滑动环 6 和隔离环 11，滑动环 6 内浇有白合金，使滑动环与防蚀衬套间滑动时磨损减少，并可跟随防蚀衬套做径向的微小位移；三道橡皮环 4、滑动环 6、隔离环 11、压环 10 用螺栓穿在一起予以固定，而两道橡皮环外圆用后压盖 3 和前压盖 12 压紧并固定于橡皮座 7 上，且橡皮座安装在艉轴管后端面上。

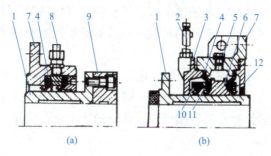

图 2-5-36　橡皮环式密封装置
（a）首部密封；（b）尾部密封

1—防蚀衬套；2—测隙仪；3—后压盖；4—橡皮环；5—螺塞；6—滑动环；7—橡皮座；8—进油管；
9—压紧环；10—压环；11—隔离环；12—前压盖

2. SIMPLEX 密封装置的试验

橡皮环式密封装置在我国需引进专利进行生产，因此各船厂一般不生产，均为外购装配。到货后要检查各部件的外表质量及运输中有否损伤，检查合格后在车间进行密封性试验。橡皮环式密封装置的密封性试验如图 2-5-37 所示。

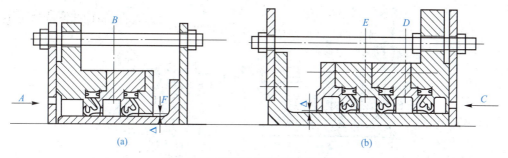

图 2-5-37　轴管密封装置的密封性试验
（a）首部密封；（b）尾部密封

首部密封试验时，先在 A 处接油泵试压，在 B 处观察有否漏油，试验后将 A 处封堵，把 B 处接油泵试压，观察 F 处是否漏油；尾部密封试验时，先在 C 处接油泵，在 D 处观察有否漏油，试验后将 C 处封堵，把 E 处接油泵试压，观察 D 处有否漏油。

试验要求如下：

（1）泵油试验用油应与艉轴管实船使用的滑油牌号一致。

（2）试验压力与船舶吃水有关，防止油漏出一侧的试验压力约为载重水线至轴系中心线间深度水压力的 2 倍，防止海水漏入处的密封试验压力可为载重水线至轴系中心线间深度水压力的 1.5 倍。试压应保持 5 min 无渗漏现象。

（3）密封试验时，须将壳体与防蚀衬套用千分表找正，保证两者同心，然后在 A 处周向等分四点测量出四个间隙值并做好记录，同时测量出衬套端面与密封装置后压盖的距离作为船上安装时的依据，以便确保橡皮环不脱落。

（4）密封试验时，应保持试验用油及设备的清洁；试验结束后，各入口应仔细封好，严防落入其他杂物。

3. 安装时的技术要求

（1）前、后密封装置安装时，艉轴须保持或接近轴系找正后的状态。如合理校中安装的螺旋桨，轴在首部往往要加一向下压的负载，在安装首尾密封时该负载应加上，螺旋桨及首部联轴节应安装。

（2）在安装螺旋桨和首部联轴节前，应将前、后密封装置套在轴上。

（3）安装时应确保清洁，不可落入杂物，一般情况下不得随意拆开密封装置。

（4）首部密封装置的防蚀衬套法兰端面与压紧环的固定贴合应保证 0.03 mm 塞尺插不进，螺栓上紧时需注意对称。

4. SIMPLEX 密封装置安装后的检查

（1）跳动量。前、后密封装置安装到位后，盘动艉轴，用百分表测量密封装置的防蚀套筒外圆，检查防蚀套筒与艉轴的同轴度，一般要求同轴度不超过 0.10 mm，具体以制造厂的要求为准，如图 2-5-38 所示。

（2）下沉量。测量下沉量时记录螺旋桨的位置，测量位置应与上一次测量位置相同，无测量位置记录则以主机一缸上止点位置或螺旋桨叶在上部作为测量位置。打开密封装置测量孔，测量并记录测量数据。该尺寸供船舶运行一段时间进坞时复测对照，用以判断运行后轴承磨损情况，如图 2-5-38 所示。

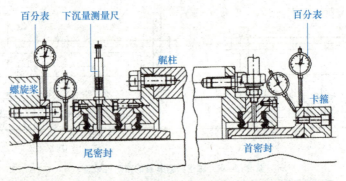

图 2-5-38　SIMPLEX 密封装置防磨衬套下沉量以及各处跳动量的测量

（3）防磨衬套与壳体之间的间隙。螺旋桨与衬套、壳体与艉柱均采用止口定位，间隙的存在及安装时间隙偏向某一侧都会影响壳体与衬套之间的同轴度。如同轴度偏差过大，将导致密封环边缘受力不均匀，影响密封环的使用寿命。但由于密封环有一定的弹性，对安装同轴度要求并不高，按常规对称位置测得间隙差在 0.3 mm 左右是允许的。间隙用厚薄规检查，如图 2-5-39 所示。

（三）油圈式密封装置

图 2-5-40 所示为艉轴管油圈式密封装置的结构。其安装在艉轴管的尾部。为了保护艉轴，设有防蚀衬

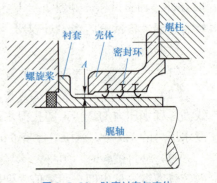

图 2-5-39　防磨衬套与壳体之间间隙的测量

套 1，它通过螺钉固定在螺旋桨的端部，为了保持两者之间的水密性设有密封圈 5，压板 2 将橡皮圈 6 和羊毛毡圈 7 压紧以防泥沙侵入，油盒 3 内装有油圈 4，工作时零件 1、4、5 与螺旋桨一起转动，零件 2、3、6、7 则通过螺栓固定在艉轴管的后端。这种密封装置的密封原理属于迷宫式，由于衬套 1 与油圈内孔 D 处配合较紧，使得漏出的油不经过 D 处，而是绕油圈外圆折回，从油盒内孔与防蚀衬套外圆间流出。其路线曲折，经几次节流减少了流量，但完全不漏往往是达不到的。

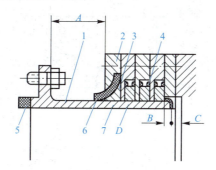

图 2-5-40　艉轴管油圈式密封装置

1—防蚀衬套；2—压板；3—油盒；4—油圈；5—密封圈；6—橡皮圈；7—羊毛毡圈

基于上述密封原理，油圈式密封装置在车间内装配时应将油盒两平面刮削平整以防止翘曲，其厚度误差应小于 0.02 mm，油盒内装油圈的深度尺寸必须保证在螺旋桨正倒车艉轴轴向窜动时，油圈不碰油盒并且尚有 0.04～0.06 mm 的轴向间隙。只有这样在正倒车时才不会出现油圈在防蚀衬套上的滑动，使油不至于从衬套与油圈配合的 D 处漏出，造成节流作用消失。这个轴向间隙是一个综合累计值。在加工不能保证时，可以在两油盒平面间加纸垫，通过纸垫的厚度来调节。防蚀衬套装配后，首端面与艉轴的间距 C 应不小于 6 mm，而伸出首道油环的距离 B 值应不小于 8 mm，在满足 C 和 B 的值后应测量出防蚀衬套法兰前端面与压板间的距离 A，且在船上安装时，只要保证此值不变化，则 B 和 C 的数值也就满足了。

车间内装配的顺序如下：先将擦净的防蚀衬套套上压板，再将橡皮圈和羊毛毡圈套上，并使它们的内孔紧箍在衬套上并伸向压板的孔，然后装油盒、油圈；装油圈时，油圈与防蚀衬套配合较紧，须慢慢将其压入，或用手锤在对称方向轻打四周逐渐装入；在油盒平面间垫上纸垫，继而以同样方法将其全部装完后，穿上紧固螺栓并上紧即可送船上安装。在整个装配中必须保持清洁，可以加润滑油，切忌杂物混入，并且避免防蚀衬套与密封件相对滑动。

（四）SM 型水润滑艉轴密封装置

SM 型水润滑艉轴密封装置适用于各类水润滑艉轴承的海洋运输船、内河运输船、旅游船、渡轮、工程船及各种军船。该装置通过水压及水密封圈与端密封盖轴向合理过盈而发挥密封作用，同时通过运转，在水密封圈唇口形成最佳水膜，达到密封、隔离海水的目的。装置附设气胎密封，使船舶无须进坞，便可在水上对密封装置进行检查、调整和维修。其适用的艉轴基本直径范围为 50～800 mm，艉轴线速度＜7 m/s，结构形式如图 2-5-41 所示。

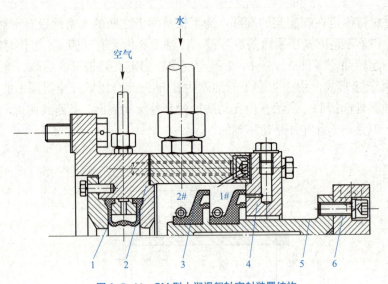

图 2-5-41　SM 型水润滑艉轴密封装置结构

1—气胎；2—本体；3—密封圈；4—端盖；5—衬套；6—夹环

SM 型水润滑艉轴密封装置安装步骤如下：

（1）艉轴灌入船体后，在舱内依次向轴上套入垫片、装置总成、密封总成、O 形圈、夹环，然后推向船体；

（2）将垫片、装置总成用螺栓均匀紧固在船体上，并用铜丝串固止动；

（3）检查、确认水密封圈、弹簧在衬套规定位置后，移入装置总成内，安装、固定好端密封盖后，前移 O 形圈，然后将剖分式夹环与衬套连接。

（4）用定位块 A 面确定、调整夹环、衬套与端盖外端面轴向距离，使水密封圈唇口与端密封盖内端面的轴向过盈达到设计要求（0.8～1.2 mm），运转一段时间后，如泄漏量超标，若无其他特殊原因，停机后利用定位块 B 面调整该过盈量至 ≤1.6 mm。

八、艉轴密封装置冷却和润滑系统的安装

冷却和润滑系统同样也可分为油润滑和水润滑两种类型。

油润滑艉轴管的冷却和润滑系统属于密封装置的配套设备，主要由重力油柜、油泵、管子及其附件组成。其中，重力油柜、油泵等主要设备大都由密封装置生产厂家供货。船厂的安装工作主要就是管子的加工和安装、设备的安装及密闭性试验。

自然润滑是指重力油柜中滑油靠自身所受的重力供油，广泛应用于中、小型船舶。图 2-5-42 所示为赛德瓦推荐的自然润滑系统。

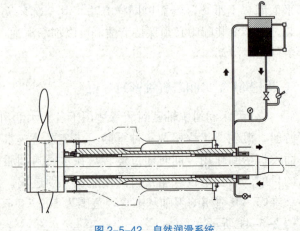

图 2-5-42　自然润滑系统

自然润滑系统的主要设备就是油泵和重力油柜。油泵一般为手摇泵，很多时候，手摇泵会整合在艉轴油柜里，大、中型船舶还会增设一台与手摇泵并联的电动油泵。油泵的安装很简单，按照图纸施工，牢固可靠即可。而油柜安装时需特别注意其高度位置。一般中、小型船舶要求其重力油柜的位置高于水线 500～1 000 mm；对于某些大型船舶，当其满载水线与空载水线差大于 5 m 时，应设置两个油柜，并要求其重力油柜的位置高于水线 3～4 m。

其他类型密封装置的冷却和润滑系统也同样强调重力油柜安装高度的正确性。尤其是某些密封装置，其不同部位的供油由安装高度不同的重力油柜分别承担，各部位的压力也不同。图 2-5-43 所示为间歇循环润滑油系统。冷却和润滑系统安装时应严格按照设备厂家和相关图纸技术要求执行。

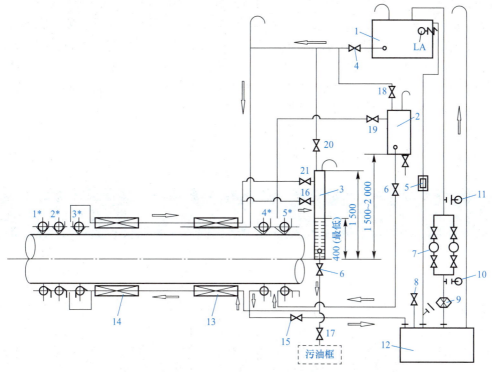

图 2-5-43　间歇循环润滑油系统

1—重力油柜；2—前密封油柜；3—后密封油柜；4、6、15～21—截止阀；5—视流器；7—循环油泵；8—测深自闭旋塞；9—过滤器；10、11—真空表；12—下油柜；13—前艉轴承；14—后艉轴承；1*～5*—密封圈

九、密封装置密封性试验

艉轴密封装置及其润滑、冷却管路系统安装完成后，需进行密封性试验。

1. 密封性试验要求

（1）密封性试验应在艉轴管润滑油管系全部安装结束并清洗完毕后进行。

（2）试验用油与实船使用润滑油牌号相同。

（3）试验时先往环间注入润滑油，检查环处是否漏油；对于尾部密封装置，还要向环间注油，检查环处是否漏油。试验合格后，利用艉轴管高位置润滑油箱的自然重力使润滑油流入艉轴管中并保持24 h，检查尾部密封环和首部密封环处是否有漏油现象。试验后各空腔中的油保留在其间，作为工作用润滑油。

（4）充油时须排出管路中的空气。

（5）试验后用布包好并做好防尘工作，待下水时再拆去包布。

2. 密封性试验方法

自然润滑的密封性试验比较简单。先向艉轴管供油，油的牌号与实船使用牌号相同。当系统中的回油管有回油时，就表明艉轴管已经充满。密封性试验时，用手摇泵泵油，当见到回油管有回油时，继续泵油5 min，同时匀速转动螺旋桨，检查各处无泄漏，密封性试验即告结束。试压时需注意某些密封需要排空气，如CEDERVALL密封就应将压盖上的排气螺钉旋开，直到润滑油连续溢出，再将其旋紧，然后才可以进行封闭试压。

SIMPLEX密封装置压油前先把艉管里的滑油加满，打开首、尾密封装置底部的放泄螺塞，注意此时首、尾密封不加油，以低位油箱内油的静压力进行密封性试验。保持一段时间，具体时间根据厂家要求确定，然后检查放泄旋塞是否有油泄漏，检查合格后装上旋塞。通过首、尾密封油柜，依次向首、尾密封的各油腔供油并保持一段时间之后，检查相应密封圈处及首密封夹紧环处有无泄漏。

任务六 轴系校中及固定

【任务分析】

在艉轴及艉轴管装置安装完毕后，就可以安装中间轴系了。中间轴系的安装主要是轴系校中和轴系固定两个内容。轴系校中是船舶主机及轴系安装整个过程中最重要的阶段，直接关系到船舶推进系统能否达到预期的推进效率，还会影响船舶运营过程中的维修保养及运营效率。轴系校中的相关专业技能是船舶动力工程技术人员必须掌握的专业技能。本任务将按照主机轴系安装原则工艺、轴系布置图和轴系校中计算书完成中间轴、中间轴承的位置调整与确定等轴系校中的工作，同时完成轴承垫片和紧固螺栓的配置、轴承的固定及将各轴段和主机连接成整体等轴系固定的工作，最后完成轴承负荷测量等轴系校中质量检验工作。

【学习目标】

1. 准确识读轴系布置图；
2. 准确查阅轴系校中计算书；
3. 明确轴系校中含义与分类；
4. 能够正确调整和确定中间轴、轴承的位置；
5. 能够准确测量与计算法兰的偏移值、曲折值；

6. 能够正确进行中间轴承的安装；
7. 能够正确进行轴系的固定；
8. 能够正确测量、计算和调整轴承的负荷；
9. 提升标准意识、规范操作意识、安全生产意识；
10. 自我检验学习成果，对此任务的学习过程进行总结和反思。

● 【任务实施】

一、轴系校中

（一）明确轴系校中含义与分类

引导问题1：叙述轴系校中的含义。

_____

_____

引导问题2：轴系校中方法按其原理可分为_____、_____和_____三类。
引导问题3：叙述轴系合理校中的实质。

_____

_____

> **小提示**
>
> 　　船舶轴系是否能长期安全正常地运转，不仅取决于轴系的结构设计、材料和制造，而且更重要的是取决于轴系的安装质量。轴系校中、安装质量不佳，会造成轴承发热，艉轴承过度磨损、密封装置损坏和轴系振动等。
> 　　轴系校中是指按照一定的要求和方法，将轴系安装成某种状态（直线或曲线），处于这种状态的轴系，其各轴段内的应力和各轴承上的负荷，均处在允许范围之内，或具有最佳数值，以保证轴系及其与之连接的机械（如主机曲轴、齿轮箱等）能持续正常地运转。轴系校中的实质就是准确地调整和确定中间轴及其轴承、推进机组的位置。
> 　　轴系校中方法按其原理可分为以下三类：
> 　　（1）按直线性校中原理校中：主要有平轴法校中和光学仪器校中。
> 　　（2）按轴承上允许负荷校中：根据各种轴系的结构特点确定轴承上负荷的允许范围，并在校中时通过调节轴承的位置使轴系各轴承上的实际负荷都处在允许值范围内。按这种原理校中的轴系是呈曲线安装的，主要有按照法兰计算的允许偏中值校中法和测力计校中法。

> （3）按轴承上合理（或最佳）负荷校中（合理校中）：合理校中的实质是在遵守规定的负荷、应力、转角等限制条件下，通过校中计算，确定各轴承的合理位移（垂直方向），使轴系安装成规定的曲线状态，以达到全轴系各轴承负荷合理分配的效果。合理校中主要有按轴承合理位置校中法和按法兰上合理偏移与曲折校中法。

（二）明确合理校中的施工工艺过程

引导问题4：阅读下面的小提示，完成合理校中施工工艺过程相关的填空题。

（1）合理校中的施工工艺过程有两条路线：一是按_____进行校中；二是按_____进行校中。

（2）按偏移值、曲折值进行校中过程中，以_____为基准，自____向____逐段地调节中间轴、推力轴、主机（组）的位置，使每对连接法兰上的偏移值、曲折值符合_____的规定。

（3）校中后，将_____安放到位，临时固定在基座上。装配_____，将各传动轴以及主机（组）连接起来。

（4）检验校中质量通常采用_____法测量轴承的实际负荷，应符合校中文件的规定，允许误差为计算负荷的_____，如果超差，则加以调整。

小提示

> 合理校中的施工工艺过程有两条路线：一是按计算所得的法兰偏移值和曲折值进行校中；二是按计算所得的轴承位移量进行校中。
>
> 1. 按偏移值、曲折值校中
>
> 目前，这种方法使用较多，其工艺过程如下：
>
> （1）校中前艉轴应已安装好，其前法兰的位置应与在船台上的安装记录一致，当校中计算文件规定校中应施加附加力时，应在所要求的位置上施加规定数值的附加力。
>
> （2）以艉轴前法兰为基准，自艉向艏逐段地调节中间轴、推力轴、主机（组）的位置，使每对连接法兰上的偏移值、曲折值符合校中计算文件的规定，允许误差为偏移值不超过 ± 0.10 mm，曲折值不大于 $\pm D \times 10^{-4}$ mm（D 为被测法兰的外径，单位为mm），同时保证主机机座的水平挠度、扭曲度和曲轴臂距差不超差。
>
> （3）校中后，将中间轴承安放到位，临时固定在基座上。
>
> （4）装配法兰连接螺栓，将各传动轴及主机（组）连接起来，拆除螺旋桨轴法兰处的附加力和中间轴上的临时支承。
>
> （5）检验校中质量。用顶升法测量轴承的实际负荷，应符合校中文件的规定，允许误差为计算负荷的 $\pm 20\%$，如果超差，则加以调整；对曲轴的臂距差或减速器齿轮的啮合进行检查，应满足相关技术要求。
>
> （6）测量并配置中间轴承、主机（组）的调整垫片及紧固螺栓，之后将中间轴承及主机（组）紧固在各自的船体基座上；主机（组）固定后应按相关规定测量曲轴的

臂距差和主机机座的水平挠度，减速箱固定后应测量大、小齿轮的啮合质量，均应符合有关规定。

2．按轴承位移量校中

按轴承位移量校中的方法比较适合长轴系的校中。施工设计要点如下：

（1）以安装好的艉轴为基准，在其前法兰上安装照光仪器，并调节仪器的位置，使其主光轴与艉轴的中心线重合。

（2）轴承落位。在轴承孔（最好是安装空心样轴）的两端安装光靶，光靶的中心应与轴承的中心重合。

（3）由艉向艏按光学仪器的主光轴逐个调节中间轴承的位置，这时可采取以下两种办法：

1）使轴承的位移值符合校中计算文件的规定；

2）使各轴承均与艉轴同轴，即位移为零。

按仪器主光轴测量轴承位置时，应考虑艉轴前法兰挠度的影响。

（4）从轴承中取出光靶，吊装中间轴，连接艉轴、中间轴。

（5）以最前面的中间轴为基准，按照规定的偏移值、曲折值校中主机（组）。

（6）测量主机曲轴臂距差，符合规定后，连接主机（组）与轴系。

（7）测量轴承负荷。

（8）分别为中间轴承、主机组配置垫片和紧固螺栓，并予以紧固。如果之前将轴承调整至与艉轴同轴，那么在确定垫片厚度时还应考虑该轴承的位移量。

（三）中间轴工艺参数的测量与调整

引导问题5：偏移是指两法兰的轴心线_____，但_____，直尺－塞尺法垂直方向的偏移值计算公式为_____，水平方向的偏移值计算公式为_____。

引导问题6：曲折是指两法兰的轴心线_____，呈_____，直尺－塞尺法垂直方向的曲折值计算公式为_____，水平方向的曲折值计算公式为_____。

小提示

在轴系校中时，我们可以把不可见的轴线具象化到法兰的外圆和端面，通过测量毗邻两轴法兰的相对位置，来确定两轴轴线的相对位置。因此，两轴以法兰连接时，如果两法兰同轴，则轴也同轴；反之，不同轴。不同轴的具体表现如下：

(1)偏移，是指两法兰的轴心线不重合，但平行，偏移值用 δ 表示[图2-6-1(a)]。

(2)曲折，是指两法兰的轴心线交叉，呈一定角度，曲折值用 φ 表示[图2-6-1(b)]。

当然，也有可能既有偏移，也有曲折。另外，图2-6-1仅显示了铅垂方向的偏移和曲折，事实上水平方向也会有同样的问题。

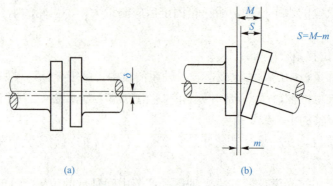

图 2-6-1 法兰的偏移和曲折
（a）偏移；（b）曲折

法兰偏移和曲折的测量方法有直尺－塞尺法、百分表法和指针法。直尺－塞尺法适用各轴段的普通法兰，直尺一般选用刀口尺，测量如图 2-6-2 所示。当用刀口尺和塞尺测量时，将刀口尺贴附在法兰外圆的母线上，用塞尺测量刀口尺与法兰外圆的间隙，依次在上、下、左、右四个位置进行测量，测得 $Z_{上}$、$Z_{下}$、$Z_{左}$和$Z_{右}$四个数值（单位：mm），然后按下式计算垂直、水平方向的偏移值 $\delta_{\perp}$ 和 $\delta_{=}$：

$$\delta_{\perp} = (Z_{上}+Z_{下})/2;\quad \delta_{=} = (Z_{左}+Z_{右})/2$$

用塞尺在上、下、左、右四个位置测量两法兰端面之间的间隙，测得 $Y_{上}$、$Y_{下}$、$Y_{左}$和$Y_{右}$四个数值（单位：mm），然后按下式计算垂直、水平方向的曲折值 $\varphi_{\perp}$ 和 $\varphi_{=}$：

$$\varphi_{\perp} = (Y_{上}-Y_{下})/S;\quad \varphi_{=} = (Y_{左}-Y_{右})/S$$

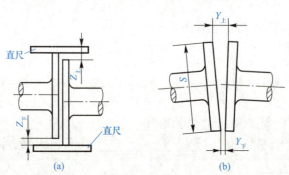

图 2-6-2 用直尺和塞尺测量法兰的偏移和曲折
（a）法兰偏移值测量；（b）法兰曲折值测量

法兰偏移、曲折的调整方法如图 2-6-3 所示，两法兰铅垂方向的偏移为 δ，另已测得铅垂方向的开口值 $Y_{上}$、$Y_{下}$，现在要求将这对法兰铅垂方向的偏移和曲折均调整为 0，则 A、B 两支承铅垂方向的调整值可按照下式进行计算：

$$H_A = \frac{L_A(Y_{上}-Y_{下})}{D}+\delta;\quad H_B = \frac{L_B(Y_{上}-Y_{下})}{D}+\delta$$

式中　H_A，H_B——两支承调整值（mm）；

　　　L_A，L_B——法兰端面与 A、B 两支承之间的距离（mm）；

$Y_上$，$Y_下$——两法兰端面垂直方向用塞尺测得的数据（mm）；

D——法兰直径（mm）；

δ——待校正轴较基准轴在垂直方向的偏移值（mm）。

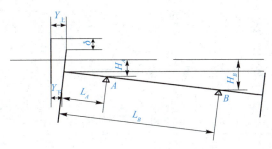

图 2-6-3 法兰偏移、曲折调整

调整时，先粗调，使两法兰大致对正，然后再细调，此时有以下两个途径：

（1）可以先调偏移，使水平和垂直两个方向上的偏移均为 0，然后调曲折，使水平和垂直方向的曲折值 ≤ 0.05 mm，最后复查偏移，如有变动，予以调整。

（2）先调曲折，使两法兰端面平行，然后将轴在水平和垂直两个方向分别进行平移，使两个方向的偏移均在允许范围之内，最后复查曲折，如有变动，予以调整。

水平方向的调整方法与之相似。

引导问题 7：识读图 2-6-4 所示的轴系校中工艺参数要求，利用图 2-6-5 所示的实训室设备及环境，确定轴系理论中心线并完成表 2-6-1 的记录与填写。

表 2-6-1 轴系工艺参数测量记录表

序号	内容	测量记录			计算结果	记录人与确认人
1	中间轴Ⅰ与艉轴的连接法兰找中	偏移	垂直方向	上		
				下		
			水平方向	左		
				右		
		曲折	垂直方向	上		
				下		
			水平方向	左		
				右		
2	中间轴Ⅰ与中间轴Ⅱ的连接法兰找中	偏移	垂直方向	上		
				下		
			水平方向	左		
				右		
		曲折	垂直方向	上		
				下		
			水平方向	左		
				右		

> **小提示**
>
> 图 2-6-4 所示为轴系校中工艺参数要求，图 2-6-5 所示为模拟实训设备图片。
>
>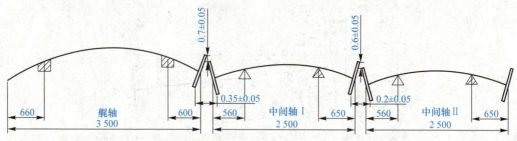
>
> 图 2-6-4　轴系校中工艺参数要求
>
>
>
> 图 2-6-5　实训设备图片
>
> 使用直尺-塞尺法测量调整两对法兰的工艺参数：调整中间轴Ⅰ和中间轴Ⅱ的位置，使中间轴Ⅰ与艉轴的连接法兰上的偏移和曲折值、中间轴Ⅰ与中间轴Ⅱ的连接法兰上水平方向的偏移和曲折值均为 0 mm，偏差 ≤ 0.05 mm，垂直方向的偏移和曲折值符合图 2-6-4 的要求。记录表中，偏移、曲折的正负规定如下：
>
> （1）偏移：垂直方向前法兰比后法兰偏低为正，水平方向前法兰比后法兰偏左为正。
>
> （2）曲折：垂直方向下开口为正，水平方向左开口为正。

船舶轴系校中通用工艺规范

二、轴系法兰螺栓安装

引导问题 8：学习下面小提示完成轴系法兰螺栓安装的相关填空题。

（1）轴系法兰螺栓主要有_____、_____、_____和_____四种。

（2）轴系法兰铰制孔用螺栓的安装方法有_____和_____两种方法。

（3）冷过盈的安装方法一般采用_____或_____作为冷却剂。

> **小提示**
>
> 轴系法兰螺栓主要有普通螺栓、液压拉伸螺栓、铰制孔用螺栓和带内套的张紧螺栓，前两者利用法兰面上的摩擦作用来传递转矩，后两者是依靠螺栓承受剪切作用来传递扭矩。
>
> 当校中达到要求后，为了保持校中时各轴段的相对位置关系，要把各对法兰用螺栓连接起来，此时必须注意轴系配对时法兰上的定位标记应保持原配对的相对位置。如果是未经配对的轴段，在把轴段配对与轴系校中结合在一起时，要在法兰上做好相对位置的标记，并铰好两轴段相配对法兰上的螺栓孔，以便安装铰制孔用螺栓。
>
> 法兰铰制孔用螺栓的安装方法有压入法和低温冷装（简称冷装）法。压入法和冷装法最低过盈量一般为零，通常过盈量为 0.01～0.02 mm。压入法可以采用液压千斤顶等专用工具，对于小船则可以用手锤打入，其安装过程及要求同本项目任务二中的"螺栓的装配要求"。
>
> 冷过盈的安装方法一般采用液态氮或干冰作为冷却剂。在常压下液态氮的沸点为 -196 ℃，装配时把螺栓放入液氮槽（放入时注意不要使液氮溅出），最初由于螺栓的放入液氮大量蒸发，液面处于沸腾状态，几分钟后即逐渐稳定。螺栓的浸泡时间与工件大小、过盈量大小和气温有关，夏季时一般 10～15 min 即可安装，冬季时间稍长些，如果气温低于 0 ℃一般要 20 min 左右。第一次冷过盈装配时可以依据表 2-6-2 计算确定，也可以进行测量确定冷却时间。为今后拆装方便，法兰螺栓孔内常涂有清洁的二硫化钼与机油的混合剂。装配时应当用钳子把螺栓从液氮槽中夹出，并用戴棉手套的手将螺栓迅速塞入螺栓孔，同时上紧螺母（人力扭紧即可），以防止螺柱头底部与法兰端面有缝隙。
>
> 表 2-6-2 铰制孔用螺栓的冷却时间
>
> | 冷却介质 | 螺栓温度 /℃ | 冷却时间 /（min·mm^{-1}） |
> | --- | --- | --- |
> | 干冰 | -50 | 0.5～0.6 |
> | | -70 | 1.0～1.2 |
> | 液氮 | -100 | 0.08 |
> | | -190 | 0.2 |
>
> 采用液态氮作为冷却剂进行冷过盈安装时要注意安全。因液态氮与工件接触后易飞溅，触及皮肤时易引起冻伤，操作者身体不可裸露，特别是夏季不可穿短衫、短裤；舱内要进行必要的通风，以防止蒸发的氮气滞留舱内造成人员窒息。
>
> 无论采用什么方法安装法兰螺栓时都要松一个螺栓，再安装一个铰孔螺栓。因为铰孔螺栓是单配的，所以安装时要注意螺栓与铰孔的编号是否相符。

船舶轴系法兰偏中值的测量与调整

三、中间轴承的安装

引导问题9：中间轴承在其基座上紧固的工作，主要内容就是_____和_____的配置。

引导问题10：在安装中间轴承过程中需要检查中间轴承的间隙，并完成表2-6-3的记录和填写。

表2-6-3 轴瓦与中间轴前后两端间隙测量记录表

测量位置	理论值	艏端	艉端
上	规定范围		
下	0（＜0.05 mm）		
左	前端左右、后端左右应分别相等，允许偏差值＜0.05 mm		
右	（测量位置与油槽位置错开）		

小提示

在轴系校中及轴系法兰连接工作完成后，接着进行中间轴承在其基座上紧固的工作，主要内容就是垫片和紧配螺栓的配置。图2-6-6所示为某船中间轴承安装图（局部）。

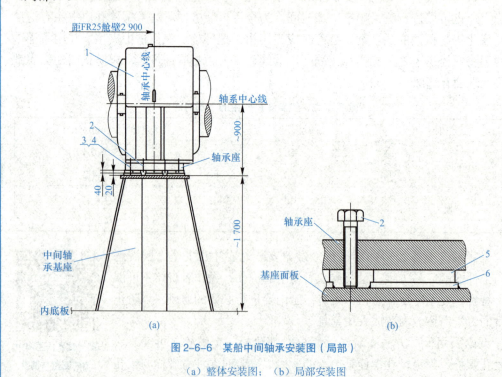

图2-6-6 某船中间轴承安装图（局部）

（a）整体安装图；（b）局部安装图

1—轴承；2—调位螺钉；3、4—紧固件；5—调整垫片；6—焊接垫片

中间轴承在安装前需检查其与轴颈的接触情况，在轴承下部范围内接触面积应达到 75% 以上，用色油检查，25 mm×25 mm 内应有 3～4 个触点。

中间轴承一般采用矩形垫片。矩形垫片需要进行拂配，接触面积不小于 75%，用色油检查，25 mm×25 mm 内应有 3～4 个触点，接触面之间 0.05 mm 的塞尺塞不进。

垫片报检合格后，用夹具将轴承、垫片和基座面板夹紧，配钻底脚螺栓孔、铰孔，配置铰制孔螺栓，最终将中间轴承紧固在船体基座上。基座上的螺栓孔通常是在轴承定好位和配置好垫块后，按轴承座上的螺栓孔钻出；如基座为紧配螺栓，基座孔及轴承座孔还应一并进行铰孔。

另外，还需检查中间轴承的间隙。用塞尺测量艏、艉端的上、下、左、右四个位置的径向间隙，轴颈应与下瓦紧贴，左右间隙应基本相等，不允许单边接触。

目前，中间轴承也经常采用环氧树脂垫片。

中间轴承垫片和紧配螺栓的配置，其工艺与主机安装相似，详见项目三船舶柴油机主机安装的有关内容。

四、轴承负荷的测量

（一）明确测量轴承负荷的工艺过程

引导问题 11：参照实船测量图片，叙述顶升法测量轴承负荷的工艺过程。

小提示

为保证轴系正常可靠地运转，轴系合理校中应确保轴系各个轴承上的负荷处于允许范围之内，或具有合理的数值。为此需要对轴系各轴承上的实际负荷进行测量，并以实测的数据作为验收轴系校中质量的依据。目前，船厂普遍使用顶升法测量轴承负荷，包括中间轴承、艉轴管前轴承和主机轴承。

图 2-6-7 所示为顶升法测量中间轴承的负荷；图 2-6-8 所示为顶升法测量主机轴承的负荷。

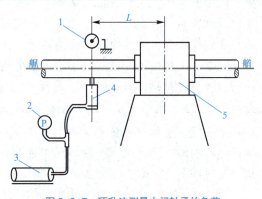

图 2-6-7 顶升法测量中间轴承的负荷
1—带磁力座百分表；2—压力表；
3—油泵；4—千斤顶；5—中间轴承

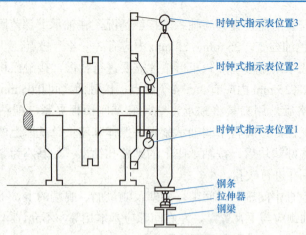

图 2-6-8　顶升法测量主机轴承的负荷

顶升法测量轴承负荷的工艺过程如下：

（1）顶升测力之前，整个轴系，包括推进机组的校中已经完成并且连接成为一个整体，中间轴承和主机组已固紧，艉轴上的附加力和校中用的临时支承均已去掉，中间轴的质量由中间轴承承担。

（2）按照轴系校中计算书所示的位置安装千斤顶（图 2-6-7）和百分表，要求基座牢固可靠，松开中间轴承上盖，将百分表归零，此时中间轴未被顶起，千斤顶刚刚与中间轴接触。

（3）油泵加压，将轴分挡位慢慢顶升，要求油压每升高 2.0 MPa（视情况而定），记录一次对应的百分表读数（轴的上升量），直到压力上升不大但轴颈抬高较快时为止。顶起的高度不能超过轴承的径向间隙。然后慢慢降压，每降 2.0 MPa（视情况而定），记录一次对应的百分表读数（轴的下降量），直至油压完全释放，千斤顶不受力，轴回复原位。

（4）根据列表记录的轴的位移量和千斤顶负荷，即可作出顶升曲线，计算轴承负荷。顶升曲线的绘制可以使用坐标纸，在坐标纸上建立一个平面坐标系，然后将顶升测力记录的成组的位移和油压数据，以点的形式标绘在坐标系中，然后选取合适的点进行线性拟合，得到顶升曲线图，如图 2-6-9 所示。也可以使用 Excel 或者厂家提供的专业软件来进行顶升曲线图的绘制。

图 2-6-9 中的 Oab 是上升曲线，cdO 是下降曲线，这两条曲线不重合的原因是千斤顶、百分表及轴存在内阻，故在顶举过程中要消耗一定的功，产生下降曲线的滞后现象。曲线段 Oa 表示从顶起开始到被测轴承脱空的阶段，dO 则表示轴下降时从与轴承开始接触到千斤顶完全不受力的阶段。在这两个阶段中，因轴不断上升或下降，使轴颈与轴承的实际接触点不断地移动而造成千斤顶与轴承支点间的跨距不断地变化，从而造成轴承负荷影响数为变量的结果。

直线段 ab 及 cd 是被测轴承脱空情况下继续顶升或下降的阶段，因为这时轴上升或下降，不受被测轴承支点的影响，轴承负荷影响数为一常数，故顶升线段 ab 及下降线段 cd 为直线。这两段直线真实地反映出千斤顶处轴的位移与负荷间的线性关系。因此，只要延长此直线段与横坐标相交，其交点 P_u 和 P_d 即轴顶升量（位移）为零时千斤顶代替被测轴承时的负荷。

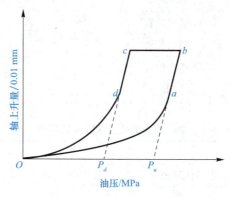

图 2-6-9　顶升曲线

轴承的实际负荷按照下式计算：

$$R = C \cdot A \cdot \frac{P_u + P_d}{2}$$

式中　R——轴承的实际负荷（N）；

　　　C——顶举系数，在轴系校中计算书查得；

　　　P_u，P_d——轴顶升量为零时千斤顶代替被测轴承时的负荷（MPa）；

　　　A——千斤顶的活塞面积（cm^2）。

测量图片如图 2-6-10 所示。

图 2-6-10　实船测量图片

轴承负荷的测量、计算与调整

（二）测量轴承负荷

引导问题 12：根据实训设备试验台架校中计算书等技术文件，利用图 2-6-11 所示的实训室设备，完成顶升法中间轴承负荷的测量、计算，并完成表 2-6-4、表 2-6-5、子任务 1 和子任务 2 的填写。

表 2-6-4 液压千斤顶和百分表安装记录表

序号	内容	结果记录		记录人与确认人
1	液压千斤顶安装	轴向位置		
		垂直位置		
2	百分表安装	轴向位置		
		垂直位置		
		调零		

表 2-6-5 中间轴承负荷测量数据记录表　　千斤顶活塞面积：　　mm^2

上升		下降	
压力 /MPa	位移 /0.01 mm	压力 /MPa	位移 /0.01 mm

子任务 1：绘制或打印粘贴顶升曲线图。

子任务 2：计算轴承负荷。

图 2-6-11　实训室设备及环境

（三）调整测量轴承负荷

引导问题 13：什么是轴承负荷的影响数？

引导问题 14：对测得的轴承负荷检验是否超差，若超差计算出需要调整的高度，并进行调整操作和重新测量与计算，完成子任务 3、表 2-6-6、子任务 4 和子任务 5 的填写。

子任务 3：查阅台架计算书计算是否超差，并对调整操作进行说明。

表 2-6-6　调整后中间轴承负荷测量数据记录表　　　千斤顶活塞面积：　　mm²

上升		下降	
压力 /MPa	位移 /0.01 mm	压力 /MPa	位移 /0.01 mm

续表

上升		下降	
压力 /MPa	位移 /0.01 mm	压力 /MPa	位移 /0.01 mm

子任务 4：绘制或打印粘贴调整后的顶升曲线图。

子任务 5：计算调整后的轴承负荷。

> **小提示**
>
> 对中间轴承的实际负荷进行检验，其允许误差应不超过计算值的 ±20%。如果所测得的轴承负荷不满足计算书的要求，则按照校中计算书计算轴承所需要调整的高度值，并加以调整，然后重新测量轴承负荷，直至合格。
>
> 轴承所需要调整的高度值按下式进行计算：
>
> $$H = \frac{\Delta}{A}$$

式中 H——轴承所需要调整的高度值（mm）;

$\varDelta$——轴承负荷实测值与轴系校中计算书中计算值的差值（N）;

A——轴承负荷影响数（N/mm）。

表 2-6-7 所示为某船轴系轴承负荷影响数。其中 3# 轴承是中间轴承，该轴承上升 1 mm、增加的负荷为表 2-6-7 中的 A 值。

表 2-6-7 轴承负荷影响数　　　　　　　　　　　　　　　N/mm

轴承号	1#	2#	3#	4#	5#	6#	7#
1#	13 090	−24 670	18 600	−20 570	17 660	−4 970	830
2#	−24 670	50 010	−46 980	63 240	−54 350	15 260	−2 550
3#	18 600	−46 980	A	−233 670	228 830	−64 220	10 740
4#	−20 570	63 240	−233 670	330 1600	−632 3530	385 5150	−642 530
5#	17 660	−54 350	228 830	−632 3530	154 54830	−130 51350	372 8180
6#	−4 970	15 260	−64 220	385 5150	−130 51350	148 27400	−557 7100
7#	830	−2 550	10 740	−642 530	372 8180	−557 7100	248 2440

轴系校中计算程序

【学习成果评价】

各组自我检验学习成果，对此任务的学习过程进行总结和反思。学生根据任务学习的过程与结果真实、诚信地完成评价表 2-6-8～表 2-6-10。教师根据学生学习过程与结果客观、公正、全面地完成评价表 2-6-9 和表 2-6-10，对学生进行综合评价。

表 2-6-8 学生自评表

任务	完成情况记录
任务是否按计划时间完成	
相关理论完成情况	
技能训练情况	
任务完成情况	
任务创新情况	
材料上交情况	
收获	

表 2-6-9 学生互评表

序号	评价项目	小组互评	教师评价	总评
1	任务是否按时完成			
2	材料完成上交情况			
3	成果质量			
4	语言表达能力			
5	小组成员合作面貌			
6	创新点			

表 2-6-10 教师评价表

序号	评价项目	自我评价	互相评价	教师评价	综合评价
1	学习准备				
2	引导问题填写				
3	规范操作				
4	完成质量				
5	关键操作要领掌握				
6	5S 管理、环保节能				
7	职业态度与精神				
8	参与讨论主动性				
9	沟通协作				
10	展示汇报				

注：评价档次统一采用 A（优秀）、B（良好）、C（合格）、D（努力）四档。

【任务实施相关知识】

一、轴系校中质量对轴系及船舶正常运行的影响

船舶轴系校中质量的优劣，对保障轴系及主机的正常运转，以及对减少船体振动有着重要的影响，特别是轴颈大、轴承间距小而刚性较强的轴系，其校中质量的影响更为显著。

1. 对艉轴管轴承磨损的影响

由于在艉轴的末端上安装了一个很重的螺旋桨，致使艉轴在艉轴管内往往呈弯曲状态。在这种情况下，就会造成艉轴与艉轴管、艉轴承后边缘处形成局部接触，造成"单边承荷"，在轴承局部承载的面积上此负荷是非常大的，造成艉轴承迅速局部磨损。图 2-6-12 所示为一艘 12 000 t 货船由于艉轴承单边承荷其铁梨木的局部磨损情况。由于轴承局部的急剧磨损，使轴间隙迅速扩大，使用一年后其间隙的增长就达到使用四年后间隙总增长值的 67%，造成船舶不得不提前进坞修理艉轴承。同时，也是引起艉轴发生强烈振动的原因之一。

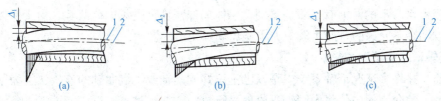

图 2-6-12 艉轴承单边承荷时产生不均匀的磨损

(a) 安装间隙 Δ_1；(b) 使用一年后间隙 Δ_2；(c) 使用四年后间隙 Δ_3

1—艉轴轴线；2—艉轴承中心线

2. 对船舶振动的影响

船体的强制振动是由于受到螺旋桨的桨叶数或桨叶数的整倍数相当的振动频率的强制振动力所造成的。实践证明，当轴系校中合理时，螺旋桨的振幅就会显著减小，从而使船体由于螺旋桨引起的强制振动也显著减小。

3. 对减速箱齿轮正常啮合的影响

由于轴系校中不良而造成艉轴管轴系急骤磨损，均会造成大齿轮轴前后两个轴承上的负荷不等而产生负荷差，当大、小齿轮啮合运动时，此负荷差则造成大齿轮轴轴线偏斜，致使大、小齿轮啮合不良，出现噪声、齿面不均匀磨损，甚至产生齿击，影响齿轮箱的正常工作。

二、影响轴系校中质量的因素

1. 传动轴加工误差的影响

由于轴加工得不正确，轴系在旋转中，就会产生轴的轴线与轴承中线的相对位置不断地发生周期性变化，从而使轴承上的负荷也发生周期变化的现象，导致轴在旋转中对轴承不断地冲击，使轴系产生振动。

2. 轴系安装弯曲的影响

当轴系存在安装弯曲时，在各支承轴承上就会造成附加负荷，此附加负荷的大小及方向由轴系的弯曲度及方向所决定。因此，轴系安装弯曲在各轴承上所造成的附加负荷及在轴内所造成的弯曲应力，均不得超过允许范围。

3. 船体变形的影响

船体变形通常可分为总体变形和局部变形两类。

（1）总体变形。由于温差引起船体变形、船舶下水前后船体变形，称为总体变形。船体由于温差所引起的变形在早晨 8 时 30 分左右最为稳定，且变形量为最小。在此时刻进行确定轴系中线和校中轴系，则可不考虑船体因温差变形的影响。船舶下水前后由于船体变形所造成的轴系弯曲变形在一般情况下并不太严重。为此，就有可能在船台上将轴系校中好。

（2）局部变形。在轴系安装区域的船体二层底的局部变形，则会对轴系造成十分不利的影响。二层底局部变形时，它会造成轴系的个别轴承产生显著的偏移，致使轴系发生大的局部曲折，从而在其轴承上引起不能允许的附加负荷和在轴内引起不能允许的弯曲应力。船体产生局部变形的原因主要有船体焊接应力的重新分布；船台上龙骨墩对船底的支持力与船下水后水的浮力有显著的差别，船体局部区域遭受集中荷载等。由于船体局部变形会造成轴系不允许的弯曲，故应力求避免局部变形的发生。

4. 轴法兰端下垂的影响

目前，在许多情况下轴系校中是以已定位好的艉轴或主机曲轴的连接法兰为基准，按连接法兰上的允许偏中值将中间轴逐段地进行校中。在这种情况下，如不考虑各轴端因自重或其他荷载作用下下垂的影响，校中时就会出现偏差，以致造成改变主机和基座的高度（以艉轴为基准时），或重镗艉轴管（以主机曲轴为基准时）。基于这种情况，故在按连接法兰校中时，须将所测得的两连接法兰上的偏移值 δ 及曲折值 φ 按法兰的下垂量及偏转度进行修正。

5. 轴系结构设计的影响

船舶轴系的结构设计对轴系校中的主要影响因素是轴承跨距。轴系的轴承跨距越小，轴承的"负荷影响数"就越高。从有利于轴系校中的观点出发，轴系设计时应尽可能采取较大的轴承跨距。当然，轴承跨距也不能过大，它还受到轴系挠度、振动、轴承比压等因素的限制。

三、按直线性校中原理进行校中

根据这类校中原理，在生产中常应用的校中方法有轴系按连接法兰上严格规定的偏中值（偏移、曲折）校中法、轴系按连接法兰上计算的允许偏中值校中法和用光学仪器按直线性要求校中中间轴承或中间轴法。

（一）轴系按连接法兰上严格规定的偏中值校中

1. 校中原理

组成船舶轴系的各轴段，通常是用法兰联轴节连接成整根轴系。由于这些轴在加工时规定其法兰的外圆与轴颈应同轴，法兰端面与轴心线应垂直，故毗邻两根轴以其法兰连接时，如果两轴的连接法兰达到同轴，则此毗邻的两根轴也同轴（这是把轴作为刚体看待，未考虑轴的挠度及加工误差）；反之，若两连接法兰不同轴，即存在偏中，则此毗邻的两根轴也不同轴。

在进行轴系校中时，只要逐段地调节毗邻两轴的位置，使轴系中每对连接法兰上的偏移及曲折均为零，这时如忽略法兰因轴端自重下垂的影响，则可认为像这样校中好后的轴系具有直线性。

2. 按连接法兰校中偏移和曲折的测量及计算

（1）直尺 – 塞尺法（在上面已经介绍）。

（2）百分表法。在法兰直径较小（小于 100 mm）、法兰厚度较小或齿形及牙嵌式联轴节、弹性联轴节、气胎离合器处的测量工作或者法兰外圆及端面加工不正确及表面不平整等情况下，对轴系中心线找中工作就不能采用直尺 – 塞尺法进行，可采用百分表或指针法进行测量。

如图 2-6-13 所示，将磁力表座置于被测轴上，将百分表装夹在表架上，针头与记号线对齐，百分表预压 2 mm 左右，确保百分表针头与轴表面接触。调零，转动被测轴，依次记录百分表在上、下、左、右四个位置的读数。百分表法的计算方法与直尺 – 塞尺法相同，而且数据读取更加直观，精度也高。

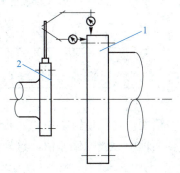

图 2-6-13　百分表法测量法兰偏移、曲折
1—主机飞轮；2—齿轮箱或轴系法兰

（3）指针法。如图 2-6-14 所示，在法兰上安装两组指针，指针用细牙螺钉制成，螺钉头部及与之对应的测量面应加以研磨。指针固紧后，初步调整轴向和径向间隙，使间隙值保持在 0.5 mm 左右，并且保证轴转动到任何角度时指针和测量面都不接触。这样做是为了提高测量精度。

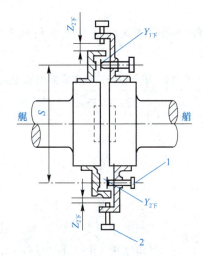

图 2-6-14　用两组指针测量法兰的偏移和曲折
1—水平微动螺钉；2—垂直微动螺钉

用塞尺测量其垂直方向的间隙：$Z_{1上}$、$Z_{1下}$、$Y_{1上}$、$Y_{1下}$。然后两根轴同时转 180°，进行第二次测量，其间隙为 $Z_{2上}$、$Z_{2下}$、$Y_{2上}$、$Y_{2下}$。根据上面测出的数值代入公式计算垂直方向上的偏移值 $\delta_\perp$ 和曲折值 $\varphi_\perp$：

$$\begin{cases} \delta_\perp = \dfrac{(Z_{1上}+Z_{2上})+(Z_{1下}+Z_{2下})}{4} \\ \varphi_\perp = \dfrac{(Y_{1上}+Y_{2上})-(Y_{1下}+Y_{2下})}{2S} \end{cases}$$

式中　H——两只指针之间的距离（m）。

用同样方法，在两轴同转90°时，测一次数值$Z_{1左}$、$Z_{1右}$、$Y_{1左}$、$Y_{1右}$；两轴同转270°时，又测一次数值$Z_{2左}$、$Z_{2右}$、$Y_{2左}$、$Y_{2右}$；用这两次数值代入公式，即得水平方向的偏移值δ_-和曲折值φ_-。

$$\begin{cases} \delta_- = \dfrac{(Z_{1左}+Z_{2左})+(Z_{1右}+Z_{2右})}{4} \\ \varphi_- = \dfrac{(Y_{1左}+Y_{2左})-(Y_{1右}+Y_{2右})}{2S} \end{cases}$$

采用指针法可提高轴系找中精度，在测量过程中，两相邻轴是转动的，而偏移和曲折取其转动前后的平均值，即计算两轴中心线的偏差值，这样可以避免轴法兰机械加工误差对轴系找中精度的影响。

3. 按法兰校中偏移值和曲折值的规定（允许值）

在很长的一段时期内，各国在按直线性校中轴系时，对法兰上的允许偏中值都曾做过严格的规定，最初对允许的偏中值规定极严，即规定偏移$\delta \leqslant 0.05$ mm，曲折$\varphi \leqslant 0.05$ mm/m。实践证明，对法兰上的偏中值规定得如此苛刻是没有必要的，不仅在施工中很难达到，而且给轴系校中安装及检验带来了许多困难。因此，随后对法兰上的允许偏中值的规定逐步有所放宽：一般规定$\delta \leqslant 0.10$ mm，$\varphi \leqslant 0.15$ mm/m，而有些国家还放宽到$\delta \leqslant 0.30$ mm/m。

另外，还可以参考《船舶轴系修理装配技术要求》（CB/T 3420—1992）对轴系各法兰校中安装的偏差要求，见表2-6-11。

表2-6-11 轴系各法兰校中安装的偏差要求

分类	校中部位	偏移值δ/mm	曲折值φ/(mm·m^{-1})
长轴系	推力轴与相邻中间轴法兰	< 0.15	50.20
	艉轴与相邻中间轴法兰	艉轴安装间隙的25% $\delta=0$时	≤ 0.25（上开口之值）
			≤ 0.50（下开口之值）
	中间轴与中间轴相邻法兰	参照艉轴与相邻中间轴法兰的要求稍许降低，各中间轴法兰的δ、φ基本是平均分配，但靠近轴系中间部分的法兰要求可相应降低些。当$\delta=0$时，$\varphi_{max} \leqslant 0.6$ mm/m，合理分配中间轴相邻法兰的δ、φ	
短轴系	推力轴后法兰	≤ 0.25	≤ 0.25
离合器	气胎式离合器	≤ 0.60	≤ 2.00
	齿式离合器	≤ 0.40	≤ 1.00
弹性橡胶圈连接螺栓联轴器法兰		≤ 0.40	≤ 1.00
主机曲轴与推力轴（或齿轮轴）法兰		—	≤ 0.10

说明：

（1）短轴系为具有一根中间轴或无中间轴的轴系；反之即为长轴系。

（2）无论采用何种方法校中和交验轴系，在曲轴最后一道曲拐臂距离允许范围之内，调整偏移值，使推力轴（齿轮轴或电机轴）轴心线比曲轴轴线低 0.05～0.10 mm。

(3) 当轴径 $d \geqslant 400$ mm 时，要求各法兰的曲折值为上表中数值的 75%。

（二）轴系按连接法兰上计算的允许偏中值校中

1. 校中原理

轴系按法兰上计算的允许偏中值校中的实质，就是用数学计算的方法根据轴承上的允许负荷确定连接法兰上偏中值——偏移、曲折的允许范围，校中时只要使各法兰上的偏移、曲折都处在允许的范围之内，即可保证各轴承上的负荷处于允许的范围之内。

2. 长轴系校中允许偏中值的计算

校中中间轴时，法兰上偏移值、曲折值的允许范围的计算公式如下：

当每根轴段由两个轴承支持时：

$$\left|\varphi\right| + \frac{2\,000}{3b}\left|\delta\right| \leqslant 2.5 \times 10^{-5} \frac{b^3}{d^2}$$

式中　φ——曲折值（mm/m）；
　　　δ——偏移值（mm）；
　　　b——轴系跨距最小的 4 个毗邻轴承的最小平均跨距（cm）；
　　　d——轴颈直径（cm）。

对于每段中间轴用一个轴承支持的轴系，则应按下式计算：

$$\left|\varphi\right| + \frac{2\,000}{3b}\left|\delta\right| \leqslant 1.25 \times 10^{-5} \frac{b^3}{d^2}$$

由以上两式可知，φ 与 δ 的函数关系是直线关系，在直角坐标中可用一条斜线来表示，如图 2-6-15 所示。

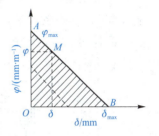

图 2-6-15　法兰上允许偏中值的计算

分别令曲折值 φ 和偏移值 δ 为 0，即可得到最大偏移值 δ_{max} 和最大曲折值 φ_{max}。横坐标是曲折值，A 点即 φ_{max}；纵坐标是偏移值，B 点即 δ_{max}。将 A、B 两点连线，与原点 O 形成一个三角形。三角形区域即为此轴系校中时各连接法兰上偏移值、曲折值的允许范围。校中时，调节各中间法兰上的曲折值和偏移值，使其落在三角形坐标中，即为合格。另外，若校中是在船台和船坞上进行，应将标准减小一半，即落在图 2-6-15 所示的虚线以下的区域，这是考虑到下水之后的船舶变形有可能使法兰的偏移值、曲折值增大。

轴系按法兰上计算的允许偏中值校中方法的优点是简便易行，并且考虑到轴系的结构特点，又具有按轴承上允许负荷及轴内允许弯曲应力计算法兰上允许偏中值的合理性。主要缺点是连接法兰上允许偏中值的计算是近似的，是不严格的；各连接法兰上的允许偏中值都一样，而不是按各个轴承的允许负荷大小确定相应法兰上的允许偏中值；短轴系的计算很复杂。通过实践确认，按法兰上计算的允许偏中值校中轴系的方法主要适用中、小型船舶的长轴系，对于其他类型的轴系，尤其是大型船舶的短轴系，则宜采用其他更为合理的校中方法。

（三）光学仪器直线校中

使用光学准直仪、激光经纬仪等光学设备，利用光在均匀介质中直线传播的原理，将光学设备的主光轴或光束调整至与理论轴线同轴,然后以光学设备的主光轴或光束为依据,校正中间轴承或空心的中间轴,使之与代表理论轴线的光学设备的主光轴或光束同轴。轴系的各支承部件的位置确定后,用垫片和底脚螺栓将各道中间轴系固定,分别安装好艉轴和中间轴,并用法兰连接螺栓将轴系中各轴段连接起来。

光学仪器在校中时能获得良好的直线性,测量精度较高,并且可使确定轴系理论中心线的工作与轴系校中工作结合起来,提高轴系安装工作效率,因此,目前船厂不仅较多地将其替代拉线法用于确定轴系中心线,而且用于校中轴系,尤其是更多地用于以滚动轴承作为中间轴承的轴系校中工作。另外,在合理校中时,可采用光学仪按合理校中计算所确定的轴承最佳位移进行校中。

1. 用光学仪器校中中间轴承

为了将全部中间轴呈直线安装在轴系中线上,可将全部中间轴承按基准光学仪器进行校中,如图 2-6-16 所示。校中时,先在安装中间轴承的基座上安装一夹具,在夹具的两个可调节支架的孔中各安装一个光靶,光靶中心经调节应与支架孔中心线重合。调节支架的位置使其孔中的两个光靶中心均与基准光学仪的主光轴重合。然后从可调支架孔中取出光靶,装入一根空心样轴,此样轴的两端各同轴地安装一个光靶。将所需校中的中间轴承套在样轴上(用纸垫将轴承上部的油隙压死)。然后,再按基准光学仪精确校准样轴的位置,使其两端的光靶中心与仪器主光靶完全重合,则此轴承就实现了按轴系中线定位。

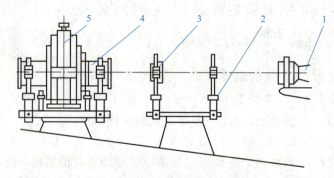

图 2-6-16 用光学仪器校中中间轴承

1—光学投射仪;2—可调节支架;3—光靶;4—样轴;5—中间轴承

按此法将全部中间轴承逐个地校中好,在各轴承下配置垫块和定位螺栓,并用基座螺栓将各轴承紧固在基座上。通常在配好垫块后和用基座螺栓紧固之前再校验一次样轴的位置,然后拆去安装夹具,在基座上紧固轴承。

在用滚动轴承的轴系中,轴与轴承相比,轴是薄弱环节。因此,在用光学仪器校中轴承时,其轴承相对于轴系中线的允许偏移量 β(图 2-6-17),是根据轴内产生的附加应力来确定的,并按下式进行计算:

$$\beta \leqslant \frac{L_1 L_2}{84 \times 10^2 d}$$

式中 L_1, L_2——相邻轴承两跨距最小的距离(图 2-6-18 中的 L_1、L_2)(cm);

d——中间轴轴径(cm)。

上式为在水中校中。若在船台上校中,则轴承允许的偏移量为 0.5β。

图 2-6-17 轴承相对轴系的偏移

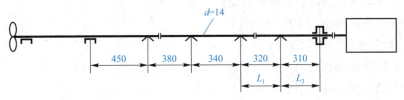

图 2-6-18 最小两跨距示例

2. 用光学仪器校中中间轴

对于空心的中间轴承，可采用基准光学仪按轴系中线直接校中各段中间轴的校中方法。

校中时对中间轴承用调节螺栓安放在各自的基座上，并按基准光学仪初步地校中。然后将距离基准光学仪最远的一根中间轴装在自己的中间轴承上，按基准光学仪的主光轴进行校中。在此中间轴中孔的两端应先同轴地各安装一个光靶。通过调节轴承的位置，使该轴两端的光靶中心均与基准光学仪的主光轴严格重合。这样就完成了将这根中间轴按轴系中线的校中。往下则由远到近地按此法进行其余各根中间轴的校中。

在现代中、小型船舶上，尤其是在中间轴轴颈小于 200 mm 的长轴系中，有的已用滚动轴承代替滑动轴承，并常用光学仪器法来进行轴承的校中。

四、负荷法校中

负荷法校中是将全部未经校中的中间轴相互连接，并分别与主机、艉轴连接成一个整体，然后用测力计调整已装配好的轴承高度及左右位置，使各轴承的负荷平衡，并达到计算所规定的负荷范围为止。在生产实践中，按这种校中原理，经常采用的校中方法为测力计校中法，常用于长轴系的中、小型船舶。

1. 测力计校中原理

轴系采用测力计校中法，又称按轴承上实际负荷校中法。校中时，通过用安装在各中间轴承上的测力计测力，并根据轴承负荷分布状况调节轴承上的实际负荷，使各轴承上的负荷都处在允许值范围之内。按这种方法校中好的轴系不呈直线，具有一定的安装弯曲，尽管在轴内会产生一定的弯曲应力，但能确保各轴承上的实际负荷都处在允许范围之内。这对于具有滑动式中间轴承的轴系来说，由于这类轴承的易损伤部件是轴承而不是轴，所以可认为是一种较为合理的校中方法。

负荷法校中包括轴承允许负荷的计算、轴承负荷的测量、轴承的调位和轴承的固定等工作。

2. 轴承允许负荷的计算

（1）轴承允许的最大负荷。轴承上允许的最大负荷 R_{max} 可按下式计算：

$$R_{max} = [P] \cdot L \cdot d$$

式中 R_{max}——轴承最大允许负荷（N）；

d——轴承处轴颈的外径（mm）；

L——轴承衬套长度（mm）；

$[P]$——轴承衬套的许用比压（MPa）。

各种材料衬套许用比压 $[P]$ 如下：

1）艉轴管轴承处的许用比压：

①白合金艉轴承为 0.8 MPa；

②铁梨木艉轴承为 0.3 MPa；

③橡胶艉轴承为 0.3 MPa；

④复合材料艉轴承最大为 0.3 MPa。

2）中间轴承处的许用比压：白合金为 0.6 MPa；

3）推力轴支承处的许用比压：白合金为 2.74 MPa。

（2）轴承上应承受的最小负荷。轴承在工作时应当有一定的负荷使轴与轴承接触而不脱空，通常规定此负荷应不小于相邻两跨距上轴的自重和外部荷载所有重力总和的 20%，可按下式计算：

$$R_{min} \geq (Q_1 + Q_2 + \sum P) \times 20\%$$

式中 R_{min}——轴承最小负荷（N）；

Q_1，Q_2——该轴承左、右两跨轴所受的重力（N）；

$\sum P$——该轴承左、右两跨上外荷载之和（N）。

3. 轴承负荷的测量

轴承的负荷是轴对轴承的压力。如果将测力元件放在轴与轴承之间，可以直接测得轴承负荷，此时轴必须抬高使轴与轴承脱离。如果测力元件厚度小于轴与轴承之间的间隙，则可以这样进行测量，并直接得到轴承负荷。由于当前使用的测力元件较厚，故都是把测力元件放在轴承下面来测量，因此轴承的负荷等于测得的重力减去轴承的自重。

（1）测力计测量。由测力元件和其他附件可构成测力计。测力计的种类有很多，有弹簧测力计、压力传感器测力计等。

用弹簧测力计测量可以装测力计的轴承负荷时，将测力计装于轴承下，轴承有四个固定螺栓，选择其中对角线位置的两个螺栓孔安装测力计（图 2-6-19）。轴承上盖与轴之间垫以软垫，并用螺栓将上盖压到轴上，使轴与轴承之间无间隙，轴与轴承同步升降。测力时放松调节螺栓，使轴承负荷完全落到测力计上，旋转测力计下的螺母，当螺母升高时轴承升高，轴被抬起，轴承负荷增加；反之轴下降，轴承负荷减少。根据图 2-6-19 中所示的力，可以进行轴承垂直方向和水平方向实际负荷 R_c 和 R_h 的计算。R_z 和 R_y 为测力计处支承反力，与测力计读数相等，方向相反。

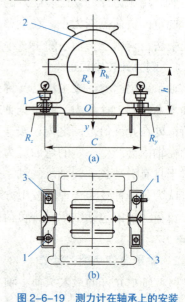

图 2-6-19 测力计在轴承上的安装

1—测力计；2—软垫片；3—调节螺栓；4—螺母

轴承在垂直方向的实际负荷为

$$R_c = R_z + R_y - q$$

轴承在水平平面的实际负荷为

$$R_h = \frac{(R_y - R_z) \cdot C}{2h}$$

式中　R_z，R_y——轴承左、右两测力计上的负荷（N）；

　　　q——轴承自重（N）。

校中时，如果某轴承垂直负荷过大或过小（超过或低于允许负荷）时，可通过降低或升高轴承的垂直位置进行调节；如果水平负荷过大，可将轴承向垂直负荷 R_z 和 R_y 中大的一侧移动，这样水平负荷即可下降。一般水平方向的允许负荷为最大允许的垂直负荷的 1/4。

（2）艉轴管内有两个轴承时的轴承负荷。艉轴管轴承上实际负荷尚不能用测力计直接测出，为确保艉轴管轴承负荷不超出允许范围，当艉轴管内有两个轴承时，根据图 2-6-20，其艉轴管前轴承的实际负荷 R_2 的值为

$$R_2 = \frac{QC_2 - WC_1}{C_3}$$

式中　R_2——艉轴管前轴承上的实际负荷（N）；

　　　W——螺旋桨的重量（N）；

　　　Q——艉轴管的重量（N）；

　　　C_1、C_2、C_3——图 2-6-20 所示的间距（mm）。

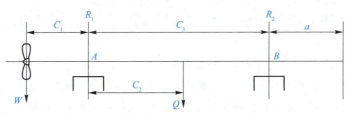

图 2-6-20　有两个轴承的艉轴管前轴承的负荷

上述计算是十分粗略的，忽略了艉轴前端法兰处断开时的剪力和弯矩，也没有专虑到安装因素对艉轴管前轴承处负荷 R_2 的影响。

为了精确地求出艉轴管前轴承处负荷 R_2 的值，可在艉轴首部法兰上安装测力计测量出该处的轴向负荷和垂向负荷。测力计的安装如图 2-6-21（a）所示，测力时应当使两端法兰上的偏移和曲折均为零，简化后的受力图如图 2-6-21（b）所示，则艉轴管前轴承处负荷 R_2 的值可由下式计算：

$$R_2 = \frac{Q \cdot C_2 - W \cdot C_1 + T \cdot (C_3 + a) + F \cdot h}{C_3}$$

式中　T——艉轴法兰处垂向负荷（N）；

　　　F——艉轴法兰处轴向负荷（N）；

　　　h——轴向负荷测力点到轴中心的距离（mm）。

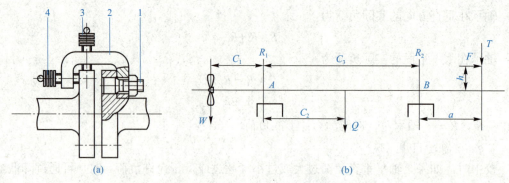

图 2-6-21 艉轴前法兰轴承负荷测量
（a）测力计的安装；（b）简化后的受力图
1—调节螺栓；2—C 形夹具；3—垂向测力计；4—轴向测力计

五、轴系合理校中的相关要求

1. 合理校中的条件要求

（1）校中前，船舶已完工状态应与建造原则工艺中有关条款相一致。轴系区域的加工、装配及安装工程均应结束并检验合格，剩下工程应不影响校中工作的质量。

（2）轴系零部件的加工、装配应符合相应的技术要求并检验合格。

（3）校中时，主机、发电机、锅炉及其他重大设备均已吊入就位，船上应无重大设备的迁移及压载的变更。

（4）螺旋桨、螺旋桨轴安装应合格。螺旋桨轴前法兰的安装位置应记录，并应防止在校中时变动。

（5）中间轴吊入并布置好中间轴承或临时支承。

（6）轴系校中及其检验应在船舶下水后进行。对施工单位确能把握船舶下水后变形规律的同型船舶的后续产品，经检验部门同意，允许在船台或船坞内校中，但应在船舶下水后进行复检。

（7）轴系校中及检验应避免在强阳光直接照射下进行，且在轴系区域及与之相邻区域应停止振动性作业及焊接作业。

2. 合理校中的校中要求

（1）采用按法兰曲折值和偏移值校中时，应以螺旋桨轴前法兰为基准，自艉向艏调节各轴及主机或减速齿轮箱位置，使各对法兰偏移值、曲折值符合校中计算结果的要求。

（2）采用按轴承位移量校中时，应确保准直仪主光轴与螺旋桨轴轴线重合，并使各中间轴承中心线与光靶中心重合。按主光轴调整的各中间轴承位移量，应符合校中计算结果规定的数值，同时应计及螺旋桨轴前法兰挠度对各轴承实际位移量的影响数值。对主机或减速齿轮箱的定位，仍应以最前一根中间轴的前法兰为基准，按校中计算结果中法兰偏移值和曲折值进行安装。

（3）采用其他方法校中轴系时，应使所有被测轴承上的负荷符合校中计算结果的数值。

（4）轴系校中完工后，应做出记录，并配置各法兰连接螺栓、主机、减速齿轮箱及轴承垫片和紧固螺栓，连接各轴并紧固各轴承及机座。

3. 合理校中的检验要求

（1）校中计算的原始数据应与轴系设计图样一致。

（2）轴系结构参数或校中计算的原始数据更改后，应重新计算，并对计算结果进行复审。

（3）一般应分别在各轴法兰连接前和轴法兰连接且轴承及机座紧固后，对校中质量进行检验。

（4）各轴法兰连接前，对法兰偏移值、曲折值进行检验。其允许误差为偏移值不超过 ± 0.10 mm，曲折值不大于 $\pm D \times 10^{-4}$ mm（D 为被测法兰的外径，单位为 mm）。

（5）各轴法兰连接且轴承及机座紧固后，可采用顶举法或其他方法，按校中计算结果的要求，对中间轴承的实际负荷进行检验，其允许误差应不超过计算值的 $\pm 20\%$，同时应检验柴油机曲轴臂距差或检视齿轮啮合质量。

（6）校中结果的各项技术指标应满足相关规定，检验结果应记录，并由检验人员签字。

轴系合理校中计算实例

六、轴系联轴节安装

传动轴之间、传动轴与推进机组之间的连接均是通过各种联轴节实现的。这些联轴节主要包括固定法兰式联轴节、可拆式联轴节、液压装配式联轴节、套筒式液压联轴节等。

1. 固定法兰式联轴节

固定法兰式联轴节又名凸缘（或法兰）联轴节，其结构简单，主要用于中间轴与中间轴、推力轴、艉轴和主机组之间的连接。其可分为整锻式和焊接式两种。

（1）整锻式固定法兰式联轴节与轴整体由钢锭锻造而成，制造锻件时，锻造比在轴颈部分应大于等于3，凸缘部分应大于等于5，结构尺寸参照《船舶轴系整锻法兰连接型式和基本尺寸》（CB/T 145—1994），如图 2-6-22 所示。

（2）焊接式固定法兰式联轴节主要用于采用热轧圆钢做轴材的中、小功率船舶轴系，法兰材质与轴相同，法兰结构尺寸参照《船舶轴系整锻法兰连接型式和基本尺寸》（CB/T 145—

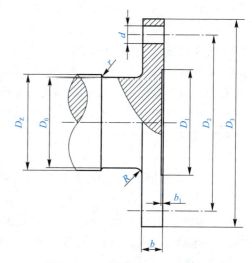

图 2-6-22 船舶轴系整锻法兰结构

1994）执行。其基本思路：法兰和轴分别初加工后，将两者定位、拼装，然后焊接成为一个整体，检验合格后整体上机床加工，直至满足图纸要求。

2. 可拆式联轴节

可拆式联轴节多用于螺旋桨轴与中间轴之间。如轴从尾部抽出，安装在螺旋桨轴首部的联轴节需采用可拆式联轴节。另外，配滚动轴承的中间轴和推力轴也需采用可拆式联轴节，如图 2-6-23 所示。

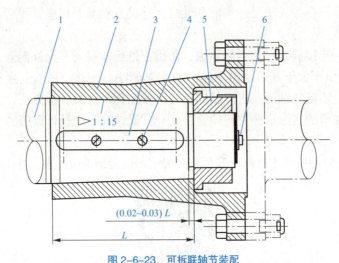

图 2-6-23 可拆联轴节装配

1—轴；2—可拆式联轴节；3—键；4—螺钉；5—联轴节螺母；6—防松装置

可拆式联轴节的结构尺寸参照相关标准。制造材料不低于轴材料的机械性能，常选用 35 号锻钢或铸钢 ZG30、ZC35 等。

（1）可拆式联轴节加工装配技术要求。

1）锥孔。锥孔需要与轴进行拂配（拂配的工艺详见螺旋桨加工）。锥孔的技术要求如下：

①联轴节锥孔与轴锥体应接触良好，接触面积在 75% 以上，用色油检查，每 25 mm × 25 mm 内不得少于 3 个色点；接触面上允许存在 1～2 处空白区域，其面积小于总面积的 15%，最大长度或宽度不应超过该处锥体直径的 1/10，且不得分布在同一母线或圆周线上；塞尺检查大端时，0.03 mm 塞尺插入深度不得超过 30 mm。

②键槽加工的宽度、高度与轴线平行度都与轴键槽加工要求相同，以最终与轴键一起相配质量为验收标准；平键与轴的键槽两侧接触面积不少于 75%，0.03 mm 塞尺不应插入，与联轴节键槽相配时，75% 以上允许插入 0.05 mm 塞尺，但 0.1 mm 塞尺不应插入；键与轴的键槽底部接触面积不应少于 40%；键顶部与联轴节键槽之间的天地间隙应为 0.3～0.5 mm。

③加工和拂磨联轴节锥孔时，轴向应留有一定的拧紧余量，一般为锥体长度的 2%～3%。

2）法兰。其法兰部分的加工技术要求与整锻法兰相同，详见《轴系加工技术要求》(CB* 228—1986)，为保证加工精度，法兰外圆和端面的精加工应在锥孔挑配完成后，将联轴节套装到轴上，与轴成为一个整体，一起上机床加工。

（2）可拆式联轴节安装。可拆式联轴节的安装与螺旋桨常规安装方法相似。使用专用扳手拧紧联轴节螺母，将联轴节压紧在锥体上，依靠摩擦力和键传递扭矩。安装时应按拂配时所做的轴向标记将联轴节压到位。联轴节紧固螺母安装好后，用 0.05 mm 塞尺检查螺帽与联轴节的接触面，在周长的 90% 范围内不应插入。螺母需有可靠的防松装置。

3. 液压装配式联轴节

液压装配式联轴节是可拆式联轴节的一种结构形式。装配时，将高压油压入联轴节与轴（或中间套筒）之间，使联轴节内孔膨胀，而轴被压缩，使两者产生弹性变形。然后，施以轴向推力，当两者达到预定位置时，将油放出。由于弹性变形的恢复而产生了很大的静配合过盈，使联轴节紧固在轴上。拆卸时，可按相反的过程操作。由于不用键，因此加工简化，操作方便。

液压装配式联轴节利用锥孔和锥体间摩擦力来传递扭矩，因此要求内外圆锥面接触良好，如图 2-6-24 所示。

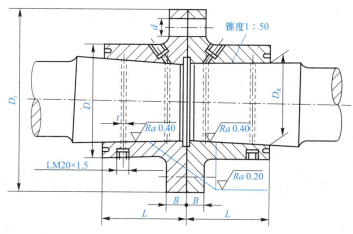

图 2-6-24 液压装配式联轴节

（1）液压装配式联轴节的加工技术要求。

1）液压装配式联轴节内孔与轴配合面的锥度一般加工成 1∶50，法兰的加工质量与可拆法兰联轴节相同。

2）液压装配式联轴节与轴配合的过盈量 δ 可按下式计算：

$$\delta = \left(\frac{1.4}{1\,000} \sim \frac{1.8}{1\,000}\right) d$$

式中　δ——过盈量（mm）；

　　　d——配合处轴的平均直径（mm）。

3）锥面粗糙度 $Ra = 0.20 \sim 0.40$ μm。

（2）液压装配式联轴节的装配技术要求。

1）联轴节的锥孔与轴的锥体应配合良好，用色油检查，接触面积在 85% 以上，每 25 mm×25 mm 内不得少于 4 个色点，且在两端油线以外不得有贯通性不贴合部位。

2）两轴轴向间隙，当 $d \leqslant 100$ mm 时，为 2 mm；当 $d > 100$ mm 时，为 $0.02d$。

（3）液压装配式联轴节的安装。液压装配式联轴节的安装与螺旋桨的湿式安装相似。

（4）液压装配式联轴节的拆卸。液压装配式联轴节在拆卸前应在轴和联轴节上做好轴向和径向的安装位置记号，拆卸则按与安装相反的过程进行操作，如图2-6-25所示。

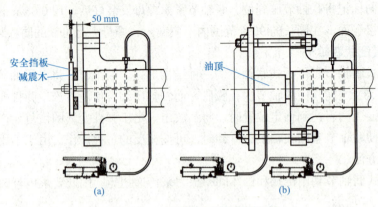

图2-6-25 液压装配式联轴节的拆卸

（a）正常拆卸；（b）补救拆卸（轴向加压）

拆卸时需要注意以下几个问题：

1）液压拆卸时要做好安全保护，防止造成人员受伤。

2）液压拆卸时，当锥体接触面已经有渗油现象而联轴节仍不能退出时，可在径向加压的同时，增加一台油顶，轴向加压，以帮助拆卸，如图2-6-25（b）所示。

4. 套筒式液压联轴节

如图2-6-26所示，套筒式液压联轴节有两种形式：一种带法兰，常安装在设备的输入、输出轴上，也可安装在光轴轴端；另一种类似夹壳联轴节，安装在两光轴之间，尤其适用狭小空间。套筒式液压联轴节不需要键，安装简单、快速、可靠。

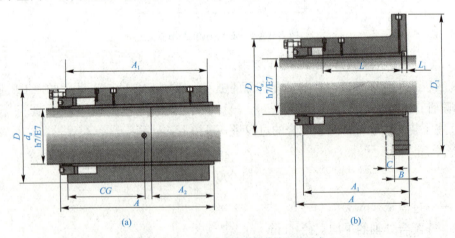

图2-6-26 套筒式液压联轴节的两种形式

（a）类似夹壳联轴节；（b）带法兰联轴节

（1）套筒式液压联轴节的安装。

1）检查、清洁内外套与艉轴、中间轴的配合面有无毛刺、拉痕、污油等，保证配合面清洁、光顺；同时，按照联轴节厂家提供的技术文件，准备好适用的油泵、阀门、压力表、管子等附件及液压油。

2）检查艉轴船长方向位置的正确性。

3）用葫芦吊起，按照图纸规定的方向将联轴节套到艉轴上，直至艉轴中间轴从联轴节另一端伸出。联轴节在套入过程中需避免与轴发生磕碰，可以使用如图 2-6-27 所示的手动葫芦吊运，也可以使用带滚轮的小车。

4）吊装中间轴，将其与艉轴按要求进行对中。偏移值为 0，曲折值 ≤ 0.05 mm/m；或按说明书要求，两轴轴端间距为 0.5 mm 或 $d/100$（d 为轴径）。对中完成之后将两轴可靠固定。

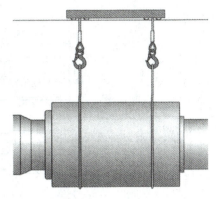

图 2-6-27 联轴节的吊装

5）调整联轴节的轴向位置，使其内套与艉轴、中间轴的相对位置符合说明书的要求。联轴器在轴上的位置调整之前应标在轴上。

6）用外径千分尺测量联轴节外套在自由状态下的外径。

7）按照联轴节厂家的技术文件，将油泵及其他管路附件装妥。先向背压油腔泵油排空气，然后径向泵油，待外套锥体大端有少量液压油流出，开始向背压油腔内泵油，在径向油压和轴向油压的作用下，联轴节外套向大端移动，当测量外套径向膨胀量 $\varDelta$ 值达到规定数值时，外套安装到位。建议分 3～5 次进行安装，每次的径向油压及膨胀量应记录，通过作图或列表计算法确定最终的径向油压，以保证安装过程中外套的径向膨胀量不致过大。

也有以压入量作为判断安装是否到位的依据，如果压入量与 $\varDelta$ 值发生矛盾，以两个指标中最小值不能低于标准要求为准。

8）联轴节外套完全到位后，卸去径向油压，约 10 min 后，再卸去轴向油压，拆去各油泵、油管，装上外套各油孔的闷塞。至此，联轴节安装结束。

（2）套筒式液压联轴节的拆卸。先用手动泵向联轴节背压油腔泵油，充满后，再向内外套之间泵油，油压达到一定数值，外套就会从锥面下滑。拆卸过程中应保证背压油腔充满油，或按说明书要求维持一定的背压，或控制背压油腔放油速度，以控制外套的下滑速度，避免损坏联轴节。

（3）油泵及液压油的选择。油泵、阀门、压力表、管子等附件按照联轴节厂家提供的技术文件进行选用，液压油需要考虑联轴节安装时的环境温度。使用的液压油应当有 300 mm/s 的黏度，如果安装用液压油黏度太大，就会积留在套筒里增加摩擦；如果黏度太小，就容易引起渗漏。

七、轴系法兰螺栓的安装

1. 普通螺栓的安装

如图 2-6-28 所示，安装液压拉伸装置，对称上紧螺栓，调整好"C"和"D"的尺寸，上紧力约为 1 295 kgf/cm^2（艉轴法兰与中间轴法兰、中间轴前法兰与主机飞轮法兰的压力相同），第一次拉伸结束后，泄掉油压，再提供相同的上紧力，进行第二次拉伸，上紧螺母。

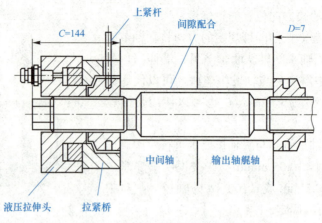

图 2-6-28 轴系普通螺栓安装示意

2. 铰制螺栓安装

(1) 将套与螺栓装配好,再将整体插入加工好的法兰孔,要保证套的安装位置和螺栓安装方向的正确性。

(2) 套的定位:将定位桥插入螺栓孔(在螺栓长螺纹端),安装液压拉伸装置,将套压到位,压入力约为 330 kgf/cm²(艉轴法兰与中间轴法兰、中间轴前法兰与主机飞轮法兰的压力相同)。

(3) 螺栓拉伸:如图 2-6-29 所示,对称上紧螺栓,上紧力约为 1 295 kgf/cm²(艉轴法兰与中间轴法兰、中间轴前法兰与主机飞轮法兰的压力相同),第一次拉伸结束后,泄掉油压,再提供相同的上紧力,进行第二次拉伸,上紧螺母。

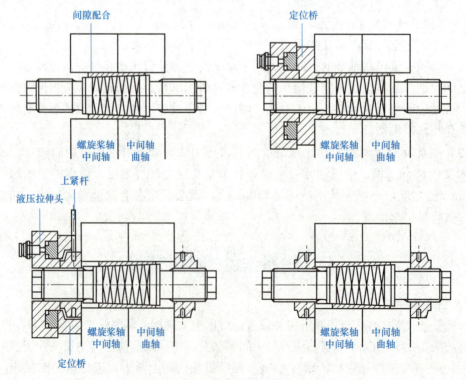

图 2-6-29 轴系铰制螺栓安装

3. 液压拉伸螺栓安装

液压拉伸螺栓与螺栓孔之间有间隙，通过将两法兰夹紧，利用法兰面上的摩擦作用来传递转矩，夹紧力来源于液压螺母。

图2-6-30所示为液压拉伸螺栓安装。

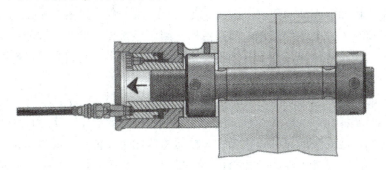

图2-6-30　液压拉伸螺栓安装

安装过程可以分为三个阶段：

（1）初始位置：将液压螺栓拉伸器旋入螺栓。当开始增大液压压力后，油缸里的活塞开始上升，推动拉伸头向上移动，开始拉伸螺栓。

（2）伸长和压缩：当液压压力增加时，轴向拉伸力将拉长螺栓，螺母因螺栓的伸长而与法兰接触面脱离开来。当达到要求的预紧力时，停止加压。

（3）拧紧螺母：当达到要求的预紧力后，可用拨棍拧紧螺母。此时，轴向预紧力被保留在螺栓里。泄压后取下液压螺栓拉伸器，螺栓的弹性回复力将使两法兰的接触面压紧。

4. 带内套的液压张紧螺栓安装

带内套的液压张紧螺栓由一个带有锥度的螺栓杆、内孔带有相应锥度的衬套及两只紧定螺母组成。安装到位后，螺栓与螺栓孔之间为紧配合，通过螺栓自身的剪切力及法兰之间的摩擦力来传递扭矩。螺栓和相配合的螺栓孔间存在一定的间隙，视螺栓直径的不同，间隙为0.04～0.10 mm，液压张紧螺栓拆卸后，其带斜锥的螺栓杆身、中间锥套内外圆以及联轴器内孔等配合部位均保持原有表面粗糙度，故可反复使用，如图2-6-31所示。

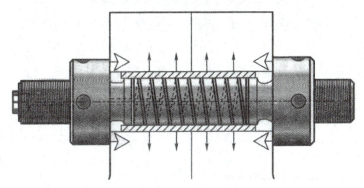

图2-6-31　带内套的液压张紧螺栓

图2-6-32所示为带内套的液压张紧螺栓安装过程，其工艺过程如下：

（1）将套与螺栓装配好，再将其整体插入加工好的法兰孔，注意套的安装位置和方向，如图2-6-32（a）所示。

(2) 锥套的定位：将定位环插入螺栓孔（在螺栓长螺纹端），安装液压拉伸装置，进行第一次拉伸，将锥套压到位。当压力到达预定值后，卸压，卸去液压拉伸器和定位环。定位环的作用是实施螺栓在锥套内孔中的轴向拉伸，形成中间锥套外圆的径向扩张，同时决定中间轴套在相配内孔中的轴向定位，其轴向尺寸应保证拉伸后中间锥套处于法兰组中间位置，并避免拉伸后螺栓的螺纹退刀槽露在法兰端面外侧，如图 2-6-32（b）所示。

(3) 螺母预紧：拧上螺杆两端的两只螺母，用扳手紧固，然后在拉伸一侧装上液压拉伸器，进行第二次拉伸，当压力上升到设计值后即拧紧螺母，其后卸压，螺杆缩短，螺母即预紧，如图 2-6-32（c）所示。

(4) 卸除液压拉伸器等附件，安装结束，如图 2-6-32（d）所示。

由于安装时螺栓和中间锥套的锥部配合起始点难以有效确定，实际操作中螺栓的轴向拉伸量难以控制，故安装时以油压作为安装质量检验的主要依据，而油压也直接决定了螺栓拉伸到位后中间锥套外圆在法兰螺栓孔中的过盈值。油压的具体数据由螺栓厂家提供。

拆卸时，可在法兰组原拉伸一侧装上液压拉伸器拉紧螺纹，待油压上升至规定的预紧压力或稍大于预紧压力时，即可用扳手旋松螺母，卸压后即可卸去液压拉伸器和螺母。然后在螺栓的中部螺孔中接入高压油路，待油压上升至一定值后螺栓连同中间锥套自行松脱。

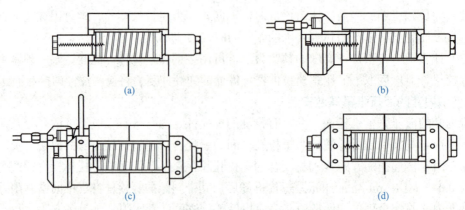

图 2-6-32　带内套的液压张紧螺栓安装过程
（a）螺栓与套装配；（b）锥套的定位；（c）螺母预紧；（d）卸除附件

03 项目三　船舶柴油机主机安装

【项目描述】

　　船舶主机是船舶动力装置的核心，其安装质量的优劣将直接关系到船舶动力装置的正常运行和船舶航行性能。主机发出的功率通过轴系传递给螺旋桨，主机与轴系相连接，主机、轴系和螺旋桨组成一个有机的整体，因而主机的安装应与轴系的安装一并考虑，主机安装的工艺方法应根据主机的类型、造船总工艺、企业的实际条件和工期来确定。本项目主要通过真实企业生产项目的工作任务训练，学习柴油机主机安装的相关知识，掌握相关技能，提高自身职业素养。

【项目分析】

　　船舶柴油机主机的安装项目需要依照《中国造船质量标准》（GB/T 34000—2016）的要求，满足入级船级社的船舶建造规范，同时依据企业实际工艺规范完成，通过主机安装的准备和柴油机主机安装两个任务学习和训练。

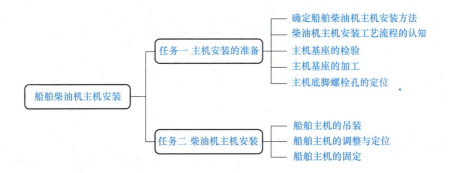

【相关知识和能力】

知识	能力
1. 船舶柴油机主机基座的常见类型； 2. 基座检验的项目； 3. 主机安装的工艺流程； 4. 整机吊装前的准备工作	1. 识读船舶柴油机主机安装相关图纸； 2. 检验基座； 3. 加工基座； 4. 整机吊装； 5. 定位主机； 6. 固定主机

任务一　主机安装的准备

【任务分析】

在柴油机主机安装前需要做好相关准备工作，主要学习船舶主机安装工艺文件、识读和熟悉所有设计图纸及产品安装使用说明书，同时做好相关检查与检验、加工等机舱内的准备工作。本任务主要是熟悉柴油机主机安装工艺过程，正确地做好主机基座检验和加工工作。

【学习目标】

1. 能够准确叙述主机安装工艺过程；
2. 说出船舶柴油机主机基座的常见类型、基座检验的项目；
3. 能够正确对主机基座进行检验操作；
4. 能够正确地对基座进行相关加工；
5. 准确确定主机底脚螺栓孔的位置；
6. 能够有效与他人进行沟通，团结协作开展工作；
7. 自我检验学习成果，对工作过程进行总结和反思。

【任务实施】

一、确定船舶柴油机主机安装方法

引导问题1：阅读下面的小提示，说出船舶柴油机主机安装有_____和_____两种工艺方法。

> **小提示**
>
> 对于质量较轻、体积较小的主机或主机与减速箱构成的主机组，一般都采用整机吊装的安装工艺。但是对于大型柴油机，整机质量较大，可采取解体安装工艺。若是外厂订货，考虑到交通运输的方便性，大多是拆成部件运输到船厂，再将部件分别吊运到舱内进行组装，即使是船厂自己制造的主机，也要在权衡厂内运输和吊运能力、吊运上船的可能性和经济性后，决定是选择整体吊装还是解体安装工艺。

二、柴油机主机安装工艺流程的认知

引导问题2：柴油机主机安装基本工艺流程是怎样的？

_____

 **小提示**

1. 主机安装前必须完成的工作

主机安装必须保证主机与传动轴系的相对位置正确,并且在工作时保持这种相对关系。

因此,必须保证主机及轴系通过区域内船舶结构、上层建筑等质量较大的设备吊运安装等工作基本完成,以便形成一个稳定的基础。所以,主机在安装前必须完成下列工作:

(1)轴系主机工作区域内船体结构的装配、主机座的装配及焊接等工作应全部结束并经火工矫正;

(2)机舱内各主要设备或辅机机组单元都应已定位妥当,轴系区域主要的辅机机座已装配焊接完毕;

(3)主机吊装就位之前,机舱及临近的部位双层底、艉尖舱、油舱、水舱等密封性试验全部结束,并经稳定 24 h 后方可施工;

(4)如果主机安装在船台上或船坞内进行,船体垫墩、侧支撑合理并牢固可靠,船体基线符合规定的技术要求,并提供船体基线的测量数据,而且要在工作中定期检查基线的变化。如果主机安装在水下进行,则应避免船舶有横倾和纵倾。

2. 柴油机主机安装工艺过程

整体安装是主机的最基本的安装方式,掌握了整体安装的要领和程序,就基本上掌握了主机的安装程序。基本工艺流程如下:

(1)做好主机安装前的工作并符合要求;
(2)熟知主机的安装技术;
(3)主机基座的检验与加工;
(4)主机或者部件吊装后的校中定位;
(5)主机的固定;
(6)安装质量的检验。

主机安装工艺规范

大型低速柴油机的尺寸和质量都很大,安装工作有一定难度。在柴油机的安装方面,考虑到各船厂起重设备不同的情况,柴油机吊船安装一般分为整体吊装和分组吊装两种。柴油机的整体安装能够节约劳动力,加快安装进度,提高生产效率。

三、主机基座的检验

引导问题 3:柴油机主机基座类型有哪两种?

> **小提示**
>
> 主机是通过垫片或减振器安装在船体基座上的，基座是与船体直接相连的支承座。主机的机型不同，基座一般有两种形式。对于中小型柴油机，通常带有凸出的油底壳，因此在双层底上，还需焊接一个由型钢和钢板组合起来的金属构件作为基座，如图 3-1-1 所示。对于大型低速柴油机，没有单独的基座，实际上机舱双层底由加厚的钢板焊接而成，主机的机座就落位在此加厚的钢板上，如图 3-1-2 所示。
>
>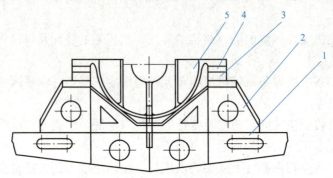
>
> 图 3-1-1 中小型柴油机基座
>
> 1—双层底；2—基座；3—焊接垫片；4—活动垫片；5—机座
>
>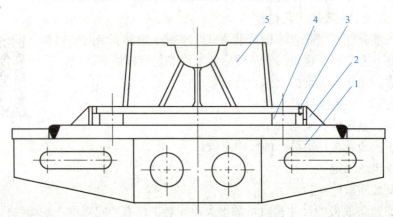
>
> 图 3-1-2 大型低速柴油机基座
>
> 1—具有加强板的双层底；2—侧向定位活动垫片支座；3—侧向定位活动垫片；4—活动垫片；5—机座
>
> 在上述两个基座面板上，焊有固定垫片，固定垫片与柴油机机座之间配有活动垫片，用以调整主机的高度，主机与基座用螺栓固定在一起。

引导问题 4：主机基座检验项目有哪些？

> **小提示**
>
> 主机基座有时是在分段制造时根据船体基准线进行安装的，有时是在艉部与机舱合拢后，以艉轴管位置拉线定位装配焊接的，其定位是比较粗糙的。当船体建造到一定程度，轮机进行外场施工时为了检验基座装配的正确性和画出固定垫装焊时的正确位置，确保柴油机正确地落在基座上，必须对基座进行检验。
>
> 基座的检验与轴系中心线的测定往往是结合在一起进行的。这样做是因为船体装配时有误差，而这些误差是依据改变轴系中心线位置，用艉轴管孔留有加工余量来调整的，所以，当检查基座时把艉轴管的加工余量考虑进去后，再观察柴油机能否正确落到基座上。因为艉轴管加工余量有限，柴油机座与基座间的空隙有限，必须控制基座位置的公差（图 3-1-3）。其公差范围如下：
>
>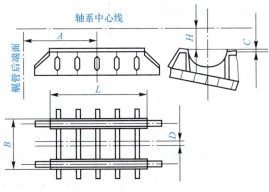
>
> 图 3-1-3 基座位置的检验
>
> （1）基座总长度：L 的上偏差小于 +10 mm，下偏差小于 -5 mm。
> （2）基座宽度：B 的上偏差小于 +10 mm，下偏差小于 -5 mm。
> （3）基座轴向位置：A 的误差，可以用轴的长度找正，一般偏差 ≤ ±10 mm。
> （4）基座支承表面至轴系中心线的高度差：H 偏差小于 ±3 mm。
> （5）基座中心线与轴系中心线投影线重合度 D，偏移的偏差小于 ±5 mm。
> （6）对于中小型柴油机基座两侧面板高度差 C，偏差小于 3 mm。
>
> 经检查的基座位置及尺寸应满足以上公差要求，若发现基座偏差值超过公差范围，允许将轴系理论中心线在不影响艉轴毂镗削范围内做适当调整。

四、主机基座的加工

引导问题 5：主机基座加工的主要工作有哪些？

_____

_____

_____

> **小提示**
>
> 船舶主机基座加工工作主要包括面板的加工、固定垫片的焊接和平面的加工及螺孔的加工等。
>
> （1）无固定垫片的基座面板要求表面全部加工，加工后应当进行刮削，用平板检查刮削的质量。一般要求每 25 mm×25 mm 内有 2～3 个油点，且与平板间间隙用 0.05 mm 塞尺不能插入。
>
> （2）当基座面板上焊有固定垫片时，在固定垫片焊接前，在放置固定垫片处的基座面板要进行加工修平，使基座面板与固定垫片贴合紧密，间隙应小于 0.10 mm。固定垫一般在四周焊牢即可，垫片尺寸较大时，为了增加垫片与面板间的贴合，可采用开孔塞焊的办法增加焊接面。
>
> 固定垫片焊妥后，需对其上平面进行拂磨以保证平面度，用平板和色油检查，要求每 25 mm×25 mm 内有 2～3 个油点，接合面大于 75%，0.05 mm 塞尺不得插入。
>
> 固定垫一般加工成 1∶100 的斜度向外倾斜，以利于研配活动垫片时将活动垫片推入。
>
> （3）基座上主机固定螺栓孔定位后即可初钻螺孔，除毛螺栓孔可不留余量外，精配螺栓孔需留余量 2 mm，以便镗削。对小型主机，也可在垫片匹配后，按机座螺栓孔直接钻铰。
>
> 为了使焊在基座上的固定垫片能与基座面板紧密贴合，以保证主机作用力能得到均匀而平稳的传递，必须对基座平面进行加工。按加工设备的不同，平面加工方法有手工操作法和机械加工法两种。
>
> 手工操作是用平板在固定垫片的部位上进行对研，然后用风动砂轮机磨削基座平面，使在 25 mm×25 mm 内着色为 2～3 点。
>
> 机械加工是采用移动式铣削动力头加工基座平面，加工可达的粗糙度要达到 2.5～3.2 μm，采用机械加工基座平面，不但具有较高的效率，而且可获得更可靠的质量，但需要配备专用的设备。

五、主机底脚螺栓孔的定位

引导问题 6：主机螺栓孔的定位可以使用_____、_____和_____三种方法。

> **小提示**
>
> 当检查基座位置合格后，就可以在基座面板上画螺栓孔的位置了。主机螺栓孔的定位可以使用拉线法、光学仪器法和样板法。画线时，首先要确定主机输出端即最后部底脚螺栓孔（第一螺栓孔）的位置，其他螺栓的位置以此孔为基准量出。第一螺栓孔轴向位置的具体尺寸从轴系布置中得到，但是不能直接用该尺寸作为画线的依据。

因为船舶制造时的误差往往会造成实物与图纸尺寸间的差异，且当确定主机第一螺栓孔位置时艉轴管后部尚未加工，必须先选定加工后的后端面位置作为测量的起点。如果此时轴没有加工，可以通过改变轴的长度来补偿；如果此时轴已加工完毕，则必须调整第一螺栓孔的位置来迁就轴的长度。此外，当确定第一螺栓孔的位置后，其他螺栓孔与第一螺栓孔相对位置尺寸，应当依据机座图纸并核对实物确认无误后与第一螺栓孔规定的距离尺寸画线和加工。

当画其他螺栓孔中心线时，螺栓孔左右分档的尺寸从中分线向左、右量出，在求出螺栓孔的纵向中心线后，以螺栓孔的间距在螺栓的纵向中心线上画线，这样就确定了其他各底脚螺栓孔的中心位置。找到中心后应打样冲坑，并可用等距法检查其准确性；再进行预钻孔，钻孔后要求打磨上、下两平面，修除毛刺。

基座面板上焊有固定垫片时，应当在螺钉孔的周围，根据固定垫的尺寸画出放置固定垫片的位置，螺栓孔到垫片边缘的距离应当均匀分配。

主机固定螺孔的定位，实际上也是对固定垫片的定位，所以，垫片的定位和固定螺孔的定位可同时进行。基座平面上的全部螺孔定位后，可将加工成 1∶100 斜度的垫片，按螺孔位置线焊于基座上，焊接时垫片必须保持向外倾斜。大型柴油机的垫片面积大，为了保证垫片焊后具有良好的接触，可在垫片中间位置钻一个或两个直径 15 mm 的小孔，先用电焊焊住，再焊垫片的四周。为消除焊接变形，固定垫片的上平面应用平板研平，沾色均匀。

【学习成果评价】

各组自我检验学习成果，对此任务的学习过程进行总结和反思。学生根据任务学习的过程与结果真实、诚信地完成评价表 3-1-1～表 3-1-3。教师根据学生学习过程与结果客观、公正、全面地完成评价表 3-1-2 和表 3-1-3，对学生进行综合评价。

表 3-1-1　学生自评表

任务	完成情况记录
任务是否按计划时间完成	
相关理论完成情况	
技能训练情况	
任务完成情况	
任务创新情况	
材料上交情况	
收获	

表 3-1-2　学生互评表

序号	评价项目	小组互评	教师评价	总评
1	任务是否按时完成			

续表

序号	评价项目	小组互评	教师评价	总评
2	材料完成上交情况			
3	成果质量			
4	语言表达能力			
5	小组成员合作面貌			
6	创新点			

表 3-1-3 教师评价表

序号	评价项目	自我评价	互相评价	教师评价	综合评价
1	学习准备				
2	引导问题填写				
3	规范操作				
4	完成质量				
5	关键操作要领掌握				
6	5S管理、环保节能				
7	职业态度与精神				
8	参与讨论主动性				
9	沟通协作				
10	展示汇报				

注：评价档次统一采用A（优秀）、B（良好）、C（合格）、D（努力）四档。

【任务实施相关知识】

一、主机与轴系的安装顺序

主机发出的功率要通过轴系传递到推进器，主机与轴系、推进器必须安装成一个有机整体，因而，主机的安装应与轴系的安装一并考虑。造船时，主机与轴系的安装顺序无外乎三种情况。

第一种是先装轴系再装主机，即在船台上先安装轴系，船舶下水后，再以轴系为基准安装主机，这种方法容易使主机的输出轴回转中心与轴系回转中心同轴，可以自由地找正主机位置，同时，由于是下水后安装主机，避免了下水后船体对主机安装质量的影响。这是长期以来一直沿用的一种安装工艺，这种方法的缺点是生产周期长。

第二种是先装主机再装轴系，即在船台上以轴系理论中心线为基准，先安装主机，然后根据主机的实际位置确定轴系的位置并进行轴系安装。

第三种是主机与轴系同时安装。在主机定位后可以进行管系与各种附属设备的安装，扩大了并行安装工作面，缩短了生产周期。但这种方法往往难以避免船舶下水后船体变形带来的影响，而在安装轴系时由于主机已固定，艉轴也已固定，两者固定所产生的偏差只能由轴系消化，约束增加，轴系安装难度较大。在造船工程实践中，究竟采用何种安装顺序，要视造船总工艺、工厂的实际条件和工期而定。

二、主机基座左右和高度位置的检验方法

1. 左右位置的测量

如果使用拉线法，可在一根样棒或直尺的零位上系吊线坠，线坠尖对准基线，即可从直尺上直接读出面板内外挡和基座纵桁距离轴系理论中心线的数据。如果使用激光经纬仪，可将直尺（或丁字尺）横于基座面板上，定出直尺零位，然后就可以进行测量了，如图 3-1-4 所示。丁字尺如图 3-1-5 所示。上述测量均须在基座前、后两个位置上进行。

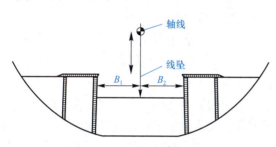

图 3-1-4 主机基座腹板距轴线水平距离测量

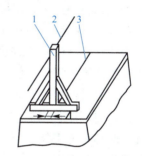

图 3-1-5 使用丁字尺测量基座
1—丁字尺；2—钢丝；3—中分线

2. 高度的测量

如果使用拉线法，可将水平尺横于基座面板上，或者拉粉线，调整水平，然后使用直尺或丁字尺测量钢丝到水平尺的距离，同时考虑水平尺的厚度以及水平尺调整水平时所使用垫片的厚度，如图 3-1-6 所示，丁字尺检查基座的高度测量如图 3-1-7 所示。

上述测量均须在基座前、后两个位置进行。

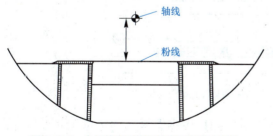

图 3-1-6 主机基座面板距轴线垂直高度测量

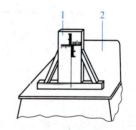

图 3-1-7 丁字尺检查基座的高度测量
1—丁字尺；2—基座面板

如果使用激光经纬仪，可将直尺垂直立在主机基座上相关位置，从目镜或者通过光斑直接读出数值。

在检查基准高度尺寸的同时，应计算出安装主机垫片的厚度是否合适。垫片的厚度等于基座面板或固定垫板至轴系理论中心线（考虑钢丝下垂量后）的尺寸减去主机或轴承旋转轴心线至机座支承脚下平面的尺寸，应为 10～75 mm。钢质垫片厚度不大于 25 mm；铸

铁垫片厚度不小于 25 mm；整条硬木垫片厚度不小于 25 mm，且仅允许用在功率≤150 kW 的柴油机上。

经检查的基座位置及尺寸应满足以上公差要求，当发现基座偏差值超过公差范围时，允许将轴系理论中心线在不影响艉轴毂镗削范围内做适当调整。

三、主机螺栓孔的定位方法

主机螺栓孔的定位可以使用拉线法、光学仪器法和样板法。

采用拉线法时，根据轴系理论中心线拉钢丝，在基座左、右面板的上平面横向放置一根直尺或样棒（最好先调整水平），用吊线坠将零位对准钢丝，按主机安装图在基座面板上分别画出左、右两排螺孔纵向中心线，然后定出主机第一底脚螺栓孔的位置，其他螺栓孔按照主机安装图上的尺寸，以第一底脚螺栓孔为基准进行量取，核对无误后，画出各螺孔的中心位置线，同时画出各孔初钻孔圆线，打上样冲孔。

光学仪器法与拉线法画线方法基本相同，只是前者用激光束（或光轴）替代钢丝，在扫船中线时定出样棒的零位，然后向左、右量取螺栓孔与轴线的距离。

画螺栓孔中心线的核心是确定主机第一底脚螺栓孔。第一螺栓孔轴向位置尺寸来自轴系布置图，但有时不能直接采用图纸尺寸，因为船舶制造误差会造成实物与图纸尺寸间的差异，且此时艉柱（人字架）可能尚未加工，螺旋桨位置未定，而且螺旋桨和可拆联轴节在艉轴上的装配也存在变数，这就使得艉轴前法兰在船长方向的位置不能确定。所以，有时需要以加工后的艉柱（人字架）轴艉或艉轴管后端面为测量起点来测量轴系长度，而且还要在车间测量螺旋桨和可拆联轴节装配到艉轴上之后的总长度，以及中间轴成品长度。第一螺栓孔定位如图 3-1-8 所示。

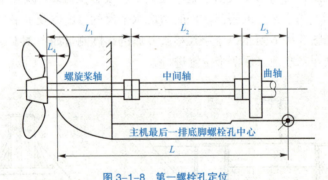

图 3-1-8　第一螺栓孔定位

以艉轴后端面为基准，向前量取主机最后一排底脚螺栓孔的定位尺寸 L，L 按下式计算：

$$L=L_1+L_2+L_3-L_4$$

式中　L_1——螺旋桨车间预装到位后桨毂前端面至螺旋桨轴法兰前端面实测尺寸；
　　　L_2——中间轴成品长度实测尺寸；
　　　L_3——曲轴法兰后端面至最后一排底脚螺栓孔中心的距离；
　　　L_4——螺旋桨船上压装后轴向定位理论尺寸。

如果此时轴尚未加工，应根据该尺寸核对轴系长度、确定轴的长度，甚至可以调整轴的长度，如调整某根放在最后加工的短轴的长度。如果此时轴已加工完毕，轴长已定，就需要调整第一螺栓孔的位置来迁就轴。

检查螺栓孔位置画线的准确性可以用等距法，即按图示 $L_1=L_2$ 验证，如图 3-1-9 所示。

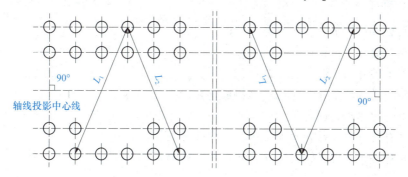

图 3-1-9　等距法检查螺栓孔的准确性

一般要求螺栓孔纵向相邻孔中心距偏差不大于 0.5 mm，累计偏差不大于 2 mm。螺栓孔中心相对于轴系中心线应对称分布，其位置偏差不大于 1 mm。

也可以使用样板来确定螺栓孔位置。主机紧固螺栓孔的位置可以按机座图纸尺寸制作的样板确定，样板用木板或金属板制作，一般用于批量制造的船舶。具体操作法如下：

以主机曲轴输出端法兰为基准，将主机机座各螺栓孔位置、机座边框线、轴线及飞轮端法兰端面的延长线复制在样板上，并打上标记。如有条件将此样板与机座实物核对。画线前，先在基座面板平面上画出轴系理论中线的投影线和垂直于中线的横向线及机座边框线。然后把样板放在基座面板上，使样板上的飞轮端法兰平面刻线到机舱后隔舱壁的尺寸符合图纸要求，而且样板的左、右位置与主机机座边框线吻合，之后用夹具固定样板，画出各螺栓孔位置线，如图 3-1-10 所示。

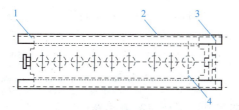

图 3-1-10　主机座螺孔样板

1—画线样板；2—机座边框线；3—主机飞轮端法兰平面线；4—气缸中心线

任务二　柴油机主机安装

【任务分析】

在熟悉主机安装工艺过程和做好主机安装前的机舱内的相关准备工作后，按照主机整体安装工艺规程，将主机整体吊入机舱，在基座上就位，然后依据轴系或轴系的实际中心线调整主机的位置,完成主机校中工作后,对柴油机主机进行固定从而完成柴油机主机的安装。

【学习目标】

1. 正确进行整机吊装前的核算工作;
2. 安全准确吊装主机;
3. 能够正确对主机进行定位操作;
4. 正确配置活动垫片和浇注环氧树脂垫片;
5. 正确进行主机的固定;
6. 能够有效与他人进行沟通,团结协作开展工作;
7. 自我检验学习成果,对工作过程进行总结和反思。

【任务实施】

一、船舶主机的吊装

引导问题1:船舶主机的吊装有_____和_____两种形式。

小提示

船舶主机的吊装有整机吊装和解体吊装两种形式。中高速柴油机或柴油机与减速箱构成的主机组,一般采用整机吊装工艺。大型低速柴油机,整机质量和尺寸都很大,运输和吊装不便,一般采用解体吊装工艺,柴油机生产厂家根据吊运能力将柴油机拆成部件运输到船厂,再将部件分别吊装上船进行安装和装配,工艺过程比较烦琐。近年来,随着吊装能力的不断提高,有些船厂对大型低速机也采用了整体吊装工艺,或者在散件运到船厂后,在晒装码头进行组装,然后整机吊装到船上。

引导问题2:船舶主机吊装前需要进行哪些准备?

_____

小提示

由于低速大型柴油机机体的尺寸和质量都非常大,为确保吊运过程中的安全,使柴油机受力均匀而不产生变形。事先必须做好周密细致的准备工作,对柴油机的外形尺寸、重心位置、吊运设备能力等进行仔细核算。

(1)重量核算。算出主机起吊时的净重,核算吊臂在所要求的幅度下的起重量(吊臂在不同的幅度下,起重机具有相应的起重量、跨距及吊钩的起升高度)是否足够大于主机的质量。

（2）外形尺寸核算。机舱口的长与宽必须大于柴油机实际尺寸，其余不得小于0.3 m（每边0.15 m），若舱口尺寸不够大时，必须扩大到需要尺寸。

（3）吊运能力的核算。根据柴油机实际净重合理选择吊运设备，拖运设备必须具有一定的过载能力。核算时还需要考虑浮吊吊臂角度及跨距大小对起吊能力带来的影响。在柴油机质量及外形尺寸过大的情况下，允许拆除增压器、柴油机两侧的走台及部分动力管路。

（4）高度核算。为了使主机受力均匀且平稳地吊装就位于基座，应将船体临时压载，使主机基座尽量处于水平位置。根据临时压载水线至机舱口的高度和主机实际高度尺寸，核算浮吊的起吊高度，应满足在不影响起吊的情况下，还有1 m的活动余量，以便于决定采用相应的挂钩形式和起吊工具。

（5）幅度核算。当主机从船侧（或船尾）吊入机舱时，应根据主机半宽（或半长）以及机舱开口中心至船侧（或船尾）的距离，核算起重机的幅度是否够用。

（6）主机重心核算。精确计算主机重心位置，便于在主机拖运过程中控制其最大允许倾斜角，也便于正确选择钢丝套环的受力部位，使吊钩垂直通过主机重心，从而达到吊装时钢丝绳受力均匀，吊装平稳的目的。

（7）钢丝绳的负荷核算。钢丝绳必须采用抗拉强度不低于1.6×10^7 Pa，直径不小于60 mm的钢丝绳，总的安全系数不得小于5.5～7倍起吊质量，其长度是根据浮吊最大钩头高、主机高度、吊装工具高度和机舱高度等因素来考虑的，在有充分高度余量的情况下，钢丝绳越长越好，角度越小越安全。

（8）起吊工具的准备。起吊工具的设置以使主机在吊运时受力均匀、平稳为原则，一般多数采用箱式横梁结构，如图3-2-1所示。它利用主机的贯穿螺栓作为负荷支承点，将横梁用特制螺栓与贯穿螺栓头部的剩余螺纹相连接，钢丝绳套挂在横梁的四个销轴上，四个销轴的位置必须根据主机重心位置来选择，使主机贯穿螺栓只受垂直拉力，吊运时的弯曲及扭曲力矩全由吊梁承受，以防止主机变形。

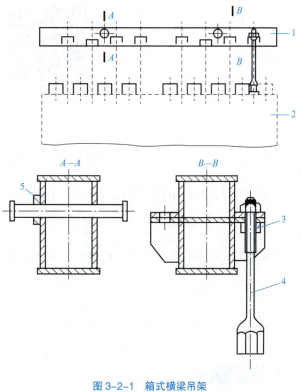

图3-2-1 箱式横梁吊架

1—箱式横梁；2—主机；3—圆螺母；4—特制螺栓；5—调整圆垫片

引导问题3：完成下列船舶主机吊装时的注意事项的填空题。

（1）船舶主机吊装时需在离地面_____mm，稳定_____min，检查吊装工具和钢索等均无异常现象，再继续吊起。

（2）为使主机准确落位，利用机座上的_____，用_____做引导对准基座螺栓孔，使主机平稳又准确地就位于基座的临时木垫。

> **小提示**
>
> 柴油机的吊装工具装妥后，用浮吊缓慢提升，距离地面约 100 mm 左右，需稳定 10 min，检查吊装工具和钢索等均无异常现象，再继续吊起。在吊运主机时，必须保持整机与船体倾斜度一致。
>
> 主机吊至机舱口上空时，为便于对准入口，在主机四角系以麻绳，用人工帮助转动使其对准舱口，然后将主机徐徐下落，为使主机准确落位，利用机座上的螺栓孔，用四根导滑杆做引导对准基座螺栓孔，使主机平稳又准确地就位于基座的临时木垫，为方便之后的主机定位调整，木垫板的厚度与主机调整垫片厚度应大致相等。另外，主机吊装之前，调位工装最好已经准备妥当。

主机整体吊装

二、船舶主机的调整与定位

引导问题4：船舶主机的定位（校中）有哪两种方法？
_____

引导问题5：主机调位所使用的调位工装主要有哪几种类型？
_____
_____

> **小提示**
>
> 主机或减速器坐落在木垫块上以前，按第一中间轴法兰或所画的中线和螺栓轴心线将其位置大致摆对。然后用调位工具调整主机或减速器做前、后、左、右移动，

使其左右高度调得一致，相差在 2 mm 以内算合格。当船体没有横倾或横倾在允许范围内时，可用连通管水平仪将主机机座左右高度调得一致。一般情况下，货船的横倾超过规定时是以基座上平面为基准，用钢直尺测量主机机座左右的高度，并调整到一致。调整好后拆除木垫块，使用斜铁临时垫好。经初校后，即可进行主机的校中工作。

主机的定位又称主机校中或主机找正，就是按轴系中线调整好主机在机舱中的位置，使安装好的主机轴心线与轴系中线同轴或平行。

主机的校中主要有两种方法：一种是在先安装主机后安装轴系时，则按照轴系理论中心线校中；另一种是在先安装轴系后安装主机时，则按照连接法兰上的偏移和曲折进行校中。

主机垫片配置

三、船舶主机的固定

引导问题 6：完成主机固定工作的填空题。
（1）船舶主机的固定工作主要包括_____、_____、_____等几个项目。
（2）船舶主机垫片主要有_____、_____、_____、_____等几种类型。
（3）主机紧固螺栓主要有_____、_____和_____三种螺栓。

小提示

船舶主机定位完成之后，即可进行主机的固定工作，主要包括垫片的配置、螺栓孔和螺栓的加工及安装、限位器的配置和安装等几个项目。

主机找正定位时，主机底脚与船体基座面板之间需留有调整间隙。定位完成之后，用螺栓将主机固定在船体主机基座上，主机底脚下平面与船体基座面板之间的间隙一般会采用垫片作为补偿件来将其填满。也就是说，配置垫片的目的是调整主机位置。配置好的垫片要求其上、下平面能与机座和基座（或加强板）固定垫板紧密贴合。船舶主机垫片主要有矩形垫片、环氧树脂垫片、双联圆形斜面垫片、可调节球面垫片等几种类型。主机固定工作除垫片的配置外，还有一项重要工作就是螺栓孔的加工及螺栓的配置。主机紧固螺栓主要有松配合的普通螺栓、液压拉伸螺栓和紧配合的铰制孔螺栓三种螺栓。铰制孔螺栓需要对螺栓孔进行铰孔，而后按照铰孔尺寸加工铰制孔螺栓，松配合的螺栓孔不需要铰孔。

主机安装采用环氧树脂和隔震器方案时，均需要设置限位器，但是两者形式不同，环氧树脂的限位器一般采用楔铁形式，隔震器的限位器一般采用弹性材料。

引导问题 7：按照下面任务及要求，完成主机矩形活动垫片的配置，并完成表 3-2-1 矩形活动垫片配置记录表的填写。

具体任务及要求如下：

（1）利用模具测取活动垫片的形状，测取活动垫片尺寸，并确定拂配余量；

（2）使用铣床加工活动垫片；

（3）拂配活动垫片要求：

1）活动垫片纵向位置应在标记线内，横向位置要求：外侧侧面与机座侧面平齐，偏差 ≤ 5 mm；

2）活动垫片与机座和基座固定垫片两个配合面着色检查，每 25 mm×25 mm 范围内应有 4～5 个着色点，并且接触面四周用 0.05 mm 塞尺插不进，局部（少于两处）允许插进，但插进深度应 ≤ 30 mm，宽度应 ≤ 30 mm。

表 3-2-1 矩形活动垫片配置记录表

序号	内容	结果记录		
1	模具各测量点高度	点 1		
		点 2		
		点 3		
		点 4		
2	确定垫片厚度	垫片厚度		
3	确定垫片拂配余量	垫片拂配余量		
4	垫片机械加工	根据垫片加工时的装夹情况，计算垫片加工面到铣床工作台平面的高度尺寸		
		加工后，垫片加工面到铣床工作台平面的高度尺寸		
5	垫片拂配	活动垫片位置	纵向	
			横向	
		活动垫片与机座配合面	接触面 0.05 mm 塞尺检查	
			25 mm×25 mm 着色检查	
		活动垫片与基座固定垫片配合面	接触面 0.05 mm 塞尺检查	
			25 mm×25 mm 着色检查	

【学习成果评价】

各组自我检验学习成果，对此任务的学习过程进行总结和反思。学生根据任务学习的过程与结果真实、诚信地完成评价表 3-2-2～表 3-2-4。教师根据学生学习过程与结果客观、公正、全面地完成评价表 3-2-3 和表 3-2-4，对学生进行综合评价。

表 3-2-2 学生自评表

任务	完成情况记录
任务是否按计划时间完成	
相关理论完成情况	
技能训练情况	
任务完成情况	
任务创新情况	
材料上交情况	
收获	

表 3-2-3 学生互评表

序号	评价项目	小组互评	教师评价	总评
1	任务是否按时完成			
2	材料完成上交情况			
3	成果质量			
4	语言表达能力			
5	小组成员合作面貌			
6	创新点			

表 3-2-4 教师评价表

序号	评价项目	自我评价	互相评价	教师评价	综合评价
1	学习准备				
2	引导问题填写				
3	规范操作				
4	完成质量				
5	关键操作要领掌握				
6	5S 管理、环保节能				
7	职业态度与精神				
8	参与讨论主动性				
9	沟通协作				
10	展示汇报				

注：评价档次统一采用 A（优秀）、B（良好）、C（合格）、D（努力）四档。

【任务实施相关知识】

一、船舶主机调位工具

1. 船舶主机调位工具的布置

调位工具在基座上的布置需保证主机调位的可操作性和安全性。调位装置在主机基座上的焊接和安装需牢固可靠，顶丝、楔铁的支撑点应为主机强结构，如加强筋等。调位装置在主机基座上的布置如图 3-2-2 所示。

除常规布置外，有些大型低速柴油机的生产厂家对调位工装的布置有一定的要求，施工时应按照厂家要求执行。

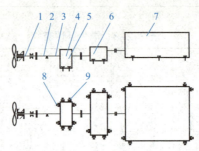

图 3-2-2 主机和轴系调位装置布置

1—艉轴；2—临时支撑；3—中间轴；4—顶螺钉；5—中间轴承；6—齿轮箱；7—主机；
8—纵向调整装置；9—横向调整装置

2. 调位工具的类型

主机调位所使用的调位工装主要有以下几种类型：

（1）调位螺钉。调位螺钉又称顶丝，如图 3-2-3（a）所示。

螺钉一般使用细牙，头部加工呈半球状。此螺钉应用比较广泛，可以安装在不同的位置和方向，用于调整主机的前后、左右和高低位置，常用于中、小型主机。

（2）液压千斤顶。液压千斤顶适用调节重型机的高低、左右位置。

（3）楔形调位器。拧动螺栓，楔形块前后移动，使移动支撑块向下移动，来达到调位的作用。其用于高低调整，如图 3-2-3（b）所示。MAN B&W 公司推荐的某几款机型安装环氧树脂垫片时所使用的楔铁与之相似，MAN B&W 公司还规定了楔铁尺寸及楔铁安放位置。

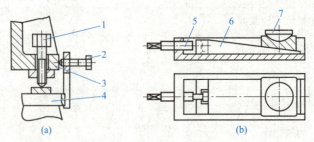

图 3-2-3 调位工具
（a）调位螺钉；（b）楔形调位工具
1、2—调节螺钉；3—机座；4—基座；5—螺杆；6—楔块；7—自位支承块

二、船舶主机校中方法

1. 按照轴系法兰校中

在轴系已安装的前提下,通过调整主机位置使曲轴输出端法兰与最前面一根轴的前法兰之间的偏移值与曲折值均在规定要求的范围之内,主机位置即可认为已准确定位。

法兰偏移值、曲折值的测量和计算方法详见项目二船舶轴系安装相关任务。

2. 按照理论轴线对中

在中间轴未安装的情况下,可按照理论轴线校中主机。中、高速柴油机整体安装一般用光学仪器法;大型低速柴油机解体安装时,机座的校中可以用拉线法。

(1)用光学仪器法校中主机。首先,调节仪器在柴油机前、后法兰上的位置,使仪器光束与曲轴轴线同轴。然后,调整柴油机位置,使投射仪的光束与两规定截面上(或光靶)代表轴系理论中心线的十字线中心重合,或不重合数值在规定范围内,两个规定截面一般指机舱前、后隔舱壁或根据船体放样图可供校中用的柴油机前后处所设置的光靶。

1)使用两台投射仪校中主机。首先,如图3-2-4所示,将两台投射仪分别装在主机前、后端法兰上;然后,分别调整各投射仪中心与曲轴中心线同轴。具体方法如图3-2-5所示。在前、后舱壁上各贴一张带有十字线的白纸,将投射仪投射到白纸的十字线上,将中心 A 画下来,而后将曲轴旋转180°,再将投射仪投射到白纸的十字线上,将中心 B 画下来,然后将不重合的 A、B 两点平分得到 C 点。用夹具上的调节螺钉调节仪器位置,使所投射的十字线中心与 C 点重合。再将曲轴旋转180°,如这时仪器投射的十字线中心离开 C 点,用上述方法再进行调节,直至仪器投射的十字线中心重合在一点上,则该点必定在曲轴轴线延长线上,也就是说投射仪的光束与曲轴同轴。用夹具上的固定螺钉将仪器位置固定下来,再转动曲轴,检查仪器位置有无走动。检查无误后,即可利用主机调位工装调整主机位置,使前、后两台投射仪的光束分别与代表理论轴线的前、后光靶中心(或画在机舱壁上的十字线中心)重合,主机校中完成。

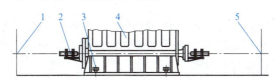

图3-2-4 主机用两台投射仪定位

1—后基准点;2—投射仪;3—调节螺钉;4—主机;5—前基准点

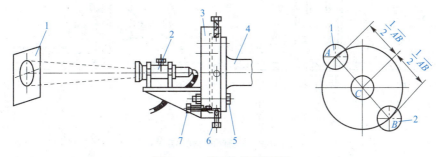

图3-2-5 投射仪的安装调试

1—白纸;2—投射仪;3—夹具;4—曲轴法兰;5—固定螺栓;6,7—调整螺钉

2）使用一台投射仪校中主机。使用一台投射仪校中主机的方法与使用两台投射仪校中主机相似，区别在于前者只在主机的输出端法兰上安装一台投射仪，用来调整光束与曲轴同轴的纸靶及代表理论轴线的基准光靶设置在主机后面不同距离处，即图 3-2-6 中的 3 和 4 处，基准光靶的形式如图 2-3-11 和图 2-3-12 所示。首先调整光学仪器与曲轴同轴，再调整主机，使代表主机轴线的激光束与代表理论轴线的两个基准光靶的十字线中心同轴，主机校中即告完成。

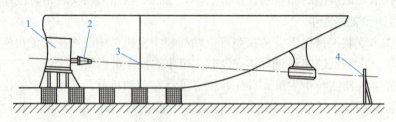

图 3-2-6　用一台投射仪校中主机

1—主机；2—投射仪及其支架；3—前基准点光靶；4—后基准点光靶

（2）拉线法校中主机。拉线法适用大型低速柴油机机座校中。如图 3-2-7 所示，在主机机座前、后适当位置分别设置拉线架、拉钢丝，使之与理论轴线（也代表即将安装的柴油机曲轴轴线）重合，以此作为机座校中的基准。之后沿垂直和水平方向测量前、后两端的轴承座孔与钢丝间的距离，并且计算出钢丝线在主机座前、后轴承座孔处的下垂量 f_1、f_2。利用调位工具调整主机座位置，使 $a_1=b_1$，$a_2=b_2$，$c_1+f_1=a_1$，$c_2+f_2=a_2$。主机座校中即告完成。

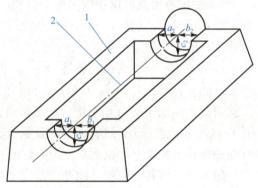

图 3-2-7　主机拉钢丝线对中

1—机座；2—钢丝线

主机校中后，为了使其位置不发生移动，对大型柴油机采用侧向和轴向定位块定位，如图 3-2-8 所示。对中小型柴油机，则用紧配螺栓定位。而全部主机，都用活动垫片调整主机轴线高低位置，最后用螺栓拧紧。

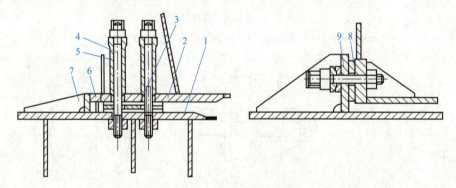

图 3-2-8　主机侧向和轴向定位块

1—基座；2—机座；3—活动垫片；4—紧固螺栓；5—过渡套筒；6—侧向定位垫块；
7—侧向支承；8—轴向定位垫块；9—轴向支承

三、船舶主机垫片及其配置

目前，在主机安装特别是在大型主机安装中用得最多的仍是矩形垫片，有的在中、小型主柴油机安装中还可使用其他垫片。为可靠起见，在所用垫片总数中有20%仍用矩形垫片。也有的在安装主柴油机时采用可调节球面垫片或与双联圆形斜面垫片各占一半联合使用。近年来，环氧树脂垫片也被采用。

1. 矩形垫片

矩形垫片在主机安装工程中广泛使用，它不仅用于支承主机质量，还用于主机的止推。另外，在一些重要的辅机，如推舵油缸、锚机等设备的安装中也经常见到。图3-2-9所示为主机矩形垫片。

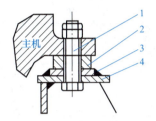

图 3-2-9　主机矩形垫片

1—紧固螺栓和螺母；2—活动垫片；3—固定垫片；4—基座面板

矩形垫片的配置。矩形垫片的材料一般为低碳钢或铸铁，厚度一般为 20～50 mm，其最小厚度铸铁不小于 15 mm，低碳钢不小于 10 mm，垫片面积的大小可按垫片上的压力来确定，由机器质量和固定螺栓而引起的总荷载应不大于 19.6 N/mm^2。

活动垫片的厚度尺寸一般在现场使用取样模板进行测量，如图 3-2-10 所示。

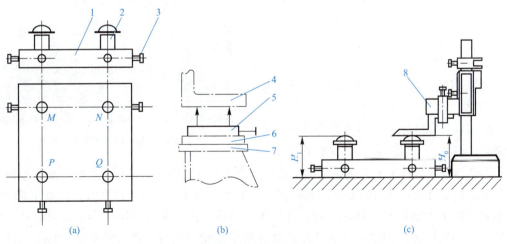

图 3-2-10　用取样模板测量垫片厚度

1—取样模板底板；2—测量螺钉；3—紧定螺钉；4—主机底脚；5—取样模板总成；
6—固定垫片；7—主机基座面板；8—高度游标尺

使用取样模板测量活动垫片的厚度尺寸的工艺过程如下：

将取样模板放入规定的位置，调整测量螺栓的高度，使螺栓球头与底脚下平面紧密接触，0.03 mm 塞尺塞不进，然后用紧定螺钉或薄螺母锁紧测量螺栓，锁紧时注意测量螺钉不得发生转动，测量位做记号，取出模板。螺钉向下倒置于平板，对角摇动以检查接触情况，如有脱空，说明四点不在一个平面上，需重新取样。然后在平板上使用高度游标尺测量四个测量螺钉的高度，对角高度相加，数值应基本相等，偏差不得大于 0.05 mm，否则说明测量有误差，应重新测量。确认后取对角高度相加所得数值与拂配加工余量（拂配加工余量一般取 0.20 mm 左右）之和作为垫片厚度的加工尺寸。垫片尺寸测量精确将直接影响垫片拂配工作量和拂配质量。

垫片尺寸确定之后即可上铣床加工其上平面，也可在车床、磨床上加工。垫片在铣床上的装夹如图 3-2-11 所示。

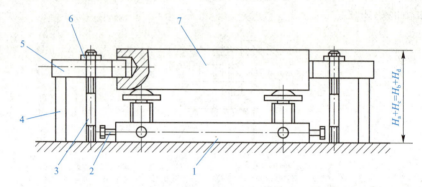

图 3-2-11　垫片在铣床上的装夹

1—取样模板；2—取样模板紧定螺钉；3—螺栓；4—支撑；5—压板；6—螺母；7—垫片

铣削加工时应选择合适的进给量和转速。首先对刀，确定基本上平面，使用高度尺测量毛坯高度。粗铣的进给量可以稍大，不得超过 2.5 mm，以免引起工件的振动，影响加工尺寸，最后一刀精铣的切削量应控制在 0.50 mm 以内，以保证加工精度。在加工过程中，每铣一刀都要测量工件尺寸。图 3-2-12 所示为在铣床上加工垫片。

图 3-2-12　在铣床上加工垫片

铣削加工完成之后，即可对铣削加工面进行拂磨，使其与主机机脚下平面紧密贴合。垫片下平面与固定垫片上平面在铣削加工之前已先期拂磨合格，故这两个平面一般无须再拂磨。拂磨前需将垫片四边的毛刺修光，按加工编号逐个拂磨就位。拂磨时，将垫片薄侧朝里推入机脚下平面与固定垫板之间，并用色油检查。由于垫片有刮磨余量，所以将其推入机座与固定垫板之间时，开始几次试放肯定是不能到位的。拂磨到位后，每 25 mm×25 mm 面积内应有 2～3 个色斑，并且接触面四周用 0.05 mm 塞尺插不进，局部允许插进，但插进深度不得超过 30 mm，宽度不得超过 30 mm，拂磨才算合格。

拂磨的劳动强度大，工时消耗多，因此有船厂已取消刮磨工序，根据精确测量的数据将垫片磨削或精车加工，然后直接拿去安装，不进行接触点分布检查，只使用塞尺在四周检查。

2. 环氧树脂垫片

环氧树脂垫片由环氧树脂浇注料、固化剂和脱模剂等制成。其主要特点：室温下黏度低、流动性好、能填平安装面上的不平之处，浇注过程中物料不沉淀，固化后不分层，外观均一，性能稳定，耐油，耐海水，机械性能好，对金属无腐蚀性等。近年来，环氧树脂垫片在主机安装中已经广为采用，与金属垫片相比，除可省去费时费力的机械加工和拂磨工作外，还有减少船体振动和吸收噪声的作用。需要说明的是，在同一台主机上，钢质垫片与环氧树脂垫片不允许混合使用。

环氧树脂垫片的厚度一般为 15～50 mm，较适宜的厚度应选择为 25～35 mm。环氧树脂垫片的面积一般应大于130 cm^2，而其边长一般应为10～60 cm。主机环氧树脂垫片如图 3-2-13 所示。

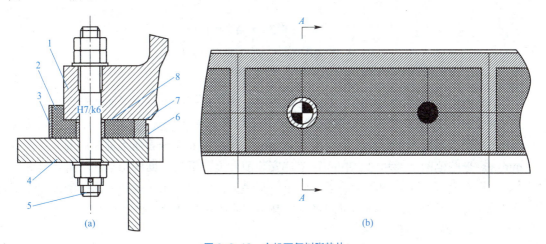

图 3-2-13　主机环氧树脂垫片
（a）装配示意；（b）树脂垫片

1—主机机座；2—环氧树脂垫片；3—前挡板；4—船体基座；5—紧固螺栓和螺母；
6—后挡板；7—泡沫塑料条；8—套圈

如果使用环氧树脂垫片，其松配合螺栓孔可在主机基座拉线时钻出，紧配螺栓孔在主机定位之后配钻、配铰。

主机环氧树脂垫片浇注工艺规程

3. 双联圆形斜面垫片

双联圆形斜面垫片由上、下两块组成，如图 3-2-14 所示。其结合面为斜面，斜度一般做成 1∶20。整片直径一般为 80～150 mm，上块直径比下块直径小 10～20 mm。安装时相对转动上块与下块，可调整垫片下平面的斜度，以适应机座支承脚下平面对基座上平面的倾斜。将上、下块轴心线做适当的相对移动（以上下块的边缘相重合为限），可少量调整垫片的总厚度。

垫片是预先做好的,仅上块的上平面留加工余量,待测出螺孔处机座支承脚下平面与基座上平面的距离 H 后,准确加工上块厚度,即可进行安装。

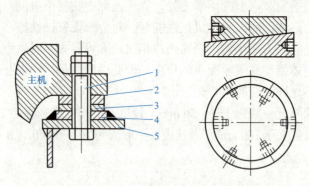

图 3-2-14　双联圆形斜面垫片结构
(a) 垫片装配示意图; (b) 垫片结构图
1—紧固螺栓和螺母; 2—上斜面垫片; 3—下斜面垫片; 4—固定垫片; 5—基座

安装垫片时,凭摇动上块时手的感觉以决定上块与机座支承脚下平面的空隙位置,或用塞尺测上块与机座支承脚的空隙位置决定上下块相对转动的方向,最后要求达到垫片上、下平面与支承脚和基座面贴合,用 0.05 mm 塞尺沿圆周接合面插不进,局部允许插进 30 mm,插进的范围不能超过 30 mm。垫片安装前,上、下块平面应用平锉将毛刺锉去。安装、检验合格后,用点焊将上、下块固定在基座上,以防移动。振动大的柴油机建议不采用这种垫片,因为强烈的振动可能将点焊撕裂,而使垫片移动、失效。

4. 螺纹可调节球面垫片

螺纹可调节球面垫片由上、下块和座圈组成,如图 3-2-15 所示。上、下块的接合面是球面,安装时利用球面调节主机底与船体主机基座面板之间的不平行度;下块与座圈用螺纹连接,可在一定范围内调节垫片的厚度;座圈上有止动螺钉,用于将调整好的垫片高度确定下来。安装后采用 0.05 mm 塞尺在上块平面和座圈下平面四周进行检查,插入宽度不得超过 30 mm。这种垫片一般是预制或者市购,按底脚螺栓直径、高度范围及承重能力进行选用,可减少垫片的拂配工作量。但是因为球面及螺纹配合要求较高,制作成本较高,主要应用于小型船舶主机及辅机的安装。

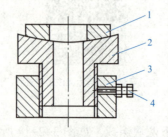

图 3-2-15　螺纹可调节球面垫片
1—上块; 2—下块; 3—座圈; 4—止动螺钉

图 3-2-16 所示为 SKF Vibracon 可调心垫片。该垫片具备自水平结合高度调节功能,可填平机器和安装底座之间的不平角度,而无须对底座进行机加工或额外安装调整垫块。

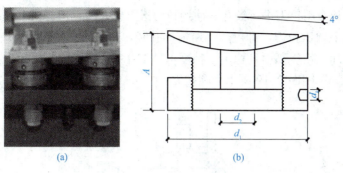

图 3-2-16　SKF Vibracon 可调心垫片

四、螺栓孔和螺栓的加工

矩形垫片全部配置完成之后，即可按机座上的螺栓孔在垫片及基座面板上钻孔，并用螺栓将主机紧固在基座上。为了使紧固好的主机在运转时不致变动位置，船舶规范要求部分螺栓采用紧配合的铰制孔螺栓，如 CCS 规定如仅采用螺栓固定时，其紧配螺栓的数量一般不少于总数的 15%。为此，在其他普通螺栓紧固后，安装定位螺栓的螺栓孔需要进行铰（镗）孔加工，然后用量缸表测量铰（镗）孔后的孔径、编号，做好记录，根据此尺寸，按 H7/k8 配合加工铰制孔螺栓的白位，最后按编号用手锤轻轻将加工好的螺栓敲入孔中，紧固螺母。

1. 钻孔

中、小尺寸的孔一般都使用带磁力座的电钻，大、中尺寸的孔大多用风钻。使用风钻时，一般会在基座上焊装一个龙门支架。另外，为避免钻孔时垫片产生移动，钻孔前应用 C 形夹或采取其他有效措施将垫片和主机可靠固定。

2. 铰孔

铰孔工作一般安排在矩形垫片配置完成并报检通过之后进行。

图 3-2-17 所示为使用呆铰刀进行手工铰孔。

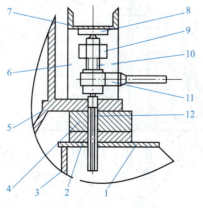

图 3-2-17　呆铰刀铰孔

1—基座面板；2—固定垫片；3—基座纵桁；4—调整垫片；5—主机机座；6—钻孔架垂向槽钢；
7—钻孔架纵向槽钢；8—垫块；9—升降螺母；10—螺杆；11—棘轮扳手；12—铰刀

工程上还经常使用拉刀进行铰孔。使用拉刀进行铰孔时，由主机基座下方或双层底内用液压千斤顶向上顶压拉刀，即可达到所需的孔径，如图 3-2-18 所示。使用拉刀进行铰孔生产效率高，加工精度高而且稳定，精度可达 IT9～IT7 级，表面粗糙度一般可控制为 $Ra\,1.6 \sim Ra\,0.8\ \mu m$。图 3-2-19 所示为圆拉刀。

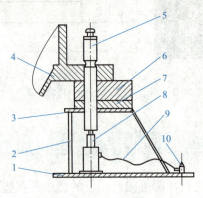

图 3-2-18　拉刀铰拉孔

1—底板；2—基座纵桁；3—基座面板；4—主机机座；5—拉刀；6—活动垫片；7—固定垫片；8—油顶杆；9—液压软管；10—液压泵

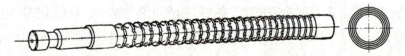

图 3-2-19　圆拉刀

3. 螺栓孔锪孔加工

为了保证紧配螺栓的受力均匀，紧固可靠，必须使螺栓孔中心与上、下端面垂直。为此，螺孔加工后，对其下端平面必须铣（锪）沉眼坑，如图 3-2-20 所示。

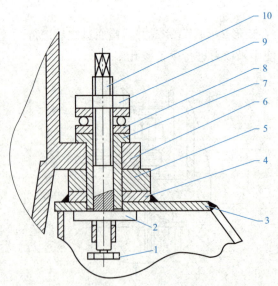

图 3-2-20　锪螺孔端面

1—螺钉；2—白钢刀；3—基座面板；4—固定垫片；5—调整垫片；6—主机机座；7—钢套；8—平面推力球轴承；9—螺母；10—刀杆

锪孔时，白钢刀安装好后，旋紧螺母，使刀刃轻贴在基座面板底部，然后用棘轮扳手套在刀杆顶部的方榫上，旋转刀杆，刀杆下部的白钢刀就对基座面板底面进行锪平加工。锪完一圈后，稍拧紧刀杆上部的螺母，再使刀刃贴紧基座面板底部，重复以上动作，直至基座面板底部锪平，无黑疤，工序结束。

也可以将方榫改为锥体，然后将风钻套到锥体上，使用压缩空气驱动。

4. 铰制螺栓孔加工技术要求

（1）螺栓白位和螺孔的表面粗糙度为 Ra 1.6。

（2）螺孔与螺栓的配合精度为 H7/k6，装配时用铜锤轻轻敲入；接触面积不小于 60%，并分布均匀；表面粗糙度应达 Ra 1.6。

（3）螺栓紧固后，用塞尺检查螺栓头部和螺母接触平面的贴合度，0.05 mm 塞尺应插不进。

5. 铰制孔螺栓加工和安装

铰孔工作完成后，用量缸表测量孔径（整个长度范围内）及白位长度，编号，做好记录，根据此尺寸加工铰制孔螺栓的白位。铰制孔螺栓加工技术要求如下：

（1）螺栓光位表面粗糙度不大于 Ra 1.6；

（2）光位长度现配，一般要求伸进螺栓孔 1～2 牙；

（3）螺栓白位的圆度和圆柱度可参考表 3-2-5。

表 3-2-5　螺栓白位的圆度和圆柱度　　　　　　　　　　　　　　mm

螺栓直径		<30	30～50	50～70
螺孔	圆柱度	0.02	0.02	0.03
	圆度	0.01	0.01	0.02
螺栓	圆柱度	0.015	0.015	0.02
	圆度	0.01	0.01	0.015

（4）圆柱形铰制孔螺栓与孔的配合一般为 H7/k6，或参考表 3-2-6，要求轴、孔贴合紧密，接触面积达到 75% 以上，并且油点分布均匀，每平方英寸不得少于 3 点。

表 3-2-6　铰制孔螺栓光位与螺孔的配合　　　　　　　　　　　　mm

螺栓直径	≤30	30～50	50～70	70～100
配合值	0～0.01	−0.005～+0.005	−0.015～0	−0.02～+0.005

（5）螺栓孔加工后，两端面应锪平并与螺栓孔中心线垂直，螺栓装配后，螺栓头、螺母与接触面之间用 0.05 mm 塞尺不能塞入。

铰制孔螺栓结构及技术要求如图 3-2-21 所示。

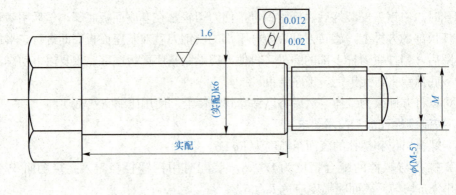

图 3-2-21 铰制孔螺栓

五、螺栓的安装

主机铰制孔螺栓的安装一般采用打入法。螺栓加工完成后,按编号用手锤轻轻打入螺孔,然后固紧,并采取可靠的防松措施,防松一般采用双螺母的形式。打入之前,螺栓和螺孔均需做好清洁,并涂上清洁的机油。

松配合螺栓如果有扭矩要求,则按设计要求的拧紧力矩,采用扭力扳手或拉伸器予以紧固。

固定螺栓安装时应从中间开始向前后方向扩展,且应依对角线方向逐渐扳紧,以防止机座变形。螺栓紧固顺序如图 3-2-22 所示。

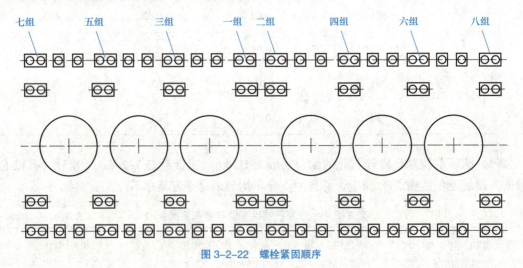

图 3-2-22 螺栓紧固顺序

六、止推装置的设置

由于环氧树脂垫片与主机和船体的接触状态不同,摩擦系数及内应力等有较大的不确定性。另外,环氧树脂的弹性模量比较小,不到铸铁的 1/10,会对主机形成一种弹性的支撑。因此,在进行主机安装设计时,必须考虑轴向和侧向止推问题。目前常规做法是:在主机后端采用拉紧螺栓及铁楔块解决轴向止推问题，用两侧的铁楔块解决侧向止推定位问题。止推的布置设计一般根据柴油机厂家的要求进行。图3-2-23所示为某船止推布置图。

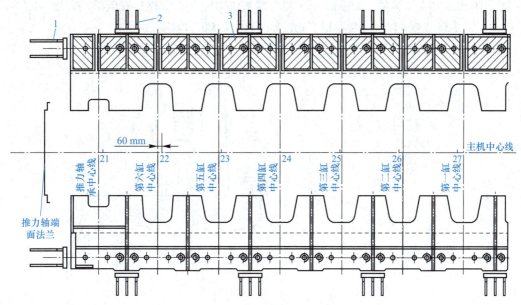

图 3-2-23　某船止推布置图

1—轴向止推；2—侧向止推；3—环氧树脂垫片

主机配备有2只轴向止推，如图3-2-24所示，8只侧向止推，如图3-2-25所示。

底脚螺栓紧固完成后，进行端部支撑垫块与主机机座端部加工面的拂配，其接触点每25 mm×25 mm应不少于3点，接触面用0.05 mm的塞尺插入深度不大于10 mm，局部不大于15 mm。然后用主机厂提供的专用液压拉伸器均匀地紧固支撑螺栓，紧固前应保持各接触面清洁，并涂上一层油脂。垫块插入时要对准，左右同时推入。

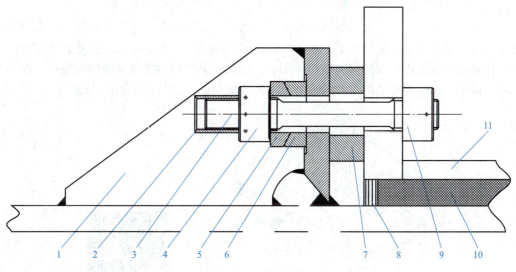

图 3-2-24　轴向止推

1—轴向支撑；2—保护帽；3—端部支撑螺栓；4—圆螺母；5—球面螺母；6—球面垫圈；
7—楔铁；8—泡沫挡圈；9—圆螺母；10—环氧树脂垫片；11—主机机座

175

轴向止推安装完成后进行左、右侧支撑垫片与主机机座侧加工面的拂配，用色油检查，要求每 25 mm×25 mm 应不少于 3 个触点，拂配后接触面用 0.05 mm 的塞尺插入深度不大于 10 mm，局部不大于 15 mm。安装支撑垫块时应左右对称从艉向艏同时推入，然后予以固定。为便于拂配，止推座和楔铁结合面有 1∶100 的斜度。

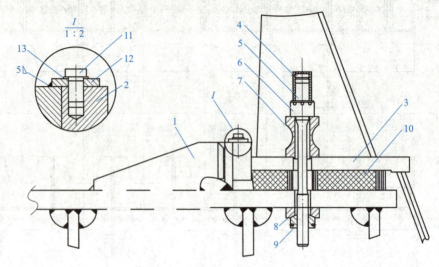

图 3-2-25　侧向止推及底脚螺柱总成

1—侧向支撑；2—楔铁；3—主机机座；4—保护帽；5—底脚螺柱；6—螺母；7—定距管；8—球面垫圈；
9—球面螺母；10—主机基座面板；11—螺钉；12—侧向支撑锁紧块；13—垫圈

应该注意的是，在楔块位置处，应确认楔块不接触环氧树脂，否则楔块不能起到侧向止推作用，并且会挤压环氧树脂垫片，十分有害。

侧向楔形垫片需可靠固定，其固定方法有以下两种：

（1）加装定位螺栓（图 3-2-25 局部放大图 I）。

（2）将楔形垫片直接与压板点焊，然后将压板与侧推架的顶面点焊。

另外，也有船厂在中小柴油机安装中采用了紧配螺栓方案，为安全起见，所采用的紧配螺栓的数量比规范规定的多了一倍，即总数的 30% 左右。Sulzer 机在用金属垫片时，传统设计是用金属边楔块解决侧向定位，用后部的若干紧配底脚螺栓解决轴向止推。在主机用环氧树脂支撑垫片时轴向止推的推力改由推力架承受，如图 3-2-26 所示。

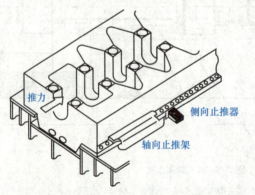

图 3-2-26　RTA52U 轴向和侧向止推

柴油机分组吊装安装概述

04 项目四　船舶螺旋桨安装

【项目描述】

船舶螺旋桨在水中旋转，将发动机转动的功率转化为船的推动力。没有螺旋桨船舶就不能正常航行。螺旋桨安装质量直接影响船舶航行的安全性。随着建造船舶的大型化，螺旋桨的尺寸及质量也随之增大，对螺旋桨的安装要求，特别是如何保证螺旋桨及艉轴之间配合面的紧密要求的问题也相应突出。船舶螺旋桨安装是船舶动力装置安装重要组成部分，是船厂主要工作任务之一，是船舶动力装置技术人员必须掌握的专业技能之一。本项目主要通过真实企业生产项目的工作任务训练，学习船舶螺旋桨安装的相关知识，掌握相关技能，提高自身职业素养。

【项目分析】

船舶螺旋桨的安装项目需要依照《中国造船质量标准》（GB/T 34000—2016）的要求，满足入级船级社的船舶建造规范，同时依据企业实际工艺规范，在车间内研配预装和船上安装来完成。本项目将通过制造加工螺旋桨、研配螺旋桨、预装螺旋桨和船上安装螺旋桨四个任务来学习与训练。

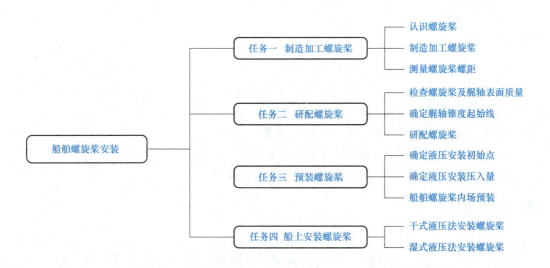

【相关知识和能力】

知识	能力
1. 船舶螺旋桨的基本结构； 2. 螺旋桨制造加工的工艺规程； 3. 研配螺旋桨的工艺规程； 4. 预装螺旋桨的工艺规程； 5. 螺旋桨船上液压安装工艺规程	1. 识读船舶螺旋桨安装相关图纸； 2. 制造加工螺旋桨； 3. 测量螺旋桨螺距； 4. 研配螺旋桨； 5. 螺旋桨内场预装； 6. 液压法安装螺旋桨

任务一　制造加工螺旋桨

【任务分析】

在船舶螺旋桨安装前需要做好相关生产准备工作，主要学习船舶螺旋桨制造加工工艺文件，识读和熟悉螺旋桨设计图纸及产品安装使用说明书，同时做好测量螺旋桨螺距等安装准备工作。本任务主要是熟悉螺旋桨基本结构组成，正确地做好制造加工螺旋桨和测量螺旋桨螺距工作。

【学习目标】

1. 能够准确识读螺旋桨基本结构；
2. 能够正确叙述船舶螺旋桨制造加工工艺过程；
3. 能够正确地对船舶螺旋桨进行相关加工；
4. 能够正确地对船舶螺旋桨螺距进行测量；
5. 能够有效与他人进行沟通，团结协作开展工作；
6. 自我检验学习成果，对工作过程进行总结和反思。

【任务实施】

一、认识螺旋桨

引导问题1：如何判定右旋桨与左旋桨？

> **小提示**
>
> 螺旋桨是最常见的船舶推进装置,图 4-1-1 所示为船用螺旋桨,它一般有 3～6 个叶片,大部分螺旋桨叶片是与桨壳一起铸出的,但也有制成可拆卸的,并用螺栓将叶片固定在桨壳上,这称为组合式螺旋桨。中小型船舶常为 3～4 个叶片,大型船舶常为 4～5 个叶片。
>
>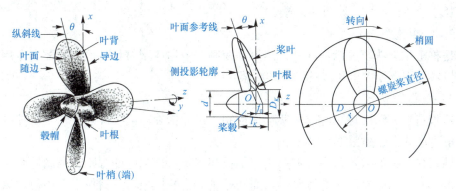
>
> 图 4-1-1 螺旋桨各部分名称
>
> (1) 叶面与叶背:由船艉向船艏看,所见到的叶片一面称为叶面(又称压力面),是一个螺旋面;其反面称为叶背(又称吸力面)。
>
> (2) 导边与随边:当主机正转时,叶片上先入水的叶边称为导边,同一叶片上相对应的另一边称为随边。
>
> (3) 桨毂与毂帽:桨毂形如锥体,起固定桨叶和连接桨轴作用,它不产生推力。为了减小水阻力,在桨毂后端加一整流罩,与桨毂形成一光顺流线形体,称为毂帽。
>
> (4) 梢圆与直径:螺旋桨就地旋转时,叶梢的轨迹形成一个圆,称为梢圆。梢圆的直径称为螺旋桨的直径,用 D 表示。
>
> (5) 右旋桨与左旋桨:单桨在正车旋转时,从船尾向船首看,顺时针旋转的螺旋桨为右旋桨;逆时针方向旋转的称为左旋桨。
>
> (6) 内旋和外旋:双桨船因对称要求,其两侧螺旋桨的转向不同,双桨在正车旋转时,两螺旋桨的上部向船的中心线方向旋转时称内旋;反之,即为外旋。一般均为外旋,以避免挟带漂浮物而损坏桨叶。
>
> (7) 螺距:叶面上任何一点环绕螺旋桨轴线一周后升高的距离称为螺旋桨的螺距 H。
>
> (8) 螺距比:它是螺距 H 与螺旋桨直径 D 之比。
>
>
>
> 螺旋桨介绍

二、制造加工螺旋桨

(一)螺旋桨毛坯制造

引导问题 2:简述螺旋桨铸模的造型过程。

> **小提示**
>
> 螺旋桨铸模的造型的方法常用有以下几种：
>
> 1．整体盖箱法
>
> 这种造型方法较简单，桨叶片夹角控制较好，但原材料耗用较多且不易烘干。用于直径小于 4 m 的中、小型螺旋桨。
>
> 2．托板造型法
>
> 这种造型方法较复杂，叶片夹角容易控制，节约造型材料，但需要配套专用托板和盖板，适用直径大于 4 m 的大型螺旋桨。
>
> 3．组芯造型法
>
> 这种造型方法的螺距叶厚用实样模控制，尺寸精确，但桨叶片夹角不易控制，适用批量生产的中、小型螺旋桨。
>
> 螺旋桨铸模的大致造型过程：先用刮板和按要求预制好的螺距板刮制螺旋面形成下砂模，并在下砂模面上放置桨叶切面样板制成桨叶模型，然后做出上砂模，烘干砂模后便可进行浇铸。这就是螺旋桨铸模常用的刮板造型。
>
> 对于大型螺旋桨的铸模，还有采用螺距规造型的方法。这种方法的特点：不必使用螺距三角板、造型刮板及螺距补砂等工具，仅用螺距规测量螺距的方法就可以直接造型，制作出螺旋桨的螺旋面来，此法可省去大量造型工具，简化造型工艺过程，缩短造型时间，同时，还可以减轻工人的劳动强度。

（二）螺旋桨的浇铸

引导问题 3：螺旋桨常用的浇铸方法有_____和_____两种。

> **小提示**
>
> 螺旋桨常用的浇铸方法有底铸法和顶铸法两种。
>
> 1．底铸法
>
> 底铸法是广泛应用的一种浇铸方法，此法是在模腔的最低点即桨毂尾端浇入金属液的，然后慢慢上升而充满整个铸型。为了保证铸件的补缩，应使冒口部分金属液保持高温。除在冒口设置保温层外，还可在浇铸过程中，当金属液上升至冒口根部以上时，将金属液改由冒口注入，以便使冒口起充分的补缩作用。
>
> 底铸法的优点是铸件成品率高，质量较好；缺点是浇铸系统比较复杂。
>
> 2．顶铸法
>
> 顶铸法是将金属液自冒口上方直接注入铸型模腔。这种方法的优点是铸型简单，没有浇铸系统；冒口温度较高，铸件能得到充分补缩；金属液浇铸完毕时，铸型各处金属液的温度分布比较合理，具有方向性冷凝的条件。
>
> 顶铸法的缺点是浇铸时金属液产生飞溅，将卷入空气和杂质，连同熔渣和氧化物

流入铸型，致使铸件形成痂皮和疏松等缺陷，影响质量。又由于金属液直接从冒口注入，液体落下一定高度时，可能将铸型内腔冲坏。

因此，顶铸法不适用大型螺旋桨的浇铸，而只限于浇铸直径小于 1 m 的小型螺旋桨。

螺旋桨低压铸造，由于铸件质量较好，并可减少加工余量和冒口，因此在生产中得到推广使用。图 4-1-2 所示为螺旋桨低压铸造原理。在盛有金属液的密封容器 1 内，通入干燥的压缩空气（或其他惰性气体），使容器中形成一定的压力 p。在此压力作用下金属液沿着升液管 3 上升，并平稳地进入铸型 5，整个充型过程都在一定压力作用下进行。同时，模腔 4 充满后仍保持一定的余压，使之在压力作用下结晶。待浇口冷凝后，放出压缩空气，去除容器内压力，这时升液管内未冷凝的金属液便流回金属液包内，完成一次浇铸。

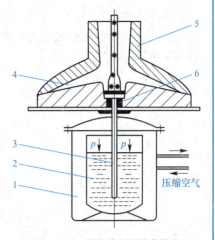

图 4-1-2　螺旋桨低压铸造原理
1—密封容器；2—金属液包；3—升液管；
4—模腔；5—铸型；6—冷却圈

（三）螺旋桨的加工

引导问题 4：船舶螺旋桨表面机械加工包括_____、_____和_____等。

🔷 小提示 🔷

1. 螺旋桨加工技术要求

（1）桨毂端面应与锥孔轴线垂直，垂直度误差不大于 0.15 mm/m。

（2）桨毂孔加工，当采用环氧树脂胶粘剂与锥体装配时，允许锥孔大小端留有 30～170 mm 长的配合环面，其余镗大 0.20～0.30 mm，以便于配研。当采用液压无键装配时，要求桨毂孔全部为配合面，即锥孔中部无空腔。

（3）键槽两侧应与桨毂孔轴线平行，当锥孔与轴精配时，键与槽在 80% 周长上均匀接触，用 0.05 mm 塞尺插不进。

2. 螺旋桨机械加工

螺旋桨表面机械加工包括桨毂上镗孔和两端面加工、桨毂孔加工键槽和桨叶加工等。

螺旋桨的锥孔和两端面加工，可在端面或立式车床上进行，也可在镗床或专用镗孔机上进行。加工时，螺旋桨装夹在车床花盘上或机床工作台上，用两次装夹完成。镗孔的同时加工出桨毂的两端面，可保证桨毂锥孔轴线与两端面垂直度精度。由于桨毂圆锥孔是以后的所有检验和平衡的基准，因此在镗孔时应特别注意保证镗孔的加工精度。

桨毂键槽的加工，可采用插削或刨削，也可采用专用铣床铣削。

桨叶的加工，在单件生产时，大多采用手工进行，先加工叶面，后加工叶背；在成批生产时，用专用机床或数控机床加工。

螺旋桨制造过程介绍

三、测量螺旋桨螺距

引导问题5：参照图4-1-3，简述螺距测量过程。

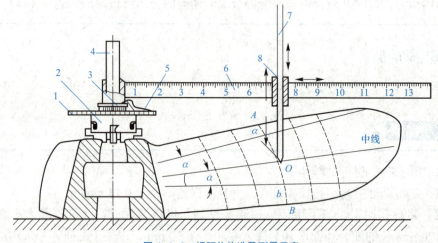

图4-1-3 螺距仪构造及测量示意

1—刻度盘；2—三爪卡盘；3—止动轴承；4—中心轴；5—指针；6—转臂；7—量杆；8—滑套

> 小提示

1. 螺距测量要求和方法

新造螺旋桨由于铸造误差，其毛坯件的螺距往往与图纸要求有一定误差，因此必须进行螺距测量以检验其是否合格。误差不大的可经加工后消除，误差较大经加工后虽可消除，但却使叶片厚度减薄。为防止厚度减薄，对某些用铸铜、钢板制造的螺旋桨可以先进行校正，误差太大而又无法校正的，则应重铸。

测量螺距的方法可根据实际情况，采用适当的工具进行，如用螺距仪测量螺距、用量角仪测量螺旋桨的局部螺距、用螺距三角板检验叶片截面螺距。此处介绍用螺距仪测量螺距的方法。螺距仪的构造如图4-1-3所示。它是由三爪卡盘、中心轴、刻度盘、转臂、量杆等组成的。

2．螺距测量的操作步骤

（1）将桨毂锥孔和两端面已加工过的螺旋桨，大端朝下平放在平台上。如无平台也可放在平整的地面上（图4-1-3）。

（2）将螺距仪安装在螺旋桨上端面上，三爪卡盘装入锥孔内并卡紧，使其平面与桨毂上端面贴平。以保证三爪卡盘中心线与桨毂中心线重合。

（3）在各叶片压力面上刷上白粉，移动量杆的径向距离，分别以 0.95R、0.8R、0.6R……（或按图纸规定）为半径，转动转臂，在各叶片的压力面上画出各半径圆线。

（4）以测量半径线 AB 圆弧上的螺距为例，将量杆放在 O 点位置上，并将刻度盘上指针调整到 0°位置。这时由量杆上所测得的读数为 l_1，做好记录。再将转臂转过一个角度到 a 点位置（此角度为计算方便起见，应取整数，如 15°、20°、30°等），记录从 O 点到 a 点转过的角度 $α$，并同时测得量杆在 a 点位置上的读数 l_2。

（5）计算在该半径圆弧线 Oa 线段上的螺距 h：

$$h = \frac{360°}{\alpha}(l_1 - l_2) = \frac{360°}{\alpha}l$$

式中　$l=l_1-l_2$——量杆从 O 点到 a 点升高的高度；

$α$——Oa 形成的圆心角。

螺距 h 称为局部螺距。在一般测量中，每个叶片在同一半径上的局部螺距至少要测量三点。也可直接测得 Oa 上的螺距。

（6）将该叶片同一半径的不同线段上测得的各局部螺距做好记录，计算其算术平均值即为截面螺距 h_i：

$$h_i = \frac{h_1 + h_2 + \cdots\cdots + h_n}{n_i}$$

式中　n_i——在同一半径上测量螺距的次数；

h_1、h_2……h_n——同一半径上各次测得的螺距。

（7）计算叶片螺距 H_i，对于等螺距螺旋桨，叶片螺距 H_i 为该叶片各半径上截面螺距 h_i 的算术平均值，即

$$H_i = \frac{h_1 + h_2 + \cdots\cdots + h_n}{n}$$

式中　n——同一叶片上测量螺距的不同半径数；

h_1、h_2……h_n——各半径上的螺距。

对于变螺距螺旋桨，叶片螺距 H_i 应按图纸规定的位置进行测量。

（8）计算总平均螺距 H：

$$H = \frac{H_1 + H_2 + \cdots\cdots + H_n}{N}$$

式中　N——叶片数量；

　　　H_1、H_2……H_n——各叶片的平均螺距。

（9）把以上测量和计算的数值记入表 4-1-1 中，并交检验人员验收。

表 4-1-1　螺距测量与计算记录表格　　　　　　　　　　　mm

桨叶号		1	2	3	4
截面螺距 h_i	$0.5R$				
	$0.6R$				
	$0.7R$				
	$0.8R$				
	$0.9R$				
	$0.95R$				
桨叶平均螺距 H_i					
总螺距 H					
螺旋桨半径 R					
图纸螺距					

【学习成果评价】

各组自我检验学习成果，对此任务的学习过程进行总结和反思。学生根据任务学习的过程与结果真实、诚信地完成评价表 4-1-2～表 4-1-4。教师根据学生学习过程与结果客观、公正、全面地完成评价表 4-1-3 和表 4-1-4，对学生进行综合评价。

表 4-1-2　学生自评表

任务	完成情况记录
任务是否按计划时间完成	
相关理论完成情况	
技能训练情况	
任务完成情况	
任务创新情况	
材料上交情况	
收获	

表 4-1-3　学生互评表

序号	评价项目	小组互评	教师评价	总评
1	任务是否按时完成			
2	材料完成上交情况			
3	成果质量			
4	语言表达能力			

续表

序号	评价项目	小组互评	教师评价	总评
5	小组成员合作面貌			
6	创新点			

表 4-1-4 教师评价表

序号	评价项目	自我评价	互相评价	教师评价	综合评价
1	学习准备				
2	引导问题填写				
3	规范操作				
4	完成质量				
5	关键操作要领掌握				
6	5S 管理、环保节能				
7	职业态度与精神				
8	参与讨论主动性				
9	沟通协作				
10	展示汇报				

注：评价档次统一采用 A（优秀）、B（良好）、C（合格）、D（努力）四档。

【任务实施相关知识】

一、螺旋桨的材料

螺旋桨是受力较大，并在较恶劣条件下工作的零件。因此，制造螺旋桨的材料应具有较高的强度、塑性及冲击韧性；良好的抗腐蚀性和抗剥蚀性能。

船用螺旋桨常用材料主要是金属材料，如锰黄铜、铝青铜、铸铁、钢等。此外，也有的采用塑料，如尼龙、玻璃钢等。

1. 锰黄铜

锰黄铜是以 Cu-Zn 为主体组成的多元合金，根据使用要求可添加 Mn、Fe、Al、Sn、Ni 等金属元素，以改变其性能。属于这类材料的有锰铁黄铜（ZCuZn40Mn3Fe1）、高铝锰铁黄铜；此外，还有镍锰铁黄铜等。由于锰黄铜的使用性能较好，目前世界各国用这种材料制造螺旋桨的最多。但抗空泡剥蚀性能差，不适用制造高速船舶螺旋桨。

2. 铝青铜

铝青铜是以 Cu-Al 为主体的多元合金，其添加金属元素有 Mn、Fe、Ni 等。

属于这类材料的有高锰铝青铜（ZCuAl8Mn13Fe3Ni2），相同于英国的 BSCMAl 和美国的 ASTMC95 700 牌号的铝青铜、镍铝青铜等。

铝青铜合金除具有锰黄铜的优点外，还具有疲劳强度高、抗空泡剥蚀性能良好的特点，因此，多用于制造大型、高速海船（尤其是舰船）的螺旋桨；其缺点是熔炼浇铸技术要求较高，对于大型铸件应防止粗大的 γ_2 相析出而引起合金缓冷脆化问题，尤其是锡铝青铜更应注意这个弊病，应严格控制锡的含量。

3. 铸铁

铸铁螺旋桨成本低、铸造容易、材料来源丰富。但缺点是强度低、质脆、易折断，且易被海水腐蚀，使用寿命短。为了保证一定的强度，往往将桨叶制成比铜合金螺旋桨厚30%～35%，这样使螺旋桨的效率降低。所以，这种材料的螺旋桨常用在主机功率小、航速低的小型内河船舶上。属于这种材料的有 HT200、HT250 等。

4. 铸钢

铸钢螺旋桨的强度和冲击韧性均比铸铁好，应用范围也比铸铁螺旋桨广，但铸造时技术条件要求较高，变形较难控制，成型后表面加工又比较困难，故成本较高。同时，铸钢螺旋桨的抗腐蚀性能比铸铁差，海水不仅腐蚀桨叶表面而且常腐蚀到叶片深处成多孔，使表面凸凹不平，缩短使用寿命。因此，这种桨多用作备件或用在内河船舶上。属于这种材料的有 ZG200-400、ZG230-450。

5. 塑料的应用

塑料螺旋桨的材料主要是尼龙（如尼龙6、尼龙610及尼龙1010等）和玻璃钢。

玻璃钢是以合成树脂（如环氧树脂等）为胶粘剂，以玻璃纤维或织物为增强材料（如无碱无捻粗纱方格玻璃布等），黏合而成的一种材料。

塑料螺旋桨的优点是质量轻，为同样铜质螺旋桨重量的 1/5～1/3，振动和声响小，冲击韧性好，抗腐蚀和抗空泡剥蚀性能好，制造工艺简单、造价较低；缺点是强度和刚度较低，易老化，在荷载长期作用下有蠕变现象。此外，在浅水砂底航道中使用时易磨损。

二、螺旋桨的手工加工

螺旋桨手工加工包括桨叶外形轮廓、桨叶和桨毂外表面加工，修刮轴孔，去除静不平衡和动不平衡质量等。手工加工采用风铲、砂轮和锉刀（或刮刀）等工具进行。加工步骤是根据测量结果，画出加工线，批铲桨叶轮廓，铲除毛坯的铸造表皮，去除多余的金属，打磨桨叶表面使其达到平整光顺和所需的表面粗糙度。

1. 叶面的加工

在制作叶面样板时，一般将全部加工余量都放在叶背上，认为叶面朝下，浇铸质量容易保证表面光顺，所以，叶面的加工只是消除铸成面个别不平部分，但是在多数情况下，桨叶面的几何形状总有偏差。叶面加工的任务是修正铸造时造成的偏差。加工时，根据铸件的测量结果，在桨叶每个半径切面上标出必须除去金属层的厚度的若干点，再在各点钻出除厚刚好等于要除去金属层的厚度的孔。沿桨叶半径切面铲去多余的金属而得若干光顺的螺旋桨线，再以这些螺旋桨线为基准，沿桨叶径向铲去多余的金属，便可完成叶面加工。

2. 叶背加工（对叶面不加工的工厂，仅在此面消除静不平衡）

叶背加工以叶面为基准面，在叶面加工后，重新测量桨叶厚度，并根据图纸要求，决定需要从叶背铲除金属的厚度，与叶面加工一样，先钻孔，铲除各切面形状曲线，然后沿桨叶径向铲除多余的金属。

三、螺旋桨的静平衡

螺旋桨加工后，必须进行静平衡试验。当螺旋桨每一桨叶的质量或相邻两叶片之间的夹角不等时，整个螺旋桨的重心及主惯性轴与回转轴线不重合，因而产生静不平衡现象。

如果不加以消除，必将影响螺旋桨推进性能，引起艉轴振动，艉轴承磨损，轴系的工作可靠性降低，因此，螺旋桨的静平衡试验是其加工中不可缺少的一道工序，用来消除不平衡的离心力，以减少振动。

螺旋桨静平衡试验通常在滚动轴承上进行，如图4-1-4所示，心轴两端各安装一个滚动轴承，然后将它们分别搁在两个支架上，两个支架的安装应尽量使心轴处于水平位置上，全部安装好后用手转动螺旋桨，应转动自如。

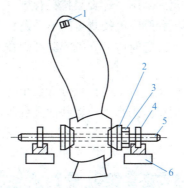

图4-1-4 静平衡试验装置

1—挂重；2—锥体；3—螺母；4—滚动轴承；5—心轴；6—支架

静平衡试验时，将叶片编号，缓慢转动螺旋桨数次，使其自行停止，观察每次停止在下面的是否总是同一叶片。如果停在下面的总是同一叶片，则说明该叶片比其他叶片重，而对应的一叶较轻。这时可在较轻的叶片的叶梢附近（0.7～0.8）R处粘泥土，重复上述试验，再按叶片轻重情况增减挂重的质量。直到每个叶片在任意位置都能停止，说明各桨叶已经平衡了。ISO 484-1-2015规定：最大不平衡质量（挂重）可按下列公式计算：

$$G = \frac{CM}{Rn^2} \text{ 或 } P=Km$$

式中　G，P——计算挂重（kg）；

　　　m——螺旋桨质量（kg）；

　　　R——螺旋桨半径（m）；

　　　n——转速（r/min）；

　　　C，K——系数，按表4-1-5选取。

表4-1-5　螺旋桨级别系数

系数	螺旋桨级别			
	S	1	2	3
C	15	25	40	75
K	0.000 5	0.001	0.001	0.001

在计算不平衡挂重时，上述系数的选取可以按照以下原则进行：

（1）对于大型螺旋桨，应按照 1 级以上选取系数；

（2）对于中、小型螺旋桨，可以按照订货技术协议中的要求选取系数。

计算挂重采用两式中计算结果较小者。

螺旋桨经过静平衡试验后，若不平衡质量超过允许值，则应消除，应用的方法有两种：一种是在较重的叶片背面（吸力面）铲削金属。由于叶片在边缘较薄，故在靠近边缘 10% 宽度处不允许铲去金属，如图 4-1-5 所示，绝不允许在叶片压力面上铲削金属。另一种方法是在较轻的叶片的吸力面上焊接金属板，其材料与螺旋桨材料基本相同，尤其是在海船上，绝不允许采用与螺旋桨材料有显著电位差的材料。金属板的面积和厚度可按测得的不平衡

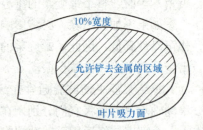

图 4-1-5　在叶片吸力面上铲削金属的范围

质量计算得到，且尽量只焊一块。焊时应遵守螺旋桨补焊技术要求，焊后应用砂轮将金属板磨平。

螺旋桨做静平衡试验时，在试验台上将挂重分次挂于各桨叶叶梢最大厚度点上，然后将挂重的桨叶叶梢最大厚度标记点转到水平位置并使其静止，当去掉支撑后，挂重的桨叶向下转动即为合格。

四、螺旋桨桨叶螺距测量检验

1. 螺距测量范围

（1）凡是桨叶产生严重弯曲经矫正后、桨叶断缺新做断块对接焊后、桨叶裂纹较长焊补修理后，以及大面积空泡腐蚀长肉焊补后，该桨叶必须进行螺距检测。

（2）船在非特殊情况下，只对桨叶 $0.5R$、$0.6R$、$0.7R$、$0.8R$、$0.9R$、$0.95R$ 的截面进行测量。每个截面的两个被测点，应在距该截面总宽度 1/10 处进行（图 4-1-6 和图 4-1-7）。

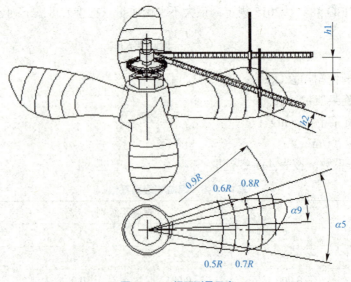

图 4-1-6　螺距测量示意

2. 截面螺距的计算

螺旋桨螺距的计算是根据桨叶推力面截面线型来选取的。

（1）最常见的螺距截面为直线的桨叶，螺距（图4-1-7）计算公式如下：

$$h_i = 360/\alpha \times (h_2 - h_1)$$

式中 α——被测两点夹角（度）；

h_2，h_1——两个被测点的高度。

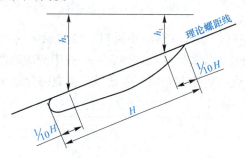

图4-1-7 正常螺距截面

（2）螺距截面为直线，导边有较大的弧型过渡，图纸上有 X-Y 坐标数值表（图4-1-8）。截面螺距计算公式为

$$h_i = 360/\alpha \times [(h_2 - Y) - h_1]$$

图4-1-8 导边有较大的弧度螺距截面

（3）螺距面为凸型（图4-1-9），截面螺距按下面公式计算：

$$h_i = 360/\alpha \times [(h_2 + y_2) - (h_1 + y_1)]$$

图4-1-9 凸型螺距截面

（4）螺距面为凹型（图4-1-10），截面螺距按下面公式计算：

$$h_i = 360/\alpha \times [(h_2 - y_2) - (h_1 - y_1)]$$

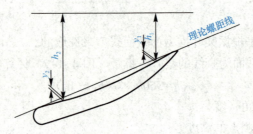

图 4-1-10 凹型螺距截面

（5）螺距面为曲线型时，如果没有原始资料，经验船师同意，可不必追究实际螺距值，采用正常螺距截面的公式代替计算，达到表 4-1-6 中的规定即可。

（6）螺旋桨修理后，允许螺距偏差值及半径偏差值应符合表 4-1-6 的规定。

表 4-1-6 允许螺距偏差值及半径偏差值　　%

检查项目	1 级桨	2 级桨	3 级桨
半径 R	±0.5	±0.75	±1
截面螺距 h_1	±2.5	±3.5	±5
叶片螺距 H_1	±1.5	±2.5	±4
总平均螺距 H	±1	±2	±3

任务二　研配螺旋桨

【任务分析】

在制造加工好螺旋桨并进行完螺旋桨螺距测量工作后，按照螺旋桨安装工艺规程，检查螺旋桨及艉轴表面质量，确定艉轴锥度起始线，然后进行研配螺旋桨，研配过程中对其参数值进行合理监控。

【学习目标】

1. 能够正确进行螺旋桨及艉轴表面质量检查工作；
2. 能够合理确定艉轴锥度起始线；
3. 能够正确地对螺旋桨进行研配加工；
4. 能够有效与他人进行沟通，团结协作开展工作；
5. 自我检验学习成果，对工作过程进行总结和反思。

【任务实施】

一、检查螺旋桨及艉轴表面质量

引导问题 1：螺旋桨及艉轴表面质量检查内容有哪些？

> 🔹 **小提示**

> 检查螺旋桨及艉轴的表面质量（如砂眼、相关设备编号、补焊等缺陷），如发现质量问题上报有关技术部门处理，检查合格后进行下道工序施工。同时检查所使用的工装是否安全可靠，仪器仪表是否在有效期内。

螺旋桨综合介绍

二、确定艉轴锥度起始线

引导问题 2：确定艉轴锥度起始线的工具主要有＿＿＿＿＿＿和＿＿＿＿＿＿。

> 🔹 **小提示**

> 用刀尺和塞尺确定艉轴锥度起始线，画标记线时需把刀尺架在锥度面上和轴径上分别测量，并取中间值作为锥度起始线，确定后做好标记。

三、研配螺旋桨

引导问题 3：研配螺旋桨过程中注意监控的参数有哪些？

> 🔹 **小提示**

> 1．对研配场地吊高的要求
> 放置并固定研桨台时，对其上表面要进行调平，以利于桨的研配。放置螺旋桨时，要在桨毂上下端面与研桨台和固桨胎架间垫上 2～3 mm 的非石棉垫，以保护桨端面不受损伤。图 4-2-1 中给出了研配时从研桨台底面到螺旋桨轴上端面的高度尺寸，施工时需依据此图确定研配场地及所用吊索具的种类、尺寸。
> 2．研配螺旋桨
> 在研配前需要检查螺旋桨锥度 1∶20 的正确性及相对位置，如图 4-2-2 所示。在螺旋桨锥孔机械加工后，已留有研配量，轴向研量为 7 mm（相对应的径向研量为 0.4 mm）。

将螺旋桨安装固定在螺旋桨座架上（在螺旋桨与螺旋桨座架间加垫片保护），调整螺旋桨呈水平状态，螺旋桨水平度＜0.15 mm。千斤顶的高度调整好，与轴接触处要垫铜皮，并对螺旋桨的油槽进行清洁处理。

安装艉轴吊具并保护好艉轴螺纹（在艉轴与吊具之间加垫片保护）。吊起艉轴使其处于垂直状态，将艉轴缓慢吊入螺旋桨锥孔，缓慢下降至锥面贴合。做好艉轴与螺旋桨的研配标记。用塞尺检查锥面贴合情况，用宽座角尺检查垂直度，用小钢板尺测量锥度起始线至螺旋桨大端面的相对距离，在螺旋桨与艉轴上做好圆周方向标记。分析测量数据，计算研配量，使其满足要求，吊出艉轴。

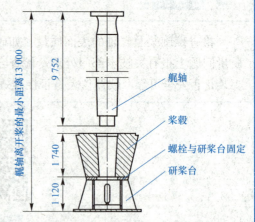

图 4-2-1　研桨台底面到螺旋桨上端面的高度尺寸

在轴锥面上均匀涂抹蓝色作色剂，不可太厚、太多。然后将轴吊入螺旋桨锥孔，缓慢下降至锥度起始线距螺旋桨大端面的适当位置。

调整艉轴，使之位于锥孔中心（注意研配标记对正），指挥起重机吊钩迅速下降，使锥面紧密贴合。指挥起重机，使吊索受力，用液压千斤顶将艉轴顶起，将轴吊出锥孔（注意保护）。

研配前用螺旋桨轴检查螺旋桨锥度 1∶20 的正确性及相对位置，如图 4-2-2 所示。

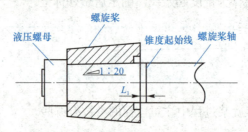

图 4-2-2　研配前用螺旋桨轴检查螺旋桨锥度 1∶20 的正确性及相对位置

研配后测量螺旋桨与轴的相对位置，如图 4-2-3 所示。

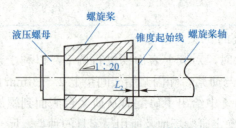

图 4-2-3　研配后测量螺旋桨与轴的相对位置

根据螺旋桨锥孔内的着色情况，对螺旋桨锥孔进行研配。重复上述步骤，直至满足要求。过程中注意监控各个参数：

（1）螺旋桨水平度＜0.15 mm/m；

(2) 艉轴锥体与螺旋桨锥孔研配后着色 25 mm×25 mm 不少于 3 点；

(3) 接触面积占总面积的 75%，允许极限接触面积不少于 70%；

(4) 锥度起始线与桨的上端面距离：研配前 L_1=（27±1）mm；研配后距离 L_2=（20±1）mm；

(5) 艉轴与螺旋桨大端面的垂直度不大于 0.15 mm/m。

螺旋桨研配

【学习成果评价】

各组自我检验学习成果，对此任务的学习过程进行总结和反思。学生根据任务学习的过程与结果真实、诚信地完成评价表 4-2-1 ～表 4-2-3。教师根据学生学习过程与结果客观、公正、全面地完成评价表 4-2-2 和表 4-2-3，对学生进行综合评价。

表 4-2-1　学生自评表

任务	完成情况记录
任务是否按计划时间完成	
相关理论完成情况	
技能训练情况	
任务完成情况	
任务创新情况	
材料上交情况	
收获	

表 4-2-2　学生互评表

序号	评价项目	小组互评	教师评价	总评
1	任务是否按时完成			
2	材料完成上交情况			
3	成果质量			
4	语言表达能力			
5	小组成员合作面貌			
6	创新点			

表 4-2-3　教师评价表

序号	评价项目	自我评价	互相评价	教师评价	综合评价
1	学习准备				

续表

序号	评价项目	自我评价	互相评价	教师评价	综合评价
2	引导问题填写				
3	规范操作				
4	完成质量				
5	关键操作要领掌握				
6	5S 管理、环保节能				
7	职业态度与精神				
8	参与讨论主动性				
9	沟通协作				
10	展示汇报				

注：评价档次统一采用 A（优秀）、B（良好）、C（合格）、D（努力）四档。

【任务实施相关知识】

螺旋桨锥孔与艉轴锥体的拂配

螺旋桨锥孔的拂配一般采用以下几种方法。

1. 艉轴固定，移动螺旋桨进行刮配

中、小型螺旋桨的刮配一般采用此法，因其艉轴往往细长、刚性差、易变形，在刮配中不宜移动，如图 4-2-4 所示。

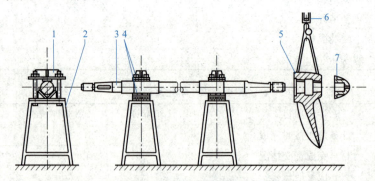

图 4-2-4 艉轴固定时螺旋桨孔的刮配
1—压板；2—支架；3—艉轴；4—夹具；5—螺旋桨；6—葫芦；7—螺旋桨紧固螺母

具体操作过程如下：

（1）在车床上或平台上检查艉轴锥体键槽是否与轴中心线平行，如不平行，则应修正。

（2）将艉轴搁置在两支架上，并呈水平状态，锥体键槽向上，用压板垫以橡胶板将艉轴压紧固定在两支架上，使它不能转动和移动。在锥体键槽上暂不装键。

（3）在艉轴锥体上均匀地涂上一层薄薄的色油，用葫芦吊起螺旋桨，并使其键槽位置

与艉轴锥体键槽位置对准,将螺旋桨锥孔对准艉轴锥体,用人力迅速将螺旋桨推入。拧上艉轴后螺母或整流帽,并略打紧。然后,松开螺母(但不旋下),在桨毂前端面上垫以硬木或铜棍,用大锤敲击使螺旋桨脱下。

(4)观察螺旋桨锥孔内沾油情况。如果贴合面积较小,则用风动砂轮在沾油部位进行磨削(包括沾油部位的一个小区域内);如果贴合面积较大,则用刮刀将沾油较多的部分刮去。

(5)重复上述工作,但每次在拧紧艉轴后螺母时要逐渐打紧。经过刮削,使贴合面沾油点逐渐增多,直至贴合面积达到总接触面积的 70% 左右。然后,再将其装在艉轴锥体上,重复上述工作。

(6)新造螺旋桨的键槽经机加工后,其两侧面如果能保证与锥孔中心线平行且分中,那么在装上键后一般是不会影响锥孔与锥体原来的贴合情况的,故只需将键或螺旋桨键槽的两侧面略经刮削即可。如果在装键后发现贴合情况比之前有较大变化,则螺旋桨键槽可能有问题,严重时需用假键来刮配。

(7)螺旋桨锥孔经数次刮削,直至装上键后锥孔与锥体的贴合面积和接触点都符合技术要求。

(8)在最后一次松开螺母检验前,应在螺母与桨毂后端面上各打上相对应位置的记号,以便以后运船安装时,后螺母可按预定位置打紧。

2. 螺旋桨固定,移动艉轴进行刮配

大型螺旋桨都采用这种方法,因为移动大型螺旋桨比较麻烦,相对来说,移动艉轴较为方便,因为大直径艉轴往往是短而粗、刚性好,移动中不易变形。根据艉轴按水平方向或垂直方向移动,此法又可分为立式和卧式两种形式。

(1)立式刮配法如图 4-2-5 所示。其工艺过程如下:

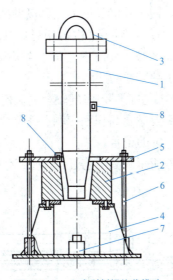

图 4-2-5 立式刮削螺旋桨锥孔

1—螺旋桨轴;2—螺旋桨;3—吊板;4—搁架;5—压板;6—螺栓;7—液压千斤顶;8—框式水平仪

1)首先检查艉轴锥体键槽与轴中心线的平行性。

2)在艉轴键槽内配一假键,其长度为键槽长度的 1/4,键与螺旋桨锥孔键槽配合部分

的宽度比锥孔槽宽度小 0.10～0.15 mm，安装在键槽的中部。

3）将螺旋桨平放在专门的地坑内或平地上，桨毂锥孔大端向上，用木墩将各叶片垫牢并用水平尺将桨毂上端面调整到水平状态。

4）在艉轴法兰的两个对称的螺钉孔中各压入一个铜衬套，以免钢丝绳穿入吊起艉轴时拉伤螺孔。在此两螺孔内穿入钢丝绳，吊起艉轴。

5）将艉轴直立于轴坑内，并用两个卡子固紧，然后将钢丝绳换掉，在艉轴法兰上装上特制吊环。

6）用吊环吊起艉轴，在其轴颈下部装上一个带有手柄的卡箍，然后将艉轴吊至螺旋桨上面，用框形水平仪校正其垂直度，用手转动卡箍，使艉轴上的假键对准螺旋桨锥孔及键槽中心。研配时，将轴锥体表面擦拭干净后均匀涂上色油。开始粗研磨时，色油可涂浓厚一些；待逐步到精研磨时，色油应淡薄一些，桨锥孔表面也应擦拭干净。慢慢降落艉轴至距螺旋桨上端面 50～100 mm 时，急放起重机的刹车，使艉轴骤然下降，借自重压紧在锥孔中。用塞尺检查大、小端接触相差数据。

7）吊起艉轴，为防止螺旋桨与艉轴一起吊起，可用大锤振动螺旋桨桨毂，使之易于脱开艉轴锥体。吊起艉轴时，在充分考虑行车起吊能力的条件下，注意安全起吊。一般是用千斤顶先将艉轴顶起后再吊离。

8）根据螺旋桨锥孔接合面的沾油情况予以刮削。开始时，锥孔大、小端接触不均，一般应大端孔先接触。粗研磨加工时，应以圆周向均匀磨削。这样逐次研磨，不断地增加锥孔上下的接触长度。有经验的操作者，可以充分根据大、小端接触相差值，控制余量大胆磨削，这样可大大提高效率。刮削时，先用较大的风动砂轮磨削，使锥孔与锥体贴合基本均匀，锥孔沿长度方向接触达到 90% 以上时，便进入精研磨阶段。此时用小型风动砂轮精磨，既要圆周向均匀磨削，又要将接触斑痕重处多磨些，还需注意到未接触部位空陷区的大小。这样逐次研磨加工，使锥孔沿长度上全部接触到位，而且在接触面积上不断增加，直至贴合面积达到 70% 左右。最后 1~2 次再用三角刮刀刮削，增加接触的均匀度和表面的光洁度，以达到每 25 mm×25 mm 面积上有 2~4 接触斑点。对液压套合装配的螺旋桨要求应高一些，避免有与大小端贯通的凹陷产生。

9）当刮配至贴合面积达 70% 左右时，将艉轴上的假键换为真键，再继续刮配（同时进行键与锥孔键槽的刮配），直至贴合面积和接触点都符合技术要求为止。画出艉轴后螺母与螺旋桨桨毂后端面相对应位置的记号。

（2）卧式刮配法如图 4-2-6 所示。其工艺过程如下：

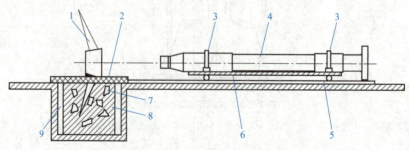

图 4-2-6　卧式刮削螺旋桨锥孔

1—螺旋桨；2—木墩；3—固定艉轴夹具；4—艉轴；5—导轨；6—小车；7—大木块；8—砂箱；9—地坑

1）将一专用砂箱放进专用地坑内，吊起螺旋桨，尽可能使其锥孔键槽在上部，再将螺旋桨上的一个叶片向下插入铁箱内。调整螺旋桨高低位置，将其左右两个叶片分别用木墩和木楔垫正固定，并用框形水平仪或用吊垂线的方法校正桨毂锥孔大端端面，使其垂直于水平面，即锥孔轴线处于水平状态。在铁箱内先放入矩形大木条，再灌入黄砂，直至放满为止，使螺旋桨固定不动。

2）将艉轴吊起横放在专用小车的木墩上，调整艉轴高低位置，使其中心线与螺旋桨锥孔中心线等高，并用水平尺校正水平状态。再将艉轴键槽转到与螺旋桨键槽的相同位置，用木楔或者夹具将艉轴固定。在艉轴法兰端面安装一块与法兰直径基本相同的垫板，垫板可由厚钢板制成，以免用撞锤撞击时损坏法兰平面。

3）将艉轴锥体及键槽对准螺旋桨锥孔及键槽后，在艉轴锥体上均匀涂上一层色油，快速推动小车，将艉轴锥体插入螺旋桨锥孔内，再用撞锤撞击艉轴法兰端，使锥体与锥孔紧密贴合。

4）用撞锤撞击艉轴的尾端，将艉轴向螺旋桨锥孔内撞击，推开小车，观察锥孔沾油情况。

以后的工艺操作与立式刮配法完全相同。

在这两种方法中，立式刮配法中螺旋桨是水平放置的，艉轴垂直插入，这就保证了它们的垂直性，艉轴锥体与螺旋桨锥孔贴合面上压力均匀，提高了刮配质量，但立式刮配法对起重条件和场地空间高度有一定要求。卧式刮配法则不需要复杂的设备，但艉轴由于自身质量原因会引起下垂，因此较难保证艉轴与螺旋桨端面的垂直性，从而影响刮配质量，且劳动强度也较大。

为减轻螺旋桨毂孔加工劳动强度，提高加工质量，可用标准量规来进行毂孔的刮削配对，标准量规由一对环规和塞规组成。先用高强度铸铁制造出一对量轴的环规和量孔的塞规。一般先制作环规，在加工前应先做出测量环规的样板，依据样板加工环规的内孔。孔的加工应当留有配对刮削余量。此后依据环规加工塞规。塞规上车削出一周 0.3 mm 宽的起配线并打上冲点，作为配合标记。环规和塞规刮配好后（经着色检验合格）应涂油保养合放在一起，小端朝下立放，以防变形。用标准量规加工螺旋桨毂孔时，应先按环规加工螺旋桨轴艉锥体，依据艉锥体成品尺寸校对余量后，再按塞规进行桨毂孔的刮削加工。

任务三　预装螺旋桨

【任务分析】

在熟悉船舶螺旋桨安装工艺过程和做好螺旋桨研配等相关准备工作后，按照螺旋桨安装工艺规程，确定螺旋桨液压安装初始点和液压安装压入量，在内场对船舶螺旋桨进行预装操作。

> 【学习目标】
> 1. 能够正确对螺旋桨液压安装初始点进行确定；
> 2. 能够正确对螺旋桨液压安装压入量进行确定；
> 3. 能够正确按照安装工艺要求进行螺旋桨预装操作；
> 4. 能够有效与他人进行沟通，团结协作开展工作；
> 5. 自我检验学习成果，对工作过程进行总结和反思。

● 【任务实施】

一、确定液压安装初始点

引导问题1：螺旋桨液压安装初始点确定的准确与否将直接影响_____，由此将影响螺旋桨能否安全运转。

> 小提示
>
> 所谓螺旋桨液压安装的初始点，就是开始计算实际轴向压入量 S 值的位置，它确定得准确与否将直接影响所选用的实际轴向压入量 S 的值，由此将影响螺旋桨能否安全运转。
>
> 确定初始点的方法，各国验船部门的规范中有不同的规定。英国劳氏船级社规范规定，用计算方法求出；苏联船舶登记局规定，桨毂与轴锥体间无间隙时，定为初始点；日本海事协会规定，用实测坐标方法确定初始点。中国对船主提出的技术要求均能满足。根据日本海事协会（NK）的资料，用实测坐标方法确定液压安装的初始点步骤如下：
>
> （1）螺旋桨液压安装作业时，首先要在适当负荷（$2\sim 6\times 10^5$ N）状态下，停止泵油，并将测量轴向压入量的百分表指针调整到 0 位，同时在坐标记录纸上画出第一点（图4-3-1中 a 点）；
>
> （2）每增加一适当负荷（$2\sim 9.8\times 10^5$ N）即停止泵油，并将百分表上的读数与油压间的有关各点按顺序画在记录纸上（图4-3-1中的 b、c……）；
>
> （3）把这些点连接成一直线（近似）；
>
> （4）该直线与横坐标（负荷为零时）的交点 O'，便是轴向压入量的初始点（S 值的真正零点）。
>
>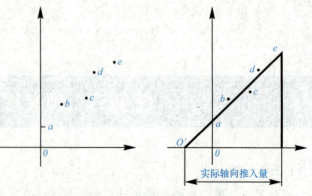
>
> 图4-3-1 用实测坐标法确定初始点

二、确定液压安装压入量

引导问题2：确定螺旋桨安装压入量时，需事先计算出_____和_____两个值。

> **小提示**
>
> 采用液压安装能加快有键螺旋桨的装拆速度，这时，必须事先计算出压入量 S 的上、下限的值，并得到验船师和船主的承认。
>
> $$S_1 = PK_E + K_c(C_b - C_0)$$
>
> $$S_2 = AK_E K_W \frac{K_{R1}^2 - 1}{K_{R1}^2 + 1} + K_c(C_b - C_0)$$
>
> 式中　S_1——压入量的下限值（mm）；
> 　　　S_2——压入量的上限值（mm）；
> 　　　P——用下式给定的值（kg）。
>
> $$P = N\left[-\frac{K_1}{V_s} + \sqrt{\frac{K_2}{\left(\frac{V_s}{10}\right)^2} + \frac{K_3}{\left(\frac{n}{100}\right)^2 \left(\frac{R_0}{100}\right)^2}}\right] \times 10^2$$
>
> 式中　N——主机连续最大输出功率（kW）；
> 　　　V_s——连续最大输出功率时的满载航速（kn）；
> 　　　n——连续最大输出功率时的螺旋桨转数（r/min）；
> 　　　R_0——艉轴圆锥部轴向长度中间的艉轴半径（mm）；
> 　　　K_1、K_2、K_3——表4-3-1给定的值；
> 　　　K_E——用下式可求出的值，为 9.8 N/mm^2。
>
> $$K_E = \frac{R_0}{A}\left[\left(\frac{K_{R1}^2 + 1}{K_{R1}^2 - 1}\right)K_4 \cdot K_5 + \left(\frac{1 + K_{R2}^2}{1 - K_{R2}^2}\right)K_6 + K_7 \cdot K_8\right] \times 10^{-4}$$
>
> 式中　A——艉轴和螺旋桨毂的接触面积（mm²）；
> 　　　R_1——毂径比决定点处的桨毂半径（mm）；
> 　　　R_2——同 R_0 相对应的中空轴的孔半径（mm）；
> 　　　K_{R1}——R_2 和 R_0 之比（R_1/R_0）；
> 　　　K_{R2}——R_2 和 R_0 之比（R_2/R_0）；
> 　　　K_4、K_6、K_7——表4-3-1给定值；
> 　　　K_5、K_8——表4-3-2给定值；
> 　　　K_c——下式给定的值（mm/°）。

$$K_c = \left(K_9 + K_{10}\frac{C_b - C_s}{C_b - C_0}\right)\left(L_0 \frac{R_c}{\tan\alpha}\right) \times 10^{-5}$$

式中 L_0——桨毂内表面圆锥部轴向全长的一半（mm）；

　　　α——压入部圆锥角之半（°）；

　　　C_b——压入时桨毂的温度（℃）；

　　　C_s——压入时艉轴的温度（℃）；

　　　C_0——基准温度，计算时为 32 ℃；

　　　K_9、K_{10}、K_W——表 4-3-2 给定的值。

表 4-3-1 K_1、K_2、K_3、K_4、K_6、K_7 值

压入部的锥度	1/10	1/12	1/12.5	1/15	1/20
K_1	4.85	3.92	3.74	3.05	2.25
K_2	2.31	2.16	2.13	2.05	1.97
K_3	22.3	21.5	21.4	21.0	20.6
K_4	16.7	20.0	20.8	25.0	33.3
K_6	9.5	11.4	11.9	14.3	19.0
K_7	2.92	3.49	3.64	4.37	5.82

表 4-3-2 K_5、K_8、K_9、K_{10}、K_W 的值

桨毂材料	KHBsC1	KalBC2	KalBC3	灰铸铁	KSC46
K_5	1.00	1.00	1.00	1.20	0.57
K_8	1.00	1.00	1.00	0.81	0
K_9	0.65	0.65	0.65	0	0
K_{10}	1.10	1.10	1.10	1.10	1.10
K_W	9	10	12	4	9

（1）表 4-3-2 中的灰铸铁是日本工业标 JISG 5501 中的 FC20 或与之同等的铸铁。

（2）当艉轴不是锻钢，或者为这个表中未定的桨壳材料时，K_5、K_8、K_9、K_{10}、K_W 的值与表 4-3-2 不同，日本海事协会另有规定。

根据规定，用压入法来安装螺旋桨时，要做出压入量和压入力的关系记录，并且必须确认压入量正确无误。

三、船舶螺旋桨内场预装

引导问题 3：船舶螺旋桨内场预装主要包括哪些步骤？

> 小提示

（1）预装台架、设备、工具均由舵轴生产厂家确定，应保证安全可靠。
（2）应保证螺旋桨轴锥体和螺旋桨锥孔清洁。
（3）按图 4-3-2 所示安装螺旋桨和液压螺母。

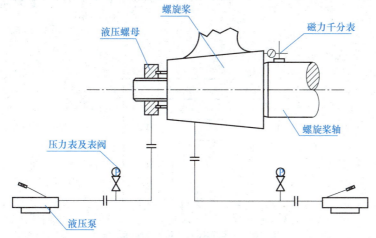

图 4-3-2　压装螺旋桨液压系统

（4）安装百分表。
（5）按图 4-3-3 所示用插入法求出 −15 ℃～0 ℃、0 ℃～35 ℃ 的推入量。

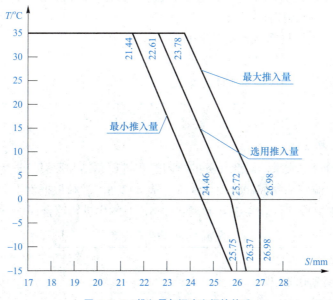

图 4-3-3　推入量与温度之间的关系

（6）螺旋桨压入程序如下：
1）向液压螺母活塞加压至 $P_1=3$ MPa，此时轴向百分表刻度盘调至"0"位。

2）继续向液压螺母活塞加压，分别记录推入量 X_2=0.5 mm、X_3=1.0 mm、X_4=1.5 mm、X_5=2.0 mm 时，相对应油压为 P_2、P_3、P_4、P_5。

注：上述压入过程中螺旋桨径向油泵不供油，仅需螺旋桨试装前在其锥孔内表面涂上一层薄薄的机械油。

3）将（X_2，P_2）、（X_3，P_3）、（X_4，P_4）、（X_5，P_5）及（X_1，P_1）绘于坐标纸上，并将前述5点做一"回归直线"交 X 轴于 X_0 点，X_0 点即压入量起点，如图 4-3-4 所示。

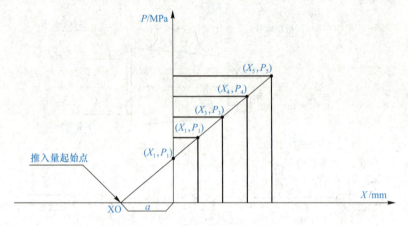

图 4-3-4　确定压入量起始点坐标示意

4）继续向液压螺母活塞加压，同时螺旋桨径向油泵供油，液压螺母轴向油泵与螺旋桨径向油泵交替供油加压，使螺旋桨逐渐压入至要求的压入量位置。

5）当达到要求的推入量后，逐渐泄掉径向压力，20 min 后再泄掉轴向压力，观察百分表指针，不应有任何变化。

6）绘制出推入量与推力的关系曲线。

7）拆下螺旋桨进行保养，待上船安装。

8）安装结束后，用压缩空气吹除桨毂与桨轴之间的液压油。

【学习成果评价】

各组自我检验学习成果，对此任务的学习过程进行总结和反思。学生根据任务学习的过程与结果真实、诚信地完成评价表 4-3-3 ～表 4-3-5。教师根据学生学习过程与结果客观、公正、全面地完成评价表 4-3-4 和表 4-3-5，对学生进行综合评价。

表 4-3-3　学生自评表

任务	完成情况记录
任务是否按计划时间完成	
相关理论完成情况	
技能训练情况	
任务完成情况	
任务创新情况	

续表

任务	完成情况记录
材料上交情况	
收 获	

表 4-3-4 学生互评表

序号	评价项目	小组互评	教师评价	总 评
1	任务是否按时完成			
2	材料完成上交情况			
3	成果质量			
4	语言表达能力			
5	小组成员合作面貌			
6	创新点			

表 4-3-5 教师评价表

序号	评价项目	自我评价	互相评价	教师评价	综合评价
1	学习准备				
2	引导问题填写				
3	规范操作				
4	完成质量				
5	关键操作要领掌握				
6	5S 管理、环保节能				
7	职业态度与精神				
8	参与讨论主动性				
9	沟通协作				
10	展示汇报				

注：评价档次统一采用 A（优秀）、B（良好）、C（合格）、D（努力）四档。

【任务实施相关知识】

一、无键螺旋桨液压安装压入量 S 的计算

1. 规范法

液压无键安装螺旋桨，将桨毂套合在艉轴上，轴向压入量 S 还可按 2018 年版《钢质海船入级与建造规范》的规定进行计算，这时应满足下式：

$$S_1 = \frac{1}{K}\left[47\,750\times10^4\,\frac{N_e}{An_e}\left(\frac{C_1}{E_1}+\frac{C_2}{E_2}\right)+(\alpha_2-\alpha_1)\,(35-t)\,d_1+0.03\right]$$

$$S_2 = \frac{1}{K}\left[0.7\delta_s d_1 \frac{K_2^2 - 1}{\sqrt{3K_2^4 + 1}}\left(\frac{C_1}{E_1} + \frac{C_2}{E_2}\right) - (\alpha - \alpha_1)d_1 t\right]$$

$$C_1 = \frac{1 + K_1^2}{1 - K_1^2} - \mu_1$$

$$C_2 = \frac{K_2^2 + 1}{K_2^2 - 1} - \mu_2$$

$$K_1 = \frac{d_0}{d_1}$$

$$K_2 = \frac{d_1}{d_2}$$

式中 S_1——最小轴向压入量（mm）；

S_2——最大轴向压入量（mm）；

K——螺旋桨轴端锥度，$K=1/15$；

N_e——传递到螺旋桨轴的额定功率（kW）；

n_e——传递扭矩时的转速（r/min）；

A——螺旋桨毂与艉轴的理论接触面积（mm²）；

d_0——轴中孔直径（mm）；

d_1——套合接触长度范围内轴的平均直径（mm）；

d_2——桨毂的平均外径（mm）；

μ_1——桨轴材料的泊松比，一般取 0.3；

μ_2——螺旋桨材料的泊松比，对铜质一般可取 0.34；

E_1——桨轴材料弹性模数，取值为
 20.6×10^4 N/mm²（2.1×10^4 kgf/mm²）；

E_2——螺旋桨材料弹性模数，对铜质一般可取 11.77×10^4 N/mm²（1.2×10^4 kgf/mm²）；

t——螺旋桨套合时的温度（℃）；

α_1——桨轴材料的线膨胀系数，一般取 11×10^{-6} ℃；

α_2——螺旋桨材料的线膨胀系数，对铜质的一般可取 18×10^{-6} ℃；

δ_s——螺旋桨材料的标定屈服强度（N/mm²）（kgf/mm²）。

2. 常规计算法

（1）根据主机的最大功率和转数，主机发出的最大扭矩为

$$M_{max} = 716.2 \times \frac{N_{emax}}{n_{max}}$$

式中 M_{max}、N_{emax}、n_{max}——主机最大扭矩、最大功率和最大转速。

取安全系数为 3 时，则螺旋桨计算传递扭矩为

$$M = 3 \cdot M_{max}$$

（2）无键连接螺旋桨考虑到安全系数后，组装的轴和毂的紧聚力：

$$P = \frac{2M}{F d_m \mu} \times 10^3 (9.8 \times 10^2 \text{Pa})$$

式中　P——组装后的紧聚力,也就是油压力（$9.8×10^2$Pa）；
　　　F——锥孔表面积（mm²）；
　　　d_m——艉轴平均直径（mm）；
　　　μ——摩擦系数,钢和铜之间摩擦系数可取 0.12～0.15。

（3）过盈量 Δ 与紧聚力 P 的关系式。根据材料力学厚圆壁筒计算公式：

$$\Delta = d_m \cdot P\left[\frac{1}{E_B}\left(\frac{K_d^2+1}{K_d^2-1}\right)+V_b+\frac{1}{E_T}(1-V_T)\right]$$

式中　E_B——桨毂材料弹性模数,青铜取 $119.5×10^5$ Pa；
　　　E_T——轴材料弹性模数,钢取 $211×10^5$ Pa；
　　　V_b——桨毂材料泊松比,青铜取 0.33；
　　　V_T——轴材料泊松比,钢取 0.26；
　　　K_d——桨毂内外平均直径的比值,$K_d=\dfrac{D_m}{d_m}$；
　　　Δ——过盈量（mm）。

（4）在工作时,由于螺旋桨产生的离心力作用而使套合表面的正压力减小,从而使套合表面的过盈量减小。其减小值一般为 5%～11%,一方面由于这部分计算工作繁杂；另一方面在选取安全系数为 3 时,已经考虑了螺旋桨离心力的影响。所以,一般可不必再次进行计算。

（5）由于工作时和组装时温度变化,将使轴和毂由于热膨胀系数不同而产生过盈量的变化,其过盈量变化值为

径向分量　　　　　　　　　$\Delta_r = d_m(\lambda_B-\lambda_T)(32-t)$
轴向分量　　　　　　　　　$\Delta_a = L(\lambda_B-\lambda_T)(32-t)$

式中　λ_B,λ_T——毂和轴的膨胀系数；
　　　L,d_m——桨毂长度和平均直径。

当毂的后端被螺旋桨螺帽刚性固定,则合成量为

$$\Delta_H = \Delta_r - \Delta_a\frac{1}{K}$$

式中　K——锥度 1∶15。

为了航行安全起见,通常以最高水温 32 ℃来计算,组装时设 $t'_0=0$ ℃。
则　　　　　　　　　　　　$\Delta_r = 32d_m(\lambda_B-\lambda_T)$
　　　　　　　　　　　　　$\Delta_a = 16L(\lambda_B-\lambda_T)$

为了在最高水温和最大转速时,仍能保持必需的过盈量,则在组装时过盈量为

在 0 ℃时：$\Delta_0 = \Delta + \Delta_H$
在 32 ℃时：$\Delta_{32} = \Delta$

式中　Δ_0、Δ_{32}——在 0 ℃及 32 ℃时的组装过盈量。
这样在 0 ℃组装时,毂和轴的聚紧压力为

$$P_0 = \frac{\Delta_0 P_0}{\Delta} \ (9.8 \times 10^2 \text{ Pa})$$

(6)轴对毂的最小轴向压入量（下限值）。

在 0 ℃组装时：$S_0 = K(\Delta_0 + 4G)$

在 32 ℃组装时：$S_{32} = K(\Delta_{32} + 4G)$

式中 S_0，S_{32}——0 ℃及 32 ℃时轴向压入量；

G——孔与轴的加工粗糙度，通常为 0.002 5～0.01 mm。

(7)当紧聚力为 P_0 时，毂的内孔表面和外毂表面所受的应力如下：

1）毂内表面的切向应力：

$$\sigma_R = P_0 \left(\frac{K_d^2 + 1}{K_d^2 - 1} \right) \ (9.8 \times 10^2 \text{ Pa})$$

2）毂外表面的拉应力：

$$\sigma_0 = P_0 \left(\frac{2}{K_d^2 - 1} \right) \ (9.8 \times 10^2 \text{ Pa})$$

对普通铜合金，σ_0 不应超过 4×10^3 Pa。

3）毂内表面所受最大综合应力：

$$\sigma_s = \frac{P_0}{K_d^2 - 1} \sqrt{3K_d^4 + 1} \ (9.8 \times 10^2 \text{ Pa})$$

4）当毂内孔允许受的最大综合应力为 $0.6\sigma_s$ 时，紧聚压力：

$$P' = \frac{0.6\sigma_s (K_d^2 - 1)}{\sqrt{3K_d^4 + 1}} \ (9.8 \times 10^2 \text{ Pa})$$

5）当毂外表面的拉应力为 4×10^3 Pa 时，紧聚压力（铝合金桨毂外表面拉应力超过 4×10^3 Pa 时，会引起应力腐蚀）：

$$P'' = \frac{4(K^2 - 1)}{2} \ (9.8 \times 10^2 \text{ Pa})$$

(8)轴与毂的最大轴向压入量（上限）。为保证螺旋桨在传递最大扭矩时不打滑，所需的过盈量及轴向压入量称为最小过盈量和最小压入量。实际选用的过盈量及压进距离大于计算结果，但也不能太大，否则在桨毂处产生的应力大于材料的屈服极限，这是不允许的，因此必须规定过盈量及轴向压入量的最大值，即上限。

比较 4）、5）各项公式的计算结果，以其中最小的为极限允许值，根据此允许值再算出过盈量及压入量的最大允许值（上限）。

(9)组装时，需要的轴向推力：

$$P_m = F P_0 \left(\mu_1 + \frac{1}{2K} \right) \ (9.8 \text{ N})$$

式中，μ_1 为压入时毂与轴表面的摩擦系数，取决于配合面加工精度，加油推入 $\mu_1 = 0.01 \sim 0.1$。

（10）拆除力。

$$P_b = FP_0\left(\mu_1 - \frac{1}{2K}\right)\ (9.8\ \text{N})$$

3. 简易法

液压装配螺旋桨，其轴向压进量：

$$S = K \cdot P$$

式中　K——系数，锥度为 1/12 时，$K=0.005$；锥度为 1/15 时，$K=0.006$；
　　　P——压紧力，取 9.8×10^3 N。

$$P \geqslant \frac{N}{R \cdot n}\ (9.8 \times 10^3\ \text{N})$$

式中　N——主机输出轴功率（kW）；
　　　n——转速（r/min）；
　　　R——桨毂锥孔配合接触部分平均内半径（m）。

当螺旋桨毂锥孔与艉轴采用环氧树脂胶粘时，其压紧力可取上式计算值的 90%；根据螺旋桨材质不同，依钢质、铸铁和铜质顺序，其压紧力可分别取 90%～100%；由于温差影响，对铜质螺旋桨，当装配时周围温度低于 0 ℃，其压紧力可增加 10%。

二、计算法确定初始点

按英国劳氏船级社（LR）的规定，实际轴向压入量初始点的负荷 W 为

$$W = A_1\left(0.002 + \frac{\theta_1}{20}\right)\left[P_1 + \frac{18}{B_3}(\alpha_3 - \alpha_1)\right]$$

式中　A_1——螺旋桨轴的装配接触面积（mm²）。

$$B_3 = \frac{1}{E_3}\left(\frac{K_3^2+1}{K_3^2-1}+V_3\right) + \frac{1}{E_1}\left(\frac{1+L^2}{1-L^2}-V_1\right)$$

$$K_3 = \frac{d_3}{d_1}$$

$$L = \frac{d_4}{d_1}$$

式中　d_1——在桨毂或衬套长度的中点处螺旋桨轴圆锥轴段的直径（mm）；
　　　d_3——桨毂长度中点处的外径（mm）；
　　　d_4——螺旋桨轴中心镗孔的直径（mm）；
　　　E_1——螺旋桨轴材料的弹性模量（N/mm²）；
　　　E_3——螺旋桨材料的弹性模量（N/mm²）；
　　　θ_1——螺旋桨轴圆锥轴段的锥度，不应大于 1/15。

$$P_1 = \frac{2m}{A_1\theta_1 V_1}\left(-1+\sqrt{1+V_1\left(\frac{F_1^2}{M^2}+1\right)}\right)$$

$$F_1 = \frac{2Q}{d_1}(1+C)$$

柴油机装置：$C = \dfrac{\text{使用转速下的扭矩波动量}}{\text{使用转速下的平均扭矩}}$

式中　M——螺旋桨的推力（N）。

$$V_1 = 0.51\left(\frac{\mu_1}{\theta_1}\right)^2 - 1$$

式中　α_1——螺旋桨轴材料的线膨胀系数；
　　　α_3——螺旋桨材料的线膨胀系数；
　　　μ_1——桨毂部件装配到桨轴上时，两者之间的摩擦系数；
　　　V_1——螺旋桨轴材料的泊松比；
　　　V_3——螺旋桨材料的泊松比；
　　　Q——对应于额定功率所定义的 P（H）和 R 的平均扭矩（N·mm）。

任务四　船上安装螺旋桨

【任务分析】

在熟悉船舶螺旋桨安装工艺过程和做好相关准备工作后，按照船舶螺旋桨安装工艺规程要求，螺旋桨液压装拆方法有干式和湿式两种。干式液压法的螺旋桨毂内孔与艉轴锥形摩擦面之间为干摩擦，液压仅提供轴向压紧所需推力；湿式液压法是在装拆螺旋桨时摩擦表面之间形成一层油膜，依靠高压油使桨毂胀大，产生弹性变形，使之易于轴向移动，并减小摩擦面之间的摩擦系数，以减小装拆的轴压力。根据实际情况不同，分别通过两种方法对船舶螺旋桨进行船上安装。

【学习目标】

1. 能够准确叙述干式液压法安装螺旋桨工艺过程；
2. 能够准确叙述湿式液压法安装螺旋桨工艺过程；
3. 能够正确按照干式液压法对船舶螺旋桨进行安装；
4. 能够正确按照湿式液压法对船舶螺旋桨进行安装；
5. 提升安全与保密素养；
6. 自我检验学习成果，对工作过程进行总结和反思。

【任务实施】

一、干式液压法安装螺旋桨

引导问题1：干式液压法安装螺旋桨有＿＿＿＿＿＿和＿＿＿＿＿＿两种形式。

> **小提示**
>
> 1. 液压螺帽装拆螺旋桨
>
> 液压螺母安装螺旋桨如图4-4-1所示。在艉轴液压螺母本体1内设有一个环形加压环2，环形加压环与艉轴螺母本体之间共有四道O形密封圈3。当安装螺旋桨时，用高压油泵4产生高压油注入液压螺母，使环形加压环压向螺旋桨，于是螺旋桨产生了轴向位移。由于桨毂孔与艉轴为锥形配合，当螺旋桨产生轴向位移时，桨毂内孔因弹性变形而胀大，与艉轴锥形端产生了过盈配合。当螺旋桨压到所要求的轴向位置时，高压油泵4便可卸压，接着液压螺母拧紧后再顶压一次。
>
> 液压螺母拆卸螺旋桨的操作如图4-4-2所示。先把液压螺母卸下，并倒装在艉轴上，装上工具压板1和双头螺栓3。螺旋桨毂上预先攻好螺孔，以便固定双头螺栓3。为了防止拆卸时螺旋桨从锥形端弹出，可在桨毂与液压螺母之间放入一木质垫块2。准备工作做好后，只要用高压油泵产生的高压油压入螺母，就能很方便地将螺旋桨拆下来。
>
> 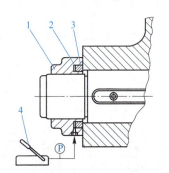　　　　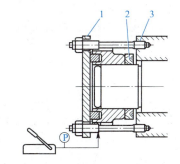
>
> 图4-4-1　液压螺母安装螺旋桨　　　　图4-4-2　液压螺母拆卸螺旋桨
>
> 1—液压螺母；2—环形加压环；3—密封圈；4—高压油泵　　1—工具压板；2—木质垫块；3—双头螺栓
>
> 2. 用专用油泵拆卸螺旋桨
>
> 专用双联油泵安装螺旋桨如图4-4-3所示，先把艉轴螺帽旋出相当距离，此距离值以专用油泵能嵌入艉轴螺母和螺旋桨之间为宜。由于这段艉轴螺纹较短，所以油泵只能做得很扁。顶压螺旋桨时，专用油泵以艉轴螺母为止推部件，高压油泵作用后，就能把螺旋桨压入所需要的位置。必须注意，由于艉轴螺纹螺距较小，而顶压螺旋桨时，特别是当螺旋桨与艉轴产生过盈以后，油泵的顶推力很大，可达数百吨，如艉轴螺帽与艉轴啮合圈数太少，就可能使螺纹遭到破坏。
>
> 专用油泵拆卸螺旋桨如图4-4-4所示，将专用油泵1嵌在螺旋桨与尾柱之间，同

时艉轴法兰需用支撑 2 撑牢，当高压油压入专用油泵后，由于艉轴被支撑撑牢不能向尾部轴向移动，这样螺旋桨就被油泵从艉轴上顶压出来了。

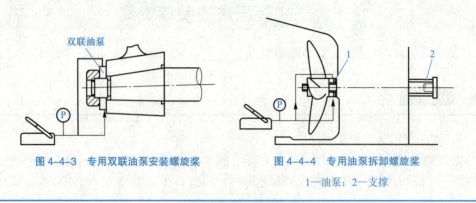

图 4-4-3　专用双联油泵安装螺旋桨　　　图 4-4-4　专用油泵拆卸螺旋桨

1—油泵；2—支撑

螺旋桨液压装配计算书

二、湿式液压法安装螺旋桨

引导问题 2：按照下面小提示，熟悉湿式液压法安装螺旋桨的工艺步骤，并完成表 4-4-1 的填写。

表 4-4-1　螺旋桨压入记录表

压入量：_____mm；环境温度_____℃；轴温度：_____℃；桨温度：_____℃

压入量/mm	轴向压力/MPa	径向压力/MPa

螺旋桨压入曲线 (The Forced For the Propelle)

轴向压力　　径向压力

210

> **小提示**

湿式液压法是用油压将螺旋桨毂胀开，再用油压环状活塞将螺旋桨推到艉轴锥面上。移动的距离是预先计算好的，可以通过千分表进行测量。这种方法是去压后螺旋桨能紧配在艉轴锥面上，产生一个表面压力，这种表面压力保证了所要求的安全系数，一般情况下这个安全系数选 2～3。

采用湿式液压法装拆的螺旋桨，必须重新设计。螺旋桨的毂长和毂径尺寸应这样决定，即毂孔部位承受的压力只能达到螺旋桨材料屈服强度的 50%～70%。

安装时因为毂孔中需要加油，螺旋桨毂实际上浮悬在一层油膜上，所以安装时所需的轴向推力是很小的。

1．准备工作

（1）螺旋桨轴上的艉密封装置应已安装好，防蚀衬套按要求临时固定完毕。

（2）用清洗剂清洗螺旋桨锥孔和螺旋桨轴锥部及油路和油孔，使配合表面无油脂、杂物；并涂上一层液压油（与油泵使用的液压油相同）。在螺旋桨轴套上防蚀衬套和 O 形密封圈。

（3）将螺旋桨吊装到位，并检查位置标记（其中桨毂后端面与螺旋桨轴小端后端面间距根据桨轴拂配数据确定）对齐，吊起并旋上液压螺母（旋入前应在螺纹段加牛油和白漆），拧紧到位。

（4）螺旋桨轴就位，使艉柱后端面与桨毂前端面间距为（330+25）mm；按图纸要求将艉密封防蚀衬套及 O 形密封圈装在桨叶上；对螺旋桨轴采取合适的临时支撑，防止螺旋桨轴旋转和前后移位。

（5）将一只千分表支架置于隔舱壁前的螺旋桨轴上，千分表触头与艉轴管端面接触，以此来检查在压螺旋桨的过程中螺旋桨轴是否移动。

（6）在螺旋桨轴中心线上部靠近螺旋桨前端部处安放带磁性底座的千分表（左右对称），使千分表触杆与螺旋桨前端部相接触，并调整好零位值。

（7）使用一台高压油泵和两套高压软管（包括压力表、阀和接头），使高压油泵分别向液压螺母和桨毂锥孔提供压力油，作轴向推进和径向扩张用。

（8）准备好一张坐标纸（方格纸），并画上以轴向推入量 S 为横轴、轴向压力 P 为纵轴的坐标系，在安装时用来确定安装起始点。

2．确定轴向推入量

（1）该船轴向推入量由厂家按 CCS 规范进行计算，供安装查用。

（2）使用点温计分别测出此时螺旋桨桨毂和螺旋桨轴处的温度，并取平均值。

（3）用插入法确定轴向压入量 δ：35 ℃时的轴向压入量 δ_{35}=15.22 mm；25 ℃时的轴向压入量 δ_{25}=16.10 mm；15 ℃时的轴向压入量 δ_{15}=16.97 mm；0 ℃时的轴向压入量 δ_0=18.28 mm。

（4）螺旋桨液压安装时，桨、轴的温度应相差不大。若两者温度差大于 2 ℃，必须对轴向压入量 δ 进行计算修整（修整方法：取温度平均值）。

3. 推入

（1）如图 4-4-5 所示，将 A 阀、B 阀同时打开，轴向、径向油泵同时分别向油路注入压力油，使桨毂锥孔径向扩大的同时，轴向湿式推入螺旋桨。推入过程中轴向、径向压力应趋于一致，且轴向压力可略高于径向压力。

（2）湿式推入时从 $\delta/5$ 位起，每推进 0.50 mm，分别记录下此时轴向、径向油泵的排出压力 $P_{轴}$、$P_{径}$。

（3）当螺旋桨湿式推入到轴向压入量 δ'（$\delta'=\delta+S_0$）处，即推入结束。记录下此时的最终轴向、径向压力 $P_{轴}$、$P_{径}$。

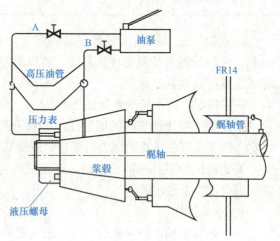

图 4-4-5　螺旋桨安装

（4）先关闭 B 阀，泄放螺旋桨桨毂处的径向压力油，使径向油泵压力表读数为零，此时须保持轴向油路处的油压不变。15 min 后观察千分表读数不变，螺旋桨没有轴向滑动位移方可关闭 A 阀并逐步泄掉液压螺母处的轴向压力油。到此，湿式压入结束。15 min 后再观察千分表读数是否变化。

（5）确认螺旋桨无滑动后，用扳手棒或专用工装旋紧紧固液压螺母，然后用锤使螺母向旋转方向再旋紧 10°～15°；拆卸轴向、径向油路装置，并用螺钉塞紧进油口；旋入液压螺母上的螺塞。做出螺旋桨、螺旋桨轴周向匹配记录。记录表见表 4-4-1。

（6）完工后，将 0 ℃、35 ℃ 对应的压入量值钢印到螺旋桨上。

4. 检验

（1）无键螺旋桨安装结束后，螺旋桨无轴自滑动位移；
（2）无键螺旋桨安装结束后，压入量符合螺旋桨无键连接计算书要求；
（3）无键螺旋桨安装结束后，螺旋桨附件的安装符合图纸要求。

船舶无键螺旋桨安装工艺规范

螺旋桨船上安装

螺旋桨液压安装演示

【学习成果评价】

各组自我检验学习成果，对此任务的学习过程进行总结和反思。学生根据任务学习的过程与结果真实、诚信地完成评价表 4-4-2～表 4-4-4。教师根据学生学习过程与结果客观、公正、全面地完成评价表 4-4-3 和表 4-4-4，对学生进行综合评价。

表 4-4-2　学生自评表

任务	完成情况记录
任务是否按计划时间完成	
相关理论完成情况	
技能训练情况	
任务完成情况	
任务创新情况	
材料上交情况	
收获	

表 4-4-3　学生互评表

序号	评价项目	小组互评	教师评价	总评
1	任务是否按时完成			
2	材料完成上交情况			
3	成果质量			
4	语言表达能力			
5	小组成员合作面貌			
6	创新点			

表 4-4-4　教师评价表

序号	评价项目	自我评价	互相评价	教师评价	综合评价
1	学习准备				
2	引导问题填写				
3	规范操作				
4	完成质量				
5	关键操作要领掌握				
6	5S 管理、环保节能				
7	职业态度与精神				
8	参与讨论主动性				
9	沟通协作				
10	展示汇报				

注：评价档次统一采用 A（优秀）、B（良好）、C（合格）、D（努力）四档。

【任务实施相关知识】

一、螺旋桨一般安装法

一般安装方法是指用葫芦、千斤顶等简单工具将经过刮配后的螺旋桨安装在艉轴上，主要采用机械连接。机械连接是通过螺旋桨桨毂锥孔与艉轴锥体部分的紧配合及传动键来连接，并用螺母锁紧，以便传递扭矩和承受推力作用。采用传动键连接螺旋桨与艉轴，是一种传统的连接方式。缺点是在艉轴上的键槽处容易产生应力集中，引起裂纹或断轴事故。一般小型船舶螺旋桨毂采用此种连接方式。此种安装法适用带键的无液压螺母螺旋桨的安装。

一般安装法的操作步骤如下：

（1）装配前艉轴锥体必须擦干净，密封装置必须安装好并经试压合格。

（2）螺旋桨锥孔必须清理干净，在锥孔内非配合面上抹上薄薄一层黄油。但注意配合面上不能有黄油，否则影响螺旋桨与艉轴的紧密配合。

（3）将螺旋桨吊起，注意艉轴及螺旋桨的键和键槽方向必须都转向上方，这样便于对准，安装方便。吊螺旋桨时除起吊葫芦外再加上两个横向拉动葫芦，能使螺旋桨顺利地套入艉轴锥体。也可借助于液压千斤顶进行螺旋桨的安装。修船时如不拆桨叶，则螺旋桨的拆装靠移动艉轴来实现。

（4）对于中小型船舶，安装艉轴后在艉轴螺母及整流帽内可涂满黄油；对于大型船舶，整流帽安装好以后将加热融化的石蜡灌入整流帽。

（5）旋上艉轴螺母或整流帽，应注意艉轴螺母的旋向。螺母的螺旋方向与螺旋桨的转向是相反的，如右旋螺旋桨是左旋螺纹的螺母。

（6）旋上螺母后，即可拆除起吊钢索及其他工夹具。用枕木垫住螺旋桨的叶片，使螺旋桨不能转动，然后用专用扳手将螺母打紧，直至达到在车间里刮配时所做的记号位置。

（7）在螺旋桨上钻孔、攻丝，并安装艉轴螺母的止动块，安装有关防止螺母松动的铜丝及止动螺钉等。

（8）用水泥将螺母或整流帽的凹处填平封好。至此，螺旋桨的安装工作结束。

二、环氧树脂胶合法

现在内河及沿海中、小型船舶已广泛采用无键环氧树脂胶合安装，如图 4-4-6 所示。这样可以避免因键槽处产生应力集中而使艉轴断裂。

采用环氧树脂胶合法的工艺要求如下。

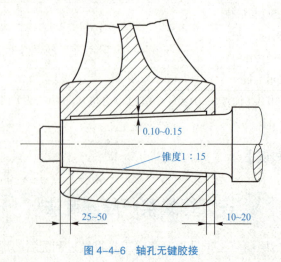

图 4-4-6 轴孔无键胶接

1. 表面加工要求

(1) 粗糙度在 6.3 μm 左右。

(2) 锥体大小端用 0.05 mm 塞尺应塞不进。

(3) 轴孔锥度取 1∶15，修船可按原锥度。

(4) 轴孔中部应车空 0.10～0.15 mm，作为环氧胶粘剂的涂层。

2. 表面处理

胶接表面应无锈、无油、无水。如有油污，可用丙酮、四氯化碳或其他去油溶剂洗刷。先用刷子，再用干净棉纱擦净。如有锈斑，可用干净砂纸擦除。若原来是用环氧树脂胶接的，当修理后进行第二次胶接时，须将残留胶粘剂铲除干净。

3. 键和螺旋桨键槽的配合要求

键与螺旋桨键槽单独配合时，在键的两侧应用 0.10 mm 塞尺塞不进，并全部涂胶。对修理船舶，如原艉轴锥体上有键槽，而现在新换螺旋桨进行无键胶接，则螺旋桨的加工可参照图 4-4-6 所示尺寸加工，对旧艉轴的键槽可以用钢板镶嵌后锉圆。

4. 环氧胶粘剂的配方

环氧胶粘剂的配方见表 4-4-5。表中三种配方应视胶粘剂的材料供应情况而定。

表 4-4-5　环氧胶粘剂配方表（质量比）

环氧树脂	固化剂	增塑剂	稀释剂
618，90 份或 6101，100 份或 634，100 份	二乙烯三胺，8～10 份	304，30 份	690，15 份或 501，15 份
	三乙烯四胺，10～12 份	650，50 份	
	四乙烯五胺，10～14 份	651，50 份	
	650，100 份		

注：650 聚酰胺树脂既是增塑剂，又是固化剂。

5. 环氧胶粘剂的调配方法

(1) 将容器和搅棒擦洗干净。

(2) 根据螺旋桨功率的大小估计剂量，一般每 100 马力用 10 g 环氧树脂，再按质量比例配其他用剂。

(3) 按比例称出增塑剂和稀释剂，然后和环氧树脂倒在一起大致调匀。

(4) 按比例称出固化剂倒入容器，立即将它搅匀。

6. 胶接工艺

(1) 涂胶前，应将艉轴油封装置装妥，并将螺旋桨和艉轴螺母试装一次；

(2) 彻底清理胶接表面，用丙酮洗净油污，用砂纸擦去锈斑，用氧-乙炔火焰或喷灯将胶接表面缓慢加热至 30 ℃～40 ℃，这一点在冬季尤其重要；

(3) 用清洁的刷子将胶粘剂均匀地涂在轴和锥孔的胶接表面上，厚度为 0.20～0.30 mm，注意不要留有气泡、脱落的刷毛和灰砂；

(4) 胶粘剂涂好后，立即将螺旋桨套进艉轴，旋上艉轴螺母，用手锤打紧；

(5) 清理被挤出来的胶粘剂，防止流到艉轴螺纹上去，以免今后拆卸时麻烦；

（6）胶粘剂在常温下需要 24 h 才能固化，如果用氧－乙炔火焰或喷灯加热至 80 ℃～100 ℃，则 4 h 后即可固化。因此，船舶下水必须在胶粘剂固化以后。

7. 注意事项

（1）进行胶接工作时必须通风良好，使操作者尽量少吸入挥发性的有毒的化学物质。

（2）操作时应有劳动防护，严防化学物质溅入眼睛。

（3）使用环氧胶粘剂安装的螺旋桨，当需拆卸时，可用氧－乙炔火焰或喷灯对胶接处加热，约加热至 200 ℃时即可脱开，再用专用工具拆下螺旋桨。

05 项目五 船舶舵系安装

【项目描述】

舵是舵手（驾驶人员）用来保持或改变船舶在水中运动方向的专用设备，舵系的安装是船舶水下工程中的一个重要环节。从轴系、舵系拉线照光定位开始，到船舶下水，大约需要一个月的时间，最短可到25天。因此，舵系工程中采用地面预装工艺，可加快施工进度。船舶舵系的安装是船厂主要工作任务之一，是船舶动力装置技术人员必须掌握的专业技能。

【项目分析】

船舶舵系的安装项目需要依照《中国造船质量标准》（GB/T 34000—2016）的要求，满足入级船级社的船舶建造规范，同时依据企业实际工艺规范来完成，通常需要通过认知船舶舵系、确定舵系理论中心线和船舶舵系安装三个任务来学习和训练。

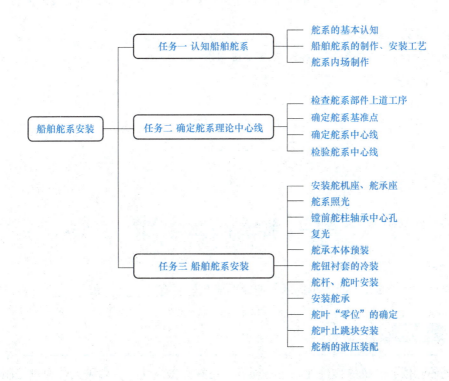

【相关知识和能力】

知识	能力
1. 舵系的基本组成、类型； 2. 确定舵系理论中心线的方法； 3. 舵系孔镗削方法； 4. 舵系安装的内容和方法	1. 识读舵系安装工艺文件； 2. 确定舵系理论中心线； 3. 舵系镗孔； 4. 安装舵系； 5. 固定舵系

任务一　认知船舶舵系

【任务分析】

在船舶舵系安装前，要对船舶舵系有正确的认知。学习船舶舵系安装的工艺文件、识读和熟悉舵系的设计图纸及安装使用说明书，同时做好相关检查与检验、加工等准备工作。本任务主要目的是掌握船舶舵系的基本结构，并熟悉船舶舵系的内场加工和安装工艺规程。

【学习目标】

1. 掌握船舶舵系的作用、结构和常见类型；
2. 能够准确叙述舵系安装工艺过程；
3. 熟悉船舶舵系的内场制作工艺；
4. 能够有效与他人进行沟通，团结协作开展工作；
5. 自我检验学习成果，对工作过程进行总结和反思。

【任务实施】

一、舵系的基本认知

1. 功用

引导问题1：阅读下面的小提示，请说明船舶舵系有_____和_____两种功能。

小提示

船舶除依靠主机的推进外，还必须具有良好的操纵性能，驾驶人员通过控制舵系来实现船舶的操纵性能。舵有两大功能：一是保持船舶预定航向的能力，称为航向稳定性；二是改变船舶运动方向的能力，称为回转性。通常把两者统称为船舶的操纵性。

2. 组成

船舶舵系是保证船舶操纵性能的一种重要装置,其安装质量的优劣直接影响船舶的航行安全。舵系主要包括舵机、舵杆、舵叶、舵销、舵柄、舵轴承等。其具体组成如图 5-1-1 所示。

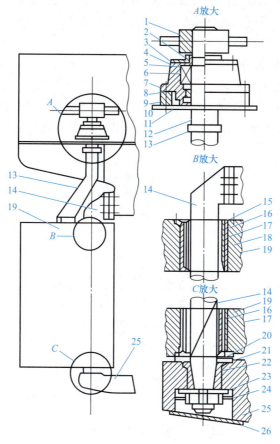

图 5-1-1 舵系的组成

1—舵柄;2—压紧杆;3—套环;4—承压环;5—压盖;6—滚动轴承;7—压板;8—上舵承体;
9—垫片;10—衬环;11—密封圈;12—衬套;13—上舵杆;14—穿心舵轴;15—压板;
16—外衬套;17—铁梨木;18—内衬套;19—舵叶;20—上摩擦片;21—下摩擦片;
22—舵轴衬套;23—垫圈;24—止动板;25—舵托;26—下封板

3. 类型

引导问题 2:阅读下面的小提示,请说出船舶舵系按舵杆轴线位置可分为_____、_____和_____三种类型。

小提示

舵是舵设备中承受水动力以产生转船力矩的构件,一般安装在螺旋桨后面。舵的形式主要是根据船舶性能要求来决定的。

1. 按数量分类

（1）单舵系。单舵系布置在船艉的船中纵剖面上，多用于航行中以稳定航向为主的船舶，如大型货船、油船。

（2）双舵系。两舵系对称布置在船艉中纵剖面的左右两侧。常用于航速高、操纵灵活、机动性好、工作可靠而吃水受到一定限制的船舶，如客船、拖船、集装箱船、军用船舶和特种工程船舶等。

2. 按舵叶剖面形状分类

（1）平板舵，也称单板舵。其舵叶剖面呈平板状，主体为一单板，如图 5-1-2 所示。舵叶两侧设有交替安装横向加强筋的舵臂，以增加其强度。这种舵阻力较大，其舵效随着舵角的增大而变差，失速现象发生得早，适用小型船舶。

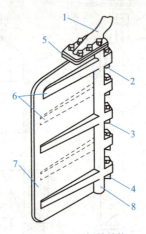

图 5-1-2　平板舵结构

1—上舵杆；2—上舵销；3—中间舵销；4—下舵销；5—连接法兰；6—舵臂；7—舵板；8—下舵杆

（2）流线形舵，又称复板舵。其构造比平板舵复杂，具有阻力小、强度高和舵效高等优点。为了提高舵效和推进效率，流线形舵大多采用由钢板焊接而成的空心舵，如图 5-1-3 所示，广泛适用海船。

3. 按舵杆轴线位置分类

（1）不平衡舵：舵叶全部位于舵杆轴线之后，舵钮支点较多，如图 5-1-4 所示。舵杆强度容易得到保证，需要较大的转舵力矩。因此，舵机的功率也要求相应大些。目前，该类舵在新建船舶上已很少采用。

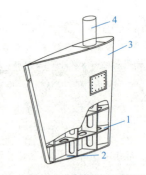

图 5-1-3　流线形舵结构

1—水平隔板；2—垂直隔板；3—舵板；4—舵杆

（2）平衡舵：舵杆轴线位于舵叶的前后缘之间，如图 5-1-5 所示。舵杆轴线之前的舵叶起平衡作用，这部分面积与舵叶全部面积之比称为平衡比度或平衡系数，一般为 0.2～0.3。这种舵的水压力中心与舵杆中心的距离小，需要的转舵力矩和舵机功率也相应减小。目前，这种形式的舵得到广泛应用，包括大型船舶。

（3）半平衡舵：舵的下半部为平衡舵，上半部为不平衡舵，如图 5-1-6 所示。平衡比度介于平衡舵和不平衡舵之间，即在 0.2 以下。转舵力矩比平衡舵大，一般用于艉柱形状比较复杂的船舶。

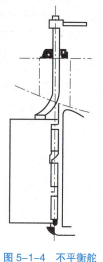
图 5-1-4　不平衡舵

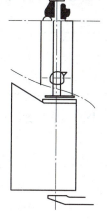
图 5-1-5　平衡舵

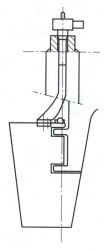
图 5-1-6　半平衡舵

舵杆与舵叶拂配

二、船舶舵系的制作、安装工艺

引导问题 3：阅读下面的小提示，请说出船舶舵系的安装工艺过程具体包含哪些工作？

_____

_____

▎小提示▕

舵系装置的制作、安装工艺主要包括舵系内场制作和船台施工内容。其中，船台施工包括舵系基准点的确定、舵系照光、舵承座和挂舵臂舵钮孔机加工、舵系复光、舵承本体预装、舵钮衬套的冷装、舵杆/舵叶的安装、安装舵承、舵叶"零位"的确定、舵叶止跳块安装、舵柄的液压装配、舵机安装等内容。

舵叶锥度拂配

221

三、舵系内场制作

引导问题 4：阅读下面的小提示，请说出船舶舵系的内场制作包含哪些内容？

_____
_____

例如，某散货船的舵装置内场制作过程主要包括以下内容：

1. 舵叶制作

（1）舵叶在按照设计图纸进行制作时，要充分注意技术要求内容，合理安排各项工作的施工顺序。

（2）舵叶的建造精度应满足表 5-1-1 的要求。

表 5-1-1 舵叶的建造精度

项目	标准范围 /mm
四角水平度偏差	±5
上、下部铸件上端面与舵轴中心线垂直度偏差	≤ 3
舵宽偏差	±4
舵高偏差	±6.2
舵叶顶板、舵叶底板与舵轴中心线垂直度偏差	≤ 5
舵尾边板直线度偏差	≤ 5
舵叶对称度偏差	≤ 5

2. 舵叶机加工

（1）舵叶在平台找水平，并画线确定中纵剖面线和上下锥孔位置。通过上下锥孔拉钢丝线，制作加工内孔用的基准点。以钢丝线为基准找正基准点，允许误差为 0.05 mm。画出加工圆线和检验圆线并在舵叶方法兰上做出十字线标记，以此作为舵叶和舵杆安装对中的依据。

（2）机加工以基准点为依据，找正镗杆，要求偏差不大于 0.03 mm。

（3）加工舵叶锥孔时，锥孔内轴向留余量（研磨量 6～7 mm，压入量 1 mm）。

（4）其余加工尺寸和要求参见图纸。

3. 上、下舵销与舵叶销孔的研配及安装

（1）上、下舵销与舵叶销孔采用水平研配，舵叶水平放置，下面支以千斤顶及木墩，按舵叶中纵剖面线找好水平。上、下舵销的结构如图 5-1-7、图 5-1-8 所示。

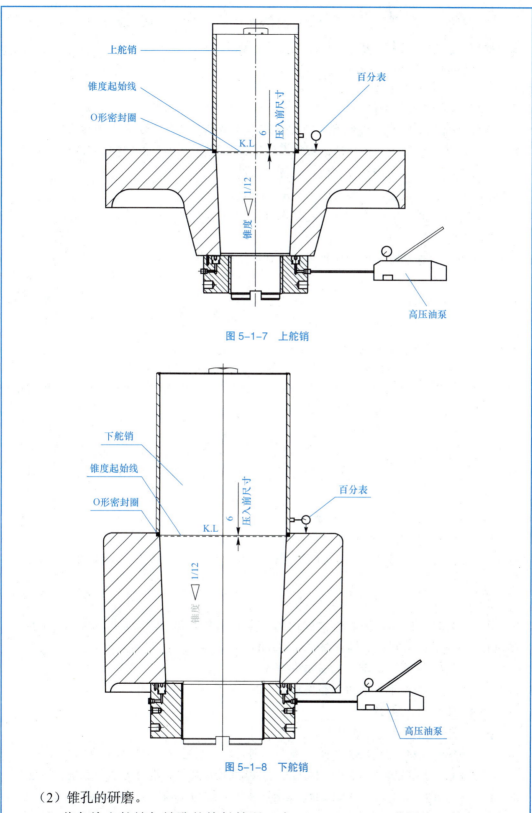

图 5-1-7 上舵销

图 5-1-8 下舵销

（2）锥孔的研磨。

1）着色检查舵销与销孔的接触情况，在 25 mm×25 mm 范围内，粘色不少于

3点,且着色均匀,着色面积不少于总面积的70%。用 0.05 mm 塞尺检查锥体两端的局部缝隙深度不大于 15 mm。

2)研配时,舵销螺纹处加以保护。

(3)上、下舵销压装。

1)压装前的准备工作。

①检查螺母的螺纹及舵销螺纹。如有硬伤、飞刺及高点等缺陷,用油石进行仔细修研直至螺纹表面光顺为止。清洁螺母及舵销螺纹并喷涂适量二硫化钼润滑剂。

②将舵叶锥孔及舵销锥体部位进行彻底清洁。

③连接好液压设备,安装带磁力座的百分表。

④将液压螺母安装到舵销上,旋紧螺母。

2)压装过程。

①操作手动泵缓慢地向液压螺母加压到规定压力。

②百分表调零。

③继续向液压螺母注油加压,每压入 0.2 mm 为一级且记录一次泵的压力,当压进 0.6 mm 时停止作业,将记录数据按顺序画在坐标纸上并画回归线,回归线与横坐标的交点即为舵销轴向压进初始点 0′(实际零点)。

④继续向液压螺母注油加压,直至舵销的压入长度达到 1 mm 的压入量。

⑤旋紧螺母,安装丝堵,焊好止动板,在螺母上做压入力及压入量标记,焊接水下检验检查棒,焊接螺母封板。

4. 舵杆与舵柄锥孔的研配

(1)舵柄键与舵杆键槽研配,键与键槽两侧面着色均匀,贴合面积不小于 70%,0.05 mm 塞尺不得塞入,键与槽底部要贴实,着色接触比应大于 40%,敲击不得有悬空声。

(2)舵杆(带键)与舵柄锥孔研配。

1)舵杆与舵柄锥孔表面研磨后,在 25 mm×25 mm 范围内,粘色不少于 3 点,且着色均匀,着色面积不少于总面积的 70%。用 0.05 mm 塞尺检查锥体两端的局部缝隙深度不大于 15 mm。

2)研配时,舵杆螺纹处加以保护。

3)舵柄键与舵柄键槽研配,键与键槽两侧面着色均匀,侧面允许间隙 0.20 mm,键顶应有 2% 的键高间隙,最大不超过 2 mm。

(3)舵承键与舵杆键槽研配参见步骤(1)。

(4)舵承键与舵承键槽研配参见步骤(2)中③。

(5)舵杆与舵承架预装。

5. 舵杆与舵销中心的对中

(1)舵杆与舵叶的连接法兰面,事先分别研平,而后用临时螺栓将两者把紧。

(2)以上、下舵销轴线和舵叶中纵剖线为基准校正舵杆,舵叶方法兰和舵杆方法兰的中纵剖线标记对正。用激光经纬仪检验舵杆中心线与销轴中心线同轴度偏差不大于 0.3 mm。

(3) 同时，测量舵叶上部铸件上端面至舵杆上端锥度起始线的距离。将舵杆的预装位置做标记点作为船上安装定位基准，然后拆下舵杆并做好保护。

舵杆与舵销中心的对中交验要求如下：

1) 舵杆与舵叶连接后的中心线偏差应不大于 0.3 mm，极限不大于 0.5 mm。

2) 两法兰采用标准平板研配后，在 25 mm×25 mm 范围内，粘色不少于 3 点，且着色均匀，着色面积不少于总面积的 70%，两法兰对中把紧后，用 0.05 mm 塞尺插入深度不大于 15 mm。

(4) 法兰铰制螺栓孔加工。

1) 舵杆与舵销对中交验后，加工铰制孔。

2) 按图纸进行铰制孔加工，要求内孔圆度 ≤ 0.02 mm，圆柱度 ≤ 0.02 mm。

(5) 法兰铰制螺栓加工

1) 按各铰制孔的实际尺寸及图纸所要求的过盈量，进行铰制螺栓加工。

2) 铰制螺栓的过盈量为 0.005 ～ 0.015 mm。

3) 铰制螺栓加工，要求内孔圆度 ≤ 0.02 mm，圆柱度 ≤ 0.02 mm。

4) 每个铰制螺栓加工后应做好装配标记。

【学习成果评价】

各组自我检验学习成果，对此任务的学习过程进行总结和反思。学生根据任务学习的过程与结果真实、诚信地完成评价表 5-1-2 ～表 5-1-4。教师根据学生学习过程与结果客观、公正、全面地完成评价表 5-1-3 和表 5-1-4，对学生进行综合评价。

表 5-1-2　学生自评表

任务	完成情况记录
任务是否按计划时间完成	
相关理论完成情况	
技能训练情况	
任务完成情况	
任务创新情况	
材料上交情况	
收获	

表 5-1-3　学生互评表

序号	评价项目	小组互评	教师评价	总评
1	任务是否按时完成			
2	材料完成上交情况			
3	成果质量			
4	语言表达能力			

续表

序号	评价项目	小组互评	教师评价	总评
5	小组成员合作面貌			
6	创新点			

表 5-1-4　教师评价表

序号	评价项目	自我评价	互相评价	教师评价	综合评价
1	学习准备				
2	引导问题填写				
3	规范操作				
4	完成质量				
5	关键操作要领掌握				
6	5S 管理、环保节能				
7	职业态度与精神				
8	参与讨论主动性				
9	沟通协作				
10	展示汇报				

注：评价档次统一采用 A（优秀）、B（良好）、C（合格）、D（努力）四档。

任务二　确定舵系理论中心线

【任务描述】

当船舶舵系装置内场制作结束后，要进行船台施工工作。按照舵系布置图的要求，检查舵系部件的上道工序，确定舵系上、下基准点，进而确定舵系理论中心线，为后续安装工作提供重要依据。

【学习目标】

1. 能够准确地确定舵系上、下基准点；
2. 按照确定舵系理论中心线的工艺规程确定舵系理论中心线；
3. 能够在确定舵系理论中心线的过程中解决实际问题；
4. 提升安全操作、文明安装意识；
5. 自我检验学习成果，对工作过程进行总结和反思。

【任务实施】

一、检查舵系部件上道工序

引导问题 1：阅读下面的小提示，说明检查舵系部件上道工序主要包括哪些内容？

___

___

___

 小提示

（1）舵承卡盘预装。测量各处尺寸，检查卡盘是否能正常安装到位。

（2）舵叶与挂舵壁安装尺寸检查。为确定上舵钮下端面至舵承座上端面的距离，需要检测舵叶与舵杆连接面至舵叶上锥孔上平面的距离，并检测上舵钮的高度。

（3）检查舵销及舵叶研配面是否有划痕等缺陷，并检查研配标记线是否清晰。

（4）测量舵叶与舵杆铣孔螺栓的尺寸，检查过盈量是否满足要求，并记录数据。

（5）舵销与液压螺母预装检查。检查螺纹光洁程度及有无缺陷，预装前做好清洁工作。

（6）测量舵销轴径并做好记录，待衬套冷装结束后测量衬套内径，计算舵销间隙，无误后安装衬套。

（7）检查舵柄与舵杆研配表面是否有划痕、研配标记是否清晰。

（8）舵机上道工序检查。检查液压缸柱塞表面有无划痕，附件是否齐全，管路接头和连接面是否漏油等。

（9）检查上、下舵销 O 形圈内径及胶圈粗细是否与图纸相符。

（10）检查舵叶打压螺栓孔螺纹及内部清洁情况。

值得注意的是，部件表面检查需认真，有保护罩或保养油的部位需拆除，清洁干净再检查；检测尺寸要做好记录，如与图纸不符需及时通知技术及质管部门协调解决。

二、确定舵系基准点

引导问题 2：阅读下面的小提示，说明单舵的上、下基准点如何确定？

___

___

___

> **小提示**
>
> 单舵的上、下基准点在舵机房甲板的船中线上和下舵承端面（或船台上）的船中线上，按舵布置图的规定，用钢直尺量取与规定肋位若干距离即得。也可以只量取上基准点，用在上基准点吊线坠的办法求得下基准点。在水平船台上，下基准点在线坠尖上直接取得。在斜船台上，须将线坠尖在船台的坠尖点 A 沿轴系中心线的投影线（单轴系即为船中线）向前移一定距离，从 L 至 B 点上，如图 5-2-1 所示，下基准点就在 B 点和上基准点的连线上。L 可由船台斜角 θ 和线坠线长 H 求得。
>
> $$L = H\sin\theta$$
>
>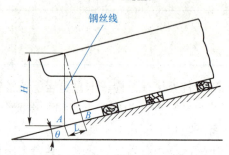
>
> 图 5-2-1 在斜船台上确定舵系基准点
>
> 如果是双舵或三个舵，则左右边舵的左右位置用直尺从船中线上的规定肋位处（或距某号肋位若干距离处）向左右量取规定距离。
>
> 若用激光法，则在船坞底中心线上放一个激光仪，确定 0 号肋位所在点经过中心线。

三、确定舵系中心线

1. 确定舵系理论中心线应具备的条件

（1）在测定舵系中心线之前，船体尾部结构焊接和火工矫正工作必须结束；

（2）尾部隔舱的水压试验交验完毕；

（3）船体基线复查调整也已完成。

在轴系中心线测定完成后，接着进行舵系中心线的测定，舵叶与舵柱在车间平台上已校中并配置好紧固螺栓。

2. 确定舵系理论中心线的方法

引导问题 3：阅读下面的小提示，确定轴系理论中心线主要有＿＿＿＿和＿＿＿＿两种方法。

引导问题 4：阅读下面的小提示，说明舵系理论中心线与轴系理论中心线有何种位置要求？

引导问题 5：阅读下面的小提示，简述舵系拉线的步骤。

_____

_____

小提示

舵系理论中心线和轴系理论中心线的相互位置有一定的要求，因此两者的理论中心线基本上是同时确定的，而且它们所用的方法也基本相同。

（1）拉钢丝线法确定舵系理论中心线。舵系中心线一般均采用拉线法测定，因为舵系中心线是垂直方向的，不存在因钢丝自重而产生挠度的问题，拉线的精度容易保证。另外，舵系比轴系短得多，而且支承轴承的数量也少，这些结构上的特点使其拉线工艺简单方便，故普遍采用拉线法来确定舵系中心线。拉舵系中心线时，在舵机房的上甲板设一拉线架，在下舵承孔的下端面上也设一拉线架（无舵斗就设在船台上），拉一根直径为 0.5～1.0 mm 的钢丝，调整钢丝的位置，使所拉的钢丝通过上、下基准点，此钢丝就代表舵系理论中心线。

由于钢丝要通过舵机房的上、下甲板，在没有中间舵杆轴承时钢丝还要通过船体艉部的船壳板，故拉舵线之前，必须先在相应位置预先开孔，孔的位置按舵线的设计位置（前后、左右）大致确定，孔的直径也为成品孔直径的 1/3～1/2 即可。

拉舵线前将上舵承座大致放到位，拉线时钢丝从其中穿过。

测定舵系中心线可与轴系拉线或光学仪定位工作同时进行，也可单独进行施工，这时轴系中心线不能拆除，如图 5-2-2 所示。

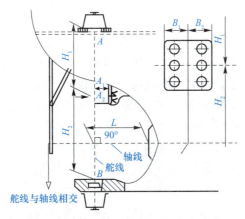

图 5-2-2　拉线法测定舵系中心线

先拉轴系中心线，后拉舵系中心线（反之亦可）。但要注意检查两钢丝线的相互位置是否正确，若不符合要求则应进行调整。

检查舵系中心线与轴系中心线的位移度偏差和不垂直度，若超出规定范围，允许调整舵系中心线位置，且力求达到相互垂直，并测量如图 5-2-2 所示各个部位的尺寸，以供确定舵柱的长度尺寸和计算螺旋桨与舵叶之间的安装间隙是否满足设计要求。然后按测定后的舵系中心钢丝线，在舵机舱甲板及艉柱上、下端面画出镗孔加工圆线和检验圆线。

当船舶在水平船台上建造，且轴系中心线平行于船体基线时，轴系的拉线工作就简单得多，只需要在上基点挂一根重锤线即可定出舵系中心线。

当船舶在倾斜角为 α 的船台上建造时，应采用拉线架进行拉线来测定舵系中心线。当挂重锤线时，则应按船台斜度进行修正，以保证舵系中心线与轴系中心线相互垂直。

（2）光学法确定舵系理论中心线。用光学仪器来确定舵系理论中心线，则可在轴系中心线上的规定位置处，用棱镜将轴系中心线光束折转 90° 或其他规定的角度（采用特殊的棱镜），所折转的主光轴线即代表舵系理论中心线。

四、检验舵系中心线

舵系轴承一般有上舵承、下舵承、舵销轴承三个。在安装上述三个轴承座时，既要保证三者中心线偏差符合要求，又要使其公共中心连线与所确定中心线之间的偏移误差在要求范围内。下舵承座、舵销轴承座焊接安装后，视两者圆度、圆柱度、中心线情况决定是否进行镗孔。一般两者中心线偏差控制在 0.3 mm 或最小安装间隙的 25% 以内（这个范围可以保证各轴承的四周均有 25% 以上的安装间隙），避免转舵时发生卡阻现象。

上舵承通常为双列向心球面滚子轴承连座组装成品，其内孔中心线较容易调整至下面两轴承公共中心连线基本重合。

舵叶上两铸钢件锥孔（半平衡舵）中心线、上下舵杆中心线（平衡舵）偏差控制在最小安装间隙的 25% 以内。两铸钢件采用假轴同心安装，上下舵杆法兰同心铰孔。

三个轴承公共中心连线与轴系中心线相对偏差应小于 4 mm，不垂直度 ≤ 1 mm/m。在舵系安装完毕后，可利用确定舵系中心线时在舵机间的上端吊垂线点和在船台上的下端固定点，采用挂垂线的方法，检验舵系安装后舵系实际中心线与理论中心线，或配合轴系照光检查舵系与轴系理论中心线的实际误差。

以钢丝线为基准，检查挂舵臂内孔的偏中情况，做好记录。对照施工图核对挂舵臂内孔的加工余量是否满足加工要求，核对舵线至艉柱后端面的距离是否符合要求。必要时可适当调整钢丝线，以保证挂舵臂内孔的镗孔质量和舵线位置的准确。

上舵承、下舵承、舵销轴承安装的定位误差，在舵系内部综合反映在轴承间隙上，所以，在舵系安装完成后，还需测量各轴承间隙。

下舵承、舵销轴承左右方向间隙均应存在。对于下舵承、舵销轴承前后方向的间隙，通常上舵承具有自动调心功能（一般为 1.5°～3°），足以让舵销轴在销轴承内自由摆动。由于舵叶的重心不在舵杆中心线上，而是在舵杆中心线的后部，因此，舵杆、舵销中心线必然以上舵承为圆心向船艏方向偏斜，有可能使下舵承与舵杆、舵销轴承与舵销轴之间的前部间隙其中之一（或同时）消失，而后部间隙存在，这是正常现象。

如果两轴承间隙消失方向为一前一后，就属不正常了。作为有效方法，可以在舵叶后下方施加一向后的力，以验证舵杆、舵销轴承前后间隙是否存在。在舵叶转动过程中，舵销轴承的间隙也有可能发生变化，变化情况比较复杂，严重时会在某一角度出现卡阻现象。

由上述可知，影响舵系各轴承安装间隙的因素较多，很难做到各轴承间隙均匀分配。但舵系工作时毕竟回转速度缓慢，对间隙要求不高，能平顺回转即可。通常检验方法是左右满舵操作舵机（舵机在船台上安装完成），观察油压或电流变化，不应该有突变现象，左右操舵时油压或电流应基本相同，一般仅为额定值的20%左右。

【学习成果评价】

各组自我检验学习成果，对此任务的学习过程进行总结和反思。学生根据任务学习的过程与结果真实、诚信地完成评价表5-2-1～表5-2-3。教师根据学生学习过程与结果客观、公正、全面地完成评价表5-2-2和表5-2-3，对学生进行综合评价。

表5-2-1　学生自评表

任务	完成情况记录
任务是否按计划时间完成	
相关理论完成情况	
技能训练情况	
任务完成情况	
任务创新情况	
材料上交情况	
收获	

表5-2-2　学生互评表

序号	评价项目	小组互评	教师评价	总评
1	任务是否按时完成			
2	材料完成上交情况			
3	成果质量			
4	语言表达能力			
5	小组成员合作面貌			
6	创新点			

表5-2-3　教师评价表

序号	评价项目	自我评价	互相评价	教师评价	综合评价
1	学习准备				
2	引导问题填写				
3	规范操作				
4	完成质量				

续表

序号	评价项目	自我评价	互相评价	教师评价	综合评价
5	关键操作要领掌握				
6	5S 管理、环保节能				
7	职业态度与精神				
8	参与讨论主动性				
9	沟通协作				
10	展示汇报				

注：评价档次统一采用 A（优秀）、B（良好）、C（合格）、D（努力）四档。

【任务实施相关知识】

一、确定舵系理论中心线的准备工作

1. 审阅相关图纸资料

（1）舵系布置图；
（2）轴系布置图；
（3）舵机安装图；
（4）企业标准《船舶轮机安装质量要求》；
（5）挂舵臂加工图；
（6）其他资料。

2. 主要工装

（1）舵叶法兰临时拧紧螺栓；
（2）舵叶法兰临时定位螺栓；
（3）法兰螺栓液氮冷装箱；
（4）挂舵臂镗孔设备；
（5）法兰螺栓螺母扳手。

3. 其他准备

（1）钢线、基准点；
（2）100 t 液压千斤顶；
（3）常用量具。

二、舵系拉线与基准点制作

1. 拉线的前提条件

（1）船体工事应达到的程度及相关要求，与轴系照光的要求相同；
（2）舵系上、下基点设置完成并交验完毕；
（3）舵系拉线做基准点工作必须与轴系照光工作同时进行。

2. 拉线与检测

（1）通过舵系上、下基点拉线；

（2）配合轴系照光检查舵线与轴线的相交状况，两线允许偏离不大于 6 mm；

（3）以钢丝线为基准检测挂舵臂内孔的偏中情况，做好记录；

（4）对照施工图核对挂舵臂内孔的加工余量是否满足加工要求；

（5）对照施工图核对舵线至艉球后端面的距离是否符合要求；

（6）根据上述要求检测核对之后，必要时可对钢丝线进行适当的调整，以确保挂舵臂内孔镗孔质量和舵线位置的准确。

3. 制作基准点

（1）在以钢丝线为中心的适当位置将 4 组基准点分别烧焊于挂舵臂的 4 个端面上，每组四个；

（2）用千分顶尺精确测量基准点至钢丝线的距离，并用细锉刀和油石逐步加工基准点，直至各点偏差不超过 0.02 mm 为止。

任务三　船舶舵系安装

【任务分析】

在确定了舵系理论中心线以后，应提前做好舵系安装前的准备工作，并按照舵系布置图、舵系安装工艺文件、规程等做好舵系装置的安装及固定工作。

【学习目标】

1. 能够正确识读舵系安装工艺图；
2. 按照舵系安装工艺文件正确安装舵系；
3. 正确进行舵系孔的镗削及舵机的固定工作；
4. 提升安全操作、文明安装的意识；
5. 自我检验学习成果，对工作过程进行总结和反思。

【任务实施】

一、安装舵机座、舵承座

引导问题1：阅读下面的小提示，请说出舵系的安装步骤。

_____

_____

_____

> **小提示**
>
> 1. 安装舵机座
> （1）对舵机基座进行上道工序检查。
> （2）将舵机座按图纸初步定位（注意方向），调整舵机座至水平状态。测量舵机座上表面距上舵钮下表面的距离，按图纸要求（工艺室提供）对舵机座进行研配。按理论中心线调整舵机座的位置，使之满足要求。
> （3）重复上面步骤，确认高度及水平度满足图纸要求。
> （4）按图纸要求焊接舵机座。要求舵机座定位后水平度 ≤ 1 mm/m；舵机座上表面距离上舵钮下表面的距离误差在 ±1.5 mm 以内。
> 2. 安装舵承座
> 舵承座上端面距舵机舱平台的高度按舵系布置图及舵机安装图确定，舵承座中心按舵系中心线进行定位，保证内孔有足够的加工余量。

二、舵系照光

1. 舵系在进行照光前应满足的条件

（1）机舱前舱壁以后、船艉三甲板以下的船体装配、焊接、火工矫正等船体工作结束，船体结构性验收合格；

（2）船艉三甲板以上的主船体焊缝焊接工作结束，且经验船师现场确认无重大焊接缺陷及火工矫正和变形；

（3）所有的重设备（柴油发动机和锅炉等）应吊装结束；

（4）艉管冷却水舱及双层底舱密闭性试验结束；

（5）双层底主要设备就位；

（6）轴系区域大型基座装焊基本完成；

（7）轴系艉、艉基点及舵系上、下基点交验合格；

（8）船体垫墩满足墩木布置图相关要求；

（9）艉管船上密闭性试验，水压 0.35 MPa，报验结束。

2. 照光前的准备工作

（1）在上基点的上方以上基点为中心画出照光仪胎座的安装孔和紧固螺栓孔，同时画出切割圆线及检验圆线；

（2）按切割圆切割出照光仪胎座的安装孔和紧固螺栓孔，将照光仪及其胎座置于孔内，按检验圆线找正定位并紧固；

（3）在上、下基点上安置光靶，要求光靶位置准确、牢固；

（4）按图 5-3-1 所示的位置在舵承座及上、下舵钮孔内分别设置光靶。

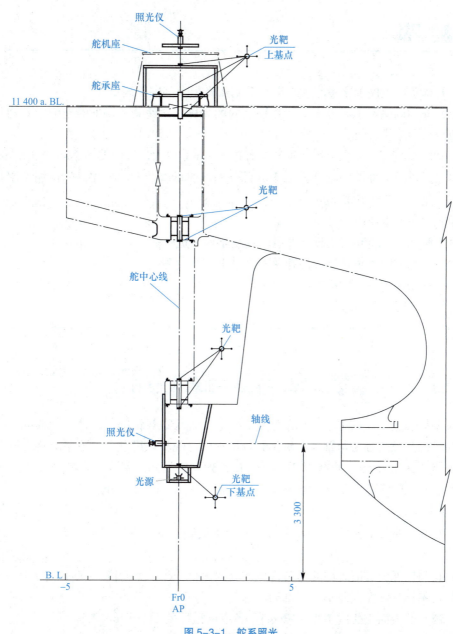

图 5-3-1 舵系照光

舵叶镗孔

引导问题 2：阅读下面的小提示，简述舵系照光的步骤及注意事项。

> **小提示**
>
> 照光的步骤:
> (1) 调整照光仪十字中心线与上、下基点光靶十字中心线重合;
> (2) 分别调整舵承座及上、下舵钮孔内的光靶架,使其上、下的光靶中心均与照光仪的十字中心线重合;
> (3) 检查舵线与轴线的相对偏差是否在 ±5 mm 以内,极限偏差不超过 ±8 mm;
> (4) 以光靶架外圆为基准,用千分尺分别将舵承座及上、下舵钮的机加工用基准点做好,允许误差 ≤ 0.03 mm。
>
> 照光的注意事项:
> (1) 照光应在夜间或无日光照射的环境条件下进行;
> (2) 照光期间禁止有较大振动及吊进吊出重大设备;
> (3) 对船体垫墩定期检查;
> (4) 温度降到环境温度。

三、镗削舵柱轴承中心孔

在大型船舶上,舵系中心孔均采用垂直安装的镗杆进行镗削,以达到各轴承孔中心的同心度要求,其镗削方法与轴系艉轴轴毂镗削相似,镗杆按舵系上、下基准圆线找正,粗镗时留余量 1～1.5 mm,再校对中心之后精镗到规定尺寸。镗削后,各中心孔的圆度不大于 0.05 mm,圆柱度不大于 0.10 mm/m,粗糙度 Ra 不高于 3.2 μm。

1. 工艺要求

(1) 镗孔的圆度、圆柱度公差应符合《中国造船质量标准》(GB/T 34000—2016)的规定,见表 5-3-1。

(2) 孔圆柱度公差值方向应与衬套压入方向保持一致,不允许反方向。

(3) 舵系孔同轴度误差不大于 0.3 mm。

(4) 镗孔的表面粗糙度不小于 Ra6.3,各端面粗糙度不小于 Ra12.5。

(5) 镗削后平面与舵中心线的垂直度误差不大于 0.10 mm/m。

表 5-3-1　镗孔圆度、圆柱度公差值　　　　　　　　　　mm

孔径 D	公差标准范围
≤ 120	≤ 0.015
> 120 ～ 180	≤ 0.020
> 180 ～ 260	≤ 0.025
> 260 ～ 360	≤ 0.030
> 360 ～ 500	≤ 0.035

续表

孔径 D	公差标准范围
>500～700	≤0.040
>700～900	≤0.050
>900～1 100	≤0.060
>1 100～1 300	≤0.070
>1 300～1 500	≤0.080

2. 工艺过程

（1）以钢丝线为中心，在适当的位置将4组基准点分别烧焊于挂舵臂的4个端面上，每组4个。用千分尺精确测量基准点至钢线的距离，并用细锉刀和油石逐步加工基准点，直至各点偏差不超过 0.02 mm 为止。

（2）挂舵臂镗孔工作及舵承座焊接工作交验结束后，进行舵系复线。

通过舵系上、下基准点拉钢丝线，以挂舵臂上舵钮孔上端和下舵钮孔下端中心为基准，找正舵线。通过轴系复光检查舵线与轴线的偏离情况。在舵机房甲板的上面和下面的适当位置设置两组基准点（每组4个），并以舵线为基准，用细锉刀将基准点加工制作好。

（3）镗杆安装时，应以上舵承座及工艺法兰、上舵销座上端面与下舵销座下端面上的校中圆线和工艺基准螺钉为校中依据，用内径千分尺调整镗杆与工艺基准间的距离，使镗杆与舵系中心重合，误差不大于 0.02 mm。舵承座上平面垂直度和平面度误差不超过允许值。

3. 舵系镗排安装

镗杆调整后应进行无负荷动车，加注润滑油脂，检查支架各连接点螺栓松紧情况。

（1）舵系上、下舵钮镗排安装，如图 5-3-2 所示。

（2）舵系上舵承基座镗排安装，如图 5-3-3 所示。

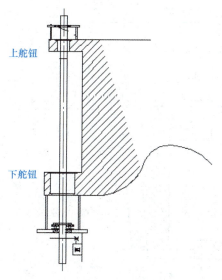

图 5-3-2 舵系上、下舵钮镗排安装

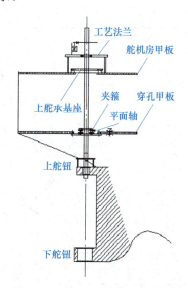

图 5-3-3 舵系上舵承基座镗排安装

4. 粗镗加工

（1）依据施工图样，将各孔直径尺寸、长度尺寸等全部加工到半精镗前状态，各阶梯孔留有 1～1.5 mm 加工余量。

（2）切削深度 ≤ 4 mm，进给量为 0.6 mm/r，镗杆转速为 10 r/min，要求粗糙度 ≤ Ra12.5。

（3）工作中如发现较大面积砂眼、裂缝等铸造缺陷应及时反馈。

5. 半精镗加工

（1）提高同轴度精度，各挡孔径应留有 0.5 mm 加工余量。

（2）切削深度 ≤ 0.8 mm，进给量为 0.3 mm/r，镗杆转速为 10 r/min，要求粗糙度 ≤ Ra6.3。

（3）工作中应在孔径表面喷注由 70% 植物油和 30% 煤油组成的混合冷却油。

6. 精镗加工

（1）应在夜间或阴雨天进行，且应停止船上影响精镗加工的振动性作业。

（2）切削深度 ≤ 0.15 mm、进给量为 0.15 mm/r、镗杆转速为 10 r/min、要求粗糙度 ≤ Ra6.3。

（3）各挡孔径每一次镗出，中途不允许停止镗削。

（4）工作中应在孔径表面喷注混合冷却油。

（5）内孔镗削合格后才允许切削端部平面，其外形按施工图纸确定，所镗平面必须垂直于中心线，垂直度公差应不大于 0.1 mm/m。

（6）各端面镗削尺寸按图样确定，并以端面镗削线为准，长度误差之和为 ±2 mm。

7. 镗杆拆除前

认真检查各加工表面的加工质量，应符合前面规定的工艺要求。

8. 镗杆拆除后

消除孔径边缘毛刺，测量各挡孔径尺寸并做记录。测量记录表格见表 5-3-2。

9. 镗孔后

检验镗削加工面的粗糙度、舵承各挡加工尺寸及孔径尺寸、镗孔圆度和圆柱度、镗孔同轴度、各镗孔处的圆角或倒角的准确性及镗削平面直径的准确性。

表 5-3-2 测量记录表格　　　　　　　　　　mm

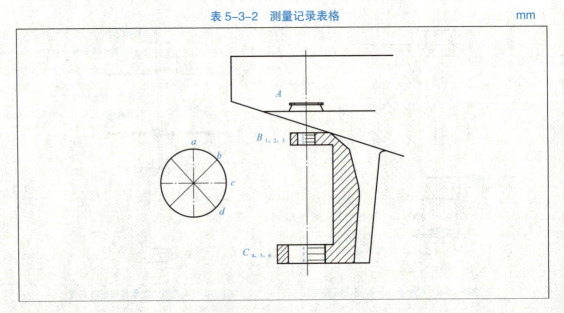

续表

测量位置		A	B_1	B_2	B_3	C_4	C_5	C_6
测量方向	a							
	b							
	c							
	d							
平均值								
锥度情况	顺—√ 倒—×							
温度								
船名： 工程号： 测量： 日期：								

船舶舵系镗孔工艺规范

四、复光

（1）按图 5-3-1 所示在上、下舵钮孔内分别设置光靶，光靶按舵钮孔中心找正，要求靶面垂直于舵中心线。

（2）用照光仪检查上舵钮孔和下舵钮孔的偏中情况。上、下舵钮孔中心线偏差 ≤ 0.3 mm，极限误差 ≤ 0.5 mm。

五、舵承本体预装

（1）将舵承本体吊装于舵承座上，拉钢丝线，按舵承本体内孔找正，舵承本体中心与钢丝线的偏差 ≤ 0.05 mm。

（2）舵承本体与舵承座配钻铰孔并做复装标记。

六、舵钮衬套的冷装

（1）将上（下）舵衬套放入液氮箱，倒入液氮，要使衬套处于浸没状态。

（2）衬套收缩量达到要求后，将衬套放入舵钮孔，吊运时要避免损伤衬套。

（3）在衬套恢复过程中，应密切注意衬套的位置，必要时进行调整。

七、舵杆、舵叶安装

（1）将舵杆从下方吊装到位。

（2）用舵叶工程车将舵叶运至挂舵臂下，并用其调整舵叶的位置，使舵销与舵钮孔对正。

（3）调整工程车，使上、下舵销平稳地插入上、下舵钮孔。

（4）舵叶定位后，舵销与舵钮衬套的间隙不小于 1.5 mm。

（5）舵杆与舵叶连接。

1）舵杆法兰与舵叶法兰找正，两法兰面的连接螺栓采用液氮冷装。

2）将螺栓放入液氮箱，倒入液氮，要使螺栓处于浸没状态。

3）螺栓收缩量达到要求后，将螺栓迅速穿入法兰孔，拧紧螺母，焊接止动块。

八、安装舵承

（1）舵杆与舵叶连接后，将舵承本体从舵杆上方吊装于舵承座上，按预装位置找正，安装铰制螺栓。

（2）用舵叶工程车将舵叶抬起，安装舵承架。

（3）用舵叶工程车将舵叶降下，使舵叶的质量完全由舵承承受。

九、舵叶"零位"的确定

（1）将船体中心线延伸到舵叶艉端部后约 1 m 处。

（2）在舵叶上端的分中线处引垂线对证船体中心线，允许误差为 ±1.5 mm。

（3）于舵机舱内，在舵杆与舵承固定处的艏、艉两处画线并打印记，此印记为舵角的零位。

十、舵叶止跳块安装

（1）测量舵叶止跳块高度。

（2）加工舵叶止跳块并进行止跳块的安装及焊接。止跳块安装后，其上表面与挂舵臂下表面的间隙为 1～3 mm。

（3）检验舵叶转动的灵活性。用手拉葫芦拉动舵叶艉部，将舵叶从左舷 35º 转至右舷 35º，不应有抗劲现象。

十一、舵柄的液压装配

1. 压装前的准备工作

（1）将键安装，检查螺母的螺纹及舵杆螺纹，如有硬伤、飞刺及高点等缺陷，应用油石进行仔细修研直至螺纹表面光顺为止；清洁螺母及舵杆螺纹并喷涂适量二硫化钼润滑剂。

（2）将舵柄锥孔及舵杆锥体部位进行彻底清洁。

（3）连接好液压设备，安装带磁力座的百分表。

（4）将液压螺母安装到舵杆上，旋紧螺母。

2. 压装步骤

（1）操作手动泵缓慢地向液压螺母加压到规定压力。

（2）百分表调零。

（3）继续向液压螺母注油加压，每压入 0.2 mm 为一级且记录一次泵的压力，当压进 0.6 mm 时停止作业，将记录数据按顺序画在坐标纸上并画回归线，回归线与横坐标的交点即为舵销轴向压进初始点 0'（实际零点），如图 5-3-4 所示。

（4）继续向液压螺母注油加压，直至舵柄压装到位（压入量为 2 mm）。

3. 做压入力及压入量标记

旋紧螺母，安装丝堵，焊接好螺母止动板，在螺母上做压入力及压入量标记。

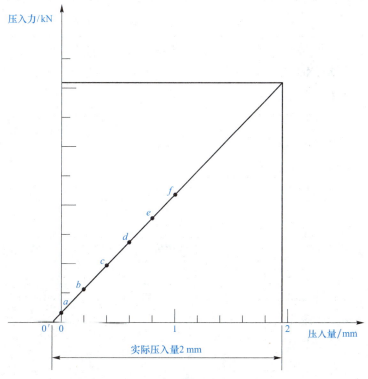

图 5-3-4　坐标法确定初始点与压入量

舵系安装工艺规范

241

【学习成果评价】

各组自我检验学习成果，对此任务的学习过程进行总结和反思。学生根据任务学习的过程与结果真实、诚信地完成评价表 5-3-3～表 5-3-5。教师根据学生学习过程与结果客观、公正、全面地完成评价表 5-3-4 和表 5-3-5，对学生进行综合评价。

表 5-3-3　学生自评表

任务	完成情况记录
任务是否按计划时间完成	
相关理论完成情况	
技能训练情况	
任务完成情况	
任务创新情况	
材料上交情况	
收获	

表 5-3-4　学生互评表

序号	评价项目	小组互评	教师评价	总评
1	任务是否按时完成			
2	材料完成上交情况			
3	成果质量			
4	语言表达能力			
5	小组成员合作面貌			
6	创新点			

表 5-3-5　教师评价表

序号	评价项目	自我评价	互相评价	教师评价	综合评价
1	学习准备				
2	引导问题填写				
3	规范操作				
4	完成质量				
5	关键操作要领掌握				
6	5S 管理、环保节能				
7	职业态度与精神				
8	参与讨论主动性				
9	沟通协作				
10	展示汇报				

注：评价档次统一采用 A（优秀）、B（良好）、C（合格）、D（努力）四挡。

【任务实施相关知识】

一、挂舵臂镗孔

按施工图和专船工艺文件的要求对挂舵臂进行镗孔工作，镗孔后的内表面粗糙度为 $Ra3.2$，圆度、圆柱度不大于 0.05 mm。

二、舵系复线与舵承座的镗孔

1. 舵系复线的前提条件

（1）舵系复线应与轴系复光同时进行。
（2）挂舵臂镗孔工作交验结束。
（3）舵承座焊接交验结束。

2. 舵系复线、检测与舵承座基准点的制作

（1）通过舵系上、下基点拉钢丝线。
（2）以挂舵臂上舵钮孔上端和下舵钮孔下端中心为基准，找正舵线。
（3）通过轴系复光检查舵线与轴线的偏离情况，允许误差小于等于 6 mm。
（4）检查挂舵臂上舵钮下端和下舵钮上端孔中心偏离舵线的情况并做好记录。
（5）在舵机室甲板的上面和下面的适当位置设置两组基准点（每组 4 个），并以舵线为基准，用细锉刀和油石将基准点加工制作好，要求各点误差不超过 0.02 mm。

3. 舵承座的机加工

（1）装配机根据交验后的两组基准点找正镗杆，要求不超过 0.02 mm。
（2）舵承座内孔及舵承座上平面表面粗糙度为 $Ra3.2$，舵承座上平面垂直度允许误差为 0.08 mm/m，平面度允许误差为 0.15 mm。

三、舵系安装

1. 挂舵臂轴承套的加工与安装

（1）按施工图和生产厂家的过盈量要求，以挂舵臂孔镗孔后的交验尺寸为基准，给出轴承套外径的加工尺寸并进行加工、交验。
（2）根据复线测量数据，轴承套也可加工成内外径偏心的形式，以确保舵系中心线的正确对中。
（3）轴承套如果采用偏心套的形式，在挂舵臂和轴承套的端部应做好醒目的位置标记，以免安装时搞错方向。
（4）按生产厂家的要求，挂舵臂轴承套应采用液氮冷缩的方法进行安装：先将轴承套装入保温性能良好的液氮箱进行降温，然后待液氮停止沸腾（降温过程结束）之后，将轴承套取出装入已经经过仔细清洁的挂舵臂内孔。在施工过程中，操作人员应严密注意液氮的使用安全，防止液氮飞溅伤害皮肤。

(5) 待轴承套恢复常温后,检查确认轴承套的安装状态,并完善压板等后续工事。

(6) 对于不能采用冷装方法进行安装的挂舵臂轴承套,应按工厂常规压装方法进行安装。

2. 舵系部件的吊装

(1) 将舵杆自下而上临时吊挂于比其安装高度略高的地方。

(2) 将舵叶(含两舵销)吊运于挂舵臂的底部,仔细调整舵叶位置,使两个舵销准确地对准挂舵臂的轴承孔;将轴承孔和舵销表面清理干净并涂抹均匀的润滑脂;将舵叶慢慢升起,直至达到其所能达到的最高位置,然后在舵叶底部用垫墩将其稳妥地支撑好。

(3) 在舵叶法兰平面上摆放几块等厚的(约50 mm)木板,慢慢地降下舵杆(使其法兰与舵叶法兰对正),使其轻轻地落座于木板上,同时用环链手拉葫芦将舵杆扶正。

(4) 将舵承、舵承座和舵杆清理干净,轴承部位涂抹清洁的润滑脂,然后将舵承吊装于舵承座上(注意安装密封垫)。

(5) 按施工图要求安装舵承卡环,安装后应妥善保护,防止污物、杂质落入舵承表面。

(6) 将舵杆轻轻吊起,撤掉舵叶法兰平面间的木板,清理干净两法兰平面,然后对准螺栓孔慢慢落座于舵叶法兰,安装好法兰临时定位螺栓。

(7) 吊装舵叶法兰螺栓:舵法兰螺栓采用液氮冷缩的方法进行安装。先将法兰连接螺栓按序放入液氮箱进行冷却降温,待液氮沸腾停止后(降温收缩过程结束),按序逐个将法兰螺栓吊装于螺栓孔,其螺母应随冷装螺栓的恢复常温过程跟踪拧紧。

(8) 在舵叶底部使用液压千斤顶慢慢降低舵系装置的高度,并最终使舵承卡环落座于舵承平面,撤掉液压千斤顶。

(9) 按施工图的要求进行舵承的基础安装工作:找正、钻孔、铰孔、配置螺栓、螺栓的安装拧紧及止推块的研磨安装等。

(10) 按施工图的要求安装舵叶止跳块。

3. 确定舵叶"零位"

(1) 将船体中心线引到舵叶底部船台或船坞表面上,并向后延长适当距离。

(2) 从舵叶上端面中心线的艉端向下吊线坠,并调整舵叶的角度位置,使线坠的尖部正好与船台(坞)上的船体中心线重合。允许偏差不超过±1.5 mm。

(3) 在舵机室内舵承的适当位置,制作舵叶"零位"的永久性醒目标记。

4. 舵系间隙检测

(1) 舵系间隙的检测工作应在舵叶"零位"的状态下进行。

(2) 舵系间隙的检测部位包括舵承轴承、挂舵臂上、下轴承(上、下舵销轴承)。

(3) 舵装置的各部间隙应符合施工图的设计要求。由于船体艉部区域受温度影响变形较大,检测一般应控制在每天气温变化比较稳定的时间进行,如上午9点之前、晚间9点之后。

5. 舵柄吊装

(1) 将舵杆和舵柄配合的锥体(孔)表面清理干净。

(2) 准确对准内场研配时做好的周向位置标记,将舵柄吊装到位。

(3) 舵柄与舵杆的研配。

(4) 按施工图和专船工艺文件的要求对舵柄进行液压安装工作。

(5)按常规拧紧舵柄螺母。

6. 装焊舵叶可拆体

按施工图的要求装焊舵叶可拆体。

四、舵系的"不镗孔"工艺

由于舵系在船上镗孔会有"偏心"的问题，故在建造中，可采用不在现场"镗孔"的工艺。具体操作如下：

（1）将上舵承座和下舵承加工完毕。

（2）下舵承中间衬套（在下舵承与下舵承衬套之间）外圆按下舵承内孔加工好，内孔留加工余量，然后与下舵承配钻、铰、攻丝、配定位销、螺栓，组装。

（3）将上舵承座与下舵承按拉线位置，焊装在船体上，舵系的套筒暂不装焊，待中间衬套画线完毕取出后再装焊。

（4）按照拉线位置，下舵承中间衬套上、下端面画加工圆线和检验圆线。

（5）将中间衬套取出，送回车间镗孔，至要求尺寸，加工法兰端面与孔中心线垂直。

（6）下舵承衬套按照中间衬套内孔实际尺寸加工外圆，内孔按要求尺寸加工。

（7）将加工好的中间衬套及其他零部件装入舵系。在安装过程中，舵杆按下舵承衬套定中，上舵承按舵杆定中，用调整垫片定位。

与原镗孔工艺相比，不镗孔工艺有如下优点：

（1）由于不在船上镗孔，工人的工作条件和劳动强度均可大大改善。

（2）把衬套加工改在车间，省去了一系列镗孔的工作，并且加工时只需一个工人，可节约大量的人力、物力，且工作质量得以保证，工作效率提高，生产周期缩短。

（3）不需增加任何专用设备，只需对舵系结构进行适当的小修改。如在上舵承增加调整垫片，在下舵承增加中间衬套（为了补偿偏心，磨损后可更换）。

06 项目六　船舶辅机安装

【项目描述】

船舶辅机安装是船舶动力装置设备安装的重要组成部分。船舶辅机是船舶航行所不可缺少的设备。这些设备有的为主机服务，有的用于确保船舶安全航行，有的为船员或旅客的生活服务。船舶辅机安装包括基座准备、设备安装、系统贯通连接和检验等。船舶辅机安装工艺方法，对于不同船舶建造企业也有所不同，工艺要求相对比较低。船舶辅机在船上安装质量的好坏，直接影响船舶的正常运行，因此也是船舶动力工程技术人员必须掌握的岗位技能。本项目主要通过真实企业生产项目的工作任务训练，学习船舶辅机安装的相关知识，掌握相关技能，提高自身职业素养。

【项目分析】

船舶辅机的安装项目需要依照《中国造船质量标准》（GB/T 34000—2016）的要求，满足入级船级社的船舶建造规范，同时依据企业实际工艺规范来完成，通常需要通过船舶辅机安装通用工艺认知和典型辅机安装两个任务来学习和训练。

【相关知识和能力】

知识	能力
1. 船舶辅机的分类； 2. 辅机的安装类型； 3. 辅机安装工艺流程	1. 识读船舶辅机安装相关图纸； 2. 加工基座； 3. 检验基座； 4. 轴对中； 5. 定位辅机； 6. 固定辅机

任务一　船舶辅机安装通用工艺认知

【任务分析】

船舶辅机安装前需要做好相关准备工作，主要学习船舶辅机安装工艺文件、识读和熟悉安装工艺图纸及工艺文件，同时做好工装设备的准备工作，做好相关检查与检验、加工等准备工作。本任务主要目的是熟悉船舶辅机安装工艺过程，正确地做好辅机安装工作准备。

【学习目标】

1. 能够准确叙述船舶辅机工艺过程；
2. 了解船舶辅机安装类型；
3. 能够正确对船舶辅机进行安装；
4. 能够正确地对辅机安装进行检验；
5. 能够有效与他人进行沟通，团结协作开展工作（课程思政及效果描述）；
6. 自我检验学习成果，对工作过程进行总结和反思。

【任务实施】

一、确定船舶辅机安装方法

引导问题1：阅读小面小提示，船舶辅机在船上安装有_____和_____两种形式。

> **小提示**
>
> 由于现代船舶上的辅机种类繁多，因此根据其结构特点，其船上安装的方法主要有整机吊装、辅机分体吊装和单元预装三种。一般采用前两种，后一种是分段预装船舶建造的基础。它们共同的特点是和船体建造同时进行，但分段预装更快。
>
> 船舶辅机在船上安装的形式有两种：一是将辅机组合安装成机组。将动力部分与工作部分安装在一公共底座上，如图6-1-1所示的3S100D型螺杆泵，或在一机壳上装有动力部分，如图6-1-2所示的3LU45型螺杆泵。二是将辅机组合安装成功能性单元。如图6-1-3所示的DRY-5型油分离机安装。这种形式较前者更为先进，在船上安装时，只需将其定位紧固后，将管路、电源接通即可使用。

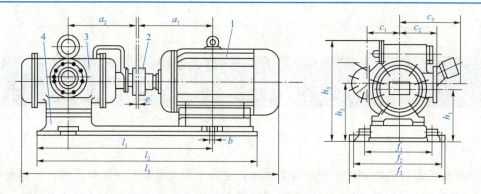

图 6-1-1 3S100D 型螺杆泵

1—电动机;2—联轴器;3—螺杆泵;4—公共底座

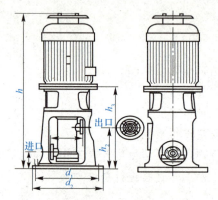

图 6-1-2 3LU45 型螺杆泵外形

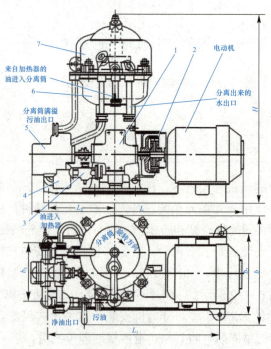

图 6-1-3 DRY—5 型油分离机

1—传动机构;2—摩擦联轴节;3—旋塞;4—过滤器;5—油泵;6—分离器;7—集油器

二、船舶辅机安装工艺流程的认知

引导问题 2：船舶辅机安装的基本工艺流程是怎样的？

_____

_____

_____

小提示

当安装辅机的舱室比较宽敞，吊装无阻碍，或因为机械设备供应迟缓，在船体合拢后安装的辅机，一般需要整机吊装。对于舱室结构紧凑，而设备机组占地较大且疏散的辅机，可分为若干部分进行吊装，然后在船上组装。对有联轴节的辅机安装技术要求：常将较为重而大的机械先安装到位，小的后装，这样便于安装中的调整定位和校中。

1．安装前的准备工作

（1）了解辅机安装相关设计图样及产品安装使用说明书等技术文件。

（2）辅机在船舶上安装前均需按规定进行验收，检查设备的完好性，并检查相关文件、资料和产品合格证书是否齐备。

（3）辅机吊装前对于易损坏附件及妨碍安装的仪表应预先拆下，妥善保管，待吊装后或试验试车时再进行装配。对于一些不便拆下的易损件，也可以采取加保护罩等措施加以保护。

以上各项工作皆由安装人员及安装人员所在部门进行，并对此负责。

2．船舶辅机安装工艺过程

（1）做好辅机安装前的工作并符合要求；

（2）熟知辅机的安装技术；

（3）基座准备；

（4）辅机定位；

（5）辅机安装；

（6）辅机安装检验。

3．安装面不经加工的辅机安装时的注意事项

（1）各个固定螺栓孔位附近的一圈都应用调整片垫实。

（2）固定螺母应对角交叉拧紧，在对角和居中的螺母拧紧后，运动部件应当灵活，否则随时修改调整片，以满足正常运转要求。当调整片配置过多时，应采用焊接的方法焊于基座或支架上，便于以后辅机的拆装和维修。

输送热工质的辅机固定后，在其系统完整装配过程中常引起不应有的故障，如泵的壳体温度过高，螺杆或叶轮咬损或启动电流过大，这就要求设计系统时除采用挠

性管接头外,在系统安装完整后,不仅要在冷态时检查运动部件的动作是否灵活、轻便,还应在热态时进行复查,检查合格后方可正式投入运转。否则,就得拆离系统的管节,检查其变形原因,按情况确定调整基座下的垫片厚度,以消除隐患。

三、辅机基座的准备

引导问题3:根据辅机结构、工作条件和安装要求,船舶辅机可分为＿＿＿＿、＿＿＿＿、＿＿＿＿三类。舵机属于＿＿＿＿辅机,辅锅炉属于＿＿＿＿辅机,热交换器属于＿＿＿＿辅机。

> **小提示**
>
> 1. 船舶辅机安装的分类
> 根据辅机结构、工作条件和安装要求,船舶辅机安装可分为以下三类。
> (1)一级辅机安装:动力传动中原动机和从动机的对中及安装、大型设备的解体安装等均属此类。这类辅机的用途有动力和运动传递之分,设备或部件间要求相对位置准确,并且在工作中要保持相对的位置关系,因此,在安装时要求严格对中,并且设置研配垫片、铰制孔螺栓(或定位销)。属于此类的辅机有发电机组、柴油机或电动机驱动的辅机、舵机及需要找中的机组。
> (2)二级辅机安装:这类辅机的原动机和拖带的设备已安装在公共底座上,或者是具有较强底座的设备。这类辅机的安装是将设备通过机座与船上基座的连接固定下来,以便能正常工作。由于无机械或部件间相对位置的找中和固定工作,因此安装要求较低,如果公共底座或机座强度足够,则公共底座或机座与船体基座之间可采用钢质单配垫片、减振器等进行安装。属于此类的辅机有离心式或回转式辅机,如泵、风机等;往复式辅机,如空压机、冷冻机等;其他辅机,如辅锅炉、凝水器、冷却器及车床、刨床等动力设备。
> (3)三级辅机(或称为设备)安装:包括无动力的设备、箱柜、容器、滤器、热交换器等。这类设备要求安装牢固可靠、基座平面平整即可,垫片可以采用厚薄不等的金属板凑成,不需要研磨、刮削。对于有热胀伸长的热交换器,底脚结构上应当有不限制热胀的措施。
> 2. 基座加工
> 安装人员首先找对设备的安装部位,即按图样标出辅机相对甲板(平台)、肋骨、船中或船体相关结构的定位。
> 将预制的基座吊至定位位置,且基座位置必须符合图样要求。检查基座下平面与结构吻合状态,当出现缝隙过大时必须进行修正,直至缝隙符合规定,方可进行焊接。焊接时注意焊接工艺程序以减少变形。

焊接完工后，检查焊缝质量是否符合要求。检查基座上平面，要求符合相关规范要求。当上平面符合要求后，定位固定垫块并将其焊接在基座面板上，检查固定垫块之间的平直度，应符合相关要求。

　　辅机一般都是通过垫片或减振器安装在甲板或船体的基座上的。对甲板支承部分不要加工，而对基座的支承表面的加工要求也不高，一般来说，舰艇比民用船舶上的要求稍高一些。对机座面板的要求如下：

　　（1）基座面板的不平度，1 m 长度内不得大于 3 mm，但全长或全宽中均不得超过 6 mm；

　　（2）基座面板的长度及宽度公差为 +10 ～ −5 mm；

　　（3）在基座面板上做对角线检查时，两对角线应相交，其不相交度应符合下列规定：长度或宽度等于或小于 2 m 时，不得超过 4 mm；大于 2 m 时，不得超过 6 mm。

　　对于焊在（船体）基座面板上的固定垫片，其支承表面的技术要求如下：

　　（1）支承面相对于基线的平行度或垂直度在 1 000 mm 上不超过 4 mm；

　　（2）支承面表面粗糙度 Ra 不得高于 12.5 μm；

　　（3）支承面的平面度用平板涂色油进行检查时，在 25 mm×25 mm 的面积上，不得少于 1 个色点，而且在整个支承面上的色点应均匀分布。

引导问题 4：辅机基座检验的内容有哪些？

小提示

　　（1）基座面板平面度用直尺检验，要求在 1 m 长度内不大于 3 mm，且在全长或全宽平面内均不超过 6 mm。

　　（2）基座面板长和宽度用钢皮卷尺检验，公差为 −5 ～ 10 mm。

　　（3）基座面板对角线用钢皮尺进行检验，其两对角线相交允差：在长度或宽度不大于 2 m 时，不超过 4 mm；大于 2 m 时，不超过 6 mm。

　　（4）基座上固定垫板用水平低度进行测量，其相对基面（或水线）的平行度或垂直度每米不超过 4 mm。

　　（5）固定垫板表面粗糙度应符合样板规定的要求。

　　（6）固定垫板的平面度检验。在小平板涂上薄薄一层色油，放到固定垫板上，然后来回拖动，移去平板后进行检验，在每 25 mm×25 mm 面积内接触点不少于 1 点，且分布均匀。

四、辅机定位

引导问题 5：辅机定位流程是怎样的？

_____

_____

_____

> **小提示**
>
> 由于辅机的定位精度没有主机或轴系那样高，加上位置零散，故一般使用钢卷尺、直尺、塞尺及定位调整螺钉等简单的工具即可完成在基座上的定位工作。
>
> 1．辅机定位
>
> （1）辅机放在基座上之后，都应调整它们的位置，使其符合图纸的要求。
>
> （2）机舱中的辅机按机舱布置图的要求，先将机器在基座上放平，然后根据基座面板纵横向中线对中，使其轴心线的左右、前后、高低位置符合图纸要求；或者按与基面、中线面、舱壁或肋骨之间的距离来使辅机定位。
>
> （3）如施工图上没有特殊要求时其公差通常为 ±10 mm，舰艇上的公差为 ±5 mm。
>
> 甲板辅机根据与之相关联的构件位置定位，或者与机舱辅机相同，根据基座的纵横中线摆正。
>
> （4）采用钢卷尺、直尺、厚薄规及千斤顶和侧推螺钉等简单工具和量具来确定其在基座上的位置。
>
> 2．原动机与辅机从动部分的校中要求
>
> 原动机与从动部分两轴中心线对中的允许偏移和曲折值，根据两轴连接性质的不同而异，在没有具体规定要求的情况下，可按下列范围考虑：
>
> （1）采用刚性连接时（法兰或刚性联轴节）。
>
>   偏移值 δ 0.05 mm
>
>   曲折值 φ 0.05 mm/m
>
> （2）采用活动联轴节连接时（爪式或齿式联轴节）。
>
>   偏移值 δ 0.10 mm
>
>   曲折值 φ 0.10 mm/m
>
> （3）采用弹性离合器连接时（液力式、摩擦式、电磁式）。
>
>   偏移值 δ 0.10 mm
>
>   曲折值 φ 0.15 mm/m
>
> （4）套筒销子连接（具有橡皮栓、橡皮块或橡皮盘等）。
>
>   偏移值 δ 0.15 mm
>
>   曲折值 φ 0.75 mm/m

五、辅机固定

引导问题6：辅机的紧固方法有哪几种？

_____

_____

1. 固定方法的选择

根据辅机的结构和工作特征，可采用各种形式的垫片将已经定位的辅机位置固定。

（1）对一些由独立的部件在船上装配成一个整体的辅机，如操舵装置等，它们在船上用直尺、厚薄规等工具按各部分的连接要求进行测量定位，一般用钢质矩形垫片予以固定。

（2）对动力部分和工作部分安装在公共底座上或同一机壳上的机械，如发电机、空气压缩机、循环水泵、凝水泵、滑油输送泵等，对于有运动部件的机舱辅机，就舰艇而言，一般都是安装在减振器上，而民用船舶则安装在钢质垫片、木质垫片或塑料垫片上。但这类辅机中振动大的，如柴油发电机，也最好安装在减振器上。

（3）对于没有运动部件的机舱辅机或有运动部件的甲板辅机如热交换器、过滤器、起货机、起锚机，可用木垫片、可调整（厚度为 0.5～2.0 mm）垫片或直接固定在基座上。

2. 辅机固定在钢制垫片上

辅机在钢制垫片上安装，垫片的配置方法与主机的有关部分相同，但要求低一些，垫片与基座支承面和底座下平面接触点要求均匀分布。

（1）安装间隙。

1）一级辅机：基座与基座的螺栓紧固前调整垫片与基座面用 0.05 mm 塞尺检查，插入深度不超过 10 mm；

2）二级辅机：在螺栓紧固前，基座面与基座间用 0.08 mm 塞尺检查，插入深度不超过 10 mm；

3）三级辅机：间隙要求不作规定。

（2）垫片间接触面积。

1）一级辅机：接触面积 ≥ 60%，允许极限 ≥ 50%。

2）二级辅机：接触面积 ≥ 50%，允许极限 ≥ 40%，基座就位后，每个支承之间允许有不超过 3 张钢皮或铜皮衬垫，但不允许用半张衬垫。

3）三级辅机：不作规定。

4）焊接垫块平面外倾斜度的标准为 1∶100。

5）调整垫块厚度的标准范围 ≥ 12 mm。

6）为免去垫片的刮磨工作，可在其上涂以环氧树脂胶粘剂，以达到安装要求。

3. 辅机的紧固

固定螺栓通常一部分采用与孔相配有间隙的标准螺栓；另一部分采用与孔铰配的紧配螺栓。紧配螺栓安装时要复杂一些，它的螺栓孔应当在机械安装后，同辅机底座脚垫片和基座孔一起铰出。紧配螺栓可用 4 kg 的铁锤锤入，但最好是将螺栓用液氮或干冰冷却后，使其自由地装入孔中。螺栓冷却的程度，通常可按冷却时间或液氮消耗量来决定，见表 6-1-1。

在将螺栓放入冷却箱以前，应将其配合部分仔细清洗，螺栓孔也应清洗，并用黄油润滑。将螺栓从冷却箱中取出后，应立即（1.5 min 之内）放入螺栓孔。

在拧紧螺栓时，要特别注意其拧紧顺序。为防止变形，应依对角线按一定顺序分批拧紧（图 6-1-4），其螺母应很好地和基座、底座的平面贴紧，沉割的鱼眼坑应和轴心线保持垂直。

表 6-1-1 紧配螺栓安装在船上之前的冷却时间

冷却介质	螺栓温度 /K	每毫米螺栓直径所需的冷却时间 /min
干冰	223	0.5～0.6
	203	1.0～1.2
液氮	173	0.08
	83	0.2

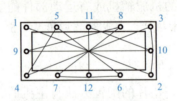

图 6-1-4 固定螺栓拧紧的顺序

六、辅机安装检验

引导问题 7：辅机安装检验内容有哪些？

> **小提示**

1. 辅机安装检验

（1）各种辅机有不同的安装底脚，其要求也各不同，具体见表 6-1-2。

（2）垫片用 0.05 mm 塞尺进行接触检验，要求见表 6-1-2。

（3）紧配螺栓的安装检验。用内、外径千分尺（或其他工具）进行测量，紧配螺栓（或定位销）与孔配合的最大间隙应不大于 0.005 mm，最大过盈不大于 0.005 mm。螺栓安装后，螺栓头部应露出螺母 1~2 个牙。

（4）侧向止推块检验。用 0.05 mm 塞尺检验时不应插入，但局部允许插入，其深度不超过 10 mm。

表 6-1-2　辅机安装要求

类别	图例	安装要求	适用范围
A		1. 底脚螺栓用双螺母。 2. 焊接后其上平面应外倾，垫片的斜度为 1∶100。 3. 机座与基座用螺栓紧固前，垫片与机座面用 0.05 mm，塞尺检验，不应插入最大过盈不大于 0.005 mm。螺栓安装后，螺栓头部应露出螺母 1~2 个牙	1. 两缸及两缸以上往复驱动的机械； 2. 锚机、舵机、起货机、绞缆机、拖缆机； 3. 应急发电机组； 4. 中间轴承
B		1. 焊接垫块厚度应大于 1.25 倍的螺栓直径。 2. 螺栓紧固后，用 0.05 mm 塞尺检查，插入深度不超过 10 mm	1. 电动机驱动的机械； 2. 带动底座的泵类； 注：1、2 一般指电动机功率不大于 10 kW，机座固定螺栓不大于 M27 的机械
B		1. 焊接垫块厚度应大于 1.25 倍螺栓直径。 2. 螺栓紧固后，用检验锤检验紧固情况。 3. 安装面接触应良好	1. 壳体膨胀的热交换器； 2. 压力容器（高度不大于 1 m）； 3. 大型滤器； 4. 蒸发器； 5. 安装在舱壁上的机械和设备
C		螺栓紧固后，用 0.05 mm 塞尺检查，插入深度不超过 10 mm	1. 单缸柴油机； 2. 往复泵； 3. 壳体不膨胀的热交换器； 4. 电动机驱动的机械（机座固定螺栓大于 M27）； 5. 压力容器（高度大于 1 m）
D		机座就位后，每个支承之间允许以数量不超过 3 张的钢皮或铜皮衬垫，但不允许用半张衬垫	1. 功率小于 2.2 kW 的电动驱动的机械； 2. 小型滤器； 3. 用橡胶避振器的机械； 4. 未经加工的基座、机座及箱柜底脚

2. 辅机安装注意要点

（1）燃油锅炉（或废气锅炉）安装应注意锅炉两侧水位指示线高度，偏差一般不超过 ±4 mm。

（2）起重机安装应注意基座平面水平误差，用照光法或水平仪检验时应小于 30′。此外，应注意起重机下平面与基座法兰平面间的间隙，见表6-1-3。

表 6-1-3　起重机下平面与基座法兰之间偏差值　　　　　　　　　　mm

基座螺栓孔直径	1 500～2 000	2 000～2 500	2 500～3 000	3 000～3 500	3 500～4 000
允许间隙	0.5	0.6	0.7	0.8	0.9

如果图样有规定则按图样要求调整。

3．安装减振器的辅机应注意的事项

（1）减振器橡皮不得与汽油、柴油接触，擦减振器橡皮时应用酒精。

（2）被减振的机电设备安装到基座上时应确保以下间隙：

1）减振器与机电设备机座的间距应不小于 8 mm。

2）被减振的机电设备的外形尺寸与周围固定物之间的间距：固定物的高度在 1.0 mm 以下者，应大于 10 mm；高度在 100～300 mm 者，应大于 15 mm；超过 300 mm 者，应大于 30 mm。

3）两机电设备并排安装应分别减振，其相互之间的间距：仪器应不小于 30 mm，机械应不小于 60 mm。

4）机电设备安装在几个平面的减振器上时，应先安装承受主要负荷的支承减振器，然后安装止推减振器。

船用辅机安装工艺规范

【学习成果评价】

各组自我检验学习成果，对此任务的学习过程进行总结和反思。学生根据任务学习的过程与结果真实、诚信地完成评价表 6-1-4～表 6-1-6。教师根据学生学习过程与结果客观、公正、全面地完成评价表 6-1-5 和表 6-1-6，对学生进行综合评价。

表 6-1-4　学生自评表

任务	完成情况记录
任务是否按计划时间完成	
相关理论完成情况	
技能训练情况	

续表

任务	完成情况记录
任务完成情况	
任务创新情况	
材料上交情况	
收获	

表 6-1-5　学生互评表

序号	评价项目	小组互评	教师评价	总评
1	任务是否按时完成			
2	材料完成上交情况			
3	成果质量			
4	语言表达能力			
5	小组成员合作面貌			
6	创新点			

表 6-1-6　教师评价表

序号	评价项目	自我评价	互相评价	教师评价	综合评价
1	学习准备				
2	引导问题填写				
3	规范操作				
4	完成质量				
5	关键操作要领掌握				
6	5S 管理、环保节能				
7	职业态度与精神				
8	参与讨论主动性				
9	沟通协作				
10	展示汇报				

注：评价档次统一采用 A（优秀）、B（良好）、C（合格）、D（努力）四档。

【任务实施相关知识】

一、辅机调整垫片的选择

垫片材质的选择、加工的精度对安装质量有重要的影响。其选料必须恰当，加工应当符合要求。

垫片材质的选择、各种材质垫片的厚度及应用范围见相关表格，选用时参考。

1. 钢质和铸铁垫片

(1) 一级辅机采用钢质和铸铁垫片时的研配要求与主机矩形垫片相似。

(2) 钢、铸铁类调整垫片的基座安装的安装间隙要求如下：

1) 一级辅机：螺栓紧固前调整垫片与基座面用 0.05 mm 塞尺检查，插入深度不超过 10 mm。

2) 二级辅机：螺栓紧固前基座面与基座间用 0.08 mm 塞尺插入，深度不超过 10 mm。

3) 三级辅机：间隙要求不作规定。

(3) 垫片间接触面积要求如下：

1) 一级辅机：接触面积 ≥ 60%，允许极限 ≥ 50%。

2) 二级辅机：接触面积 ≥ 50%，允许极限 ≥ 40%，基座就位后，每个支撑之间允许有不超过三张钢片或铜片衬垫，但不允许用半张衬垫。

3) 三级辅机：不作规定。

(4) 焊接垫块平面外倾斜度的标准为 1∶100。

(5) 调整垫块厚度的标准范围为大于等于 12 mm。

2. 木质垫片

木质垫片一般适用于同轴性要求不高或具有公共基座和具有足够刚性机壳的成套单元机组，有一定的隔音和消振作用。木质垫片如图 6-1-5 所示。

木质垫片材料一般选用樟木、榆木等硬木，厚度大于等于 25 mm；木质垫片应干燥，含水率不大于 15%；木质垫片用于潮湿舱室时，可用桐油等干性油加热到 70 ℃ 以上，浸泡 2～3 h，自然冷却后取出，也可以涂沥青。

木质垫片按实测厚度进行加工，要求贴合紧密，0.5 mm 厚度塞尺不得通过，局部插入深度 ≤ 20 mm。垫片检查合格后，在木质垫片表面涂一层白漆，并放一层浸白漆的帆布，以增加贴合紧密度。

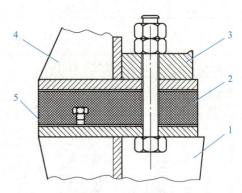

图 6-1-5 木质垫片

1—基座；2—木质垫片；3—底脚螺栓；
4—设备；5—帆布垫片

3. 薄金属板垫片

对于振动较小的二级辅机和三级辅机的安装，其机座与基座间的垫片可以采用不同厚度的金属板试凑而成。金属板垫片材质多为铅皮、铜片、白薄钢板，厚度一般最小为 0.2 mm，其他厚度的板材视情况备料。要求薄板平整，周边无卷边、毛刺，一般加工成凹字形，垫片的层数应尽量少。图 6-1-6 所示为使用凹字形薄金属板垫片调整设备。

4. 帆布垫片

帆布垫片材料为亚麻帆布或同质帆布，使用

图 6-1-6 使用凹字形薄金属板垫片调整设备

时应涂红丹白漆，厚度为 1~2 层。帆布垫片的基座支承面应平整，帆布垫片面积不小于设备底脚面积。设备安装采用帆布垫片时，在螺栓未拧紧的状态下，在 80% 范围内均匀接触。

二、粘结技术

1. 有机胶粘剂

环氧胶粘剂是船舶建造中最常使用的一种有机胶粘剂。它一般由环氧树脂和固化剂两种主要成分组成。另外，为了不同的用途还可加入各种辅助材料，如增塑剂、稀释剂、填料、抗氧剂、抗老化剂等。它的特点：固化后具有较高的强度、良好的化学稳定性和电绝缘性能，而且，成型收缩率很小，用它来粘结主辅机安装垫片、定位螺栓、艉轴管、舵轴承，固定螺旋桨与桨轴等具有一定的经济效果。

环氧胶粘剂组成成分的选择、各种成分间的比例及施工工艺对其性能影响较大，应给予必要的重视，下面将着重介绍这方面的有关内容。

2. 胶合工艺

（1）表面处理。表面处理是针对胶粘物和被粘物两个方面的特性，对被粘表面进行处理，从而达到与胶粘剂完全相应的最佳状态，这样才能发挥出胶粘剂的最大效能。实践证明，凡是经过适当表面处理的金属，粘结强度都有不同程度的提高，其中尤以铝合金为显著，强度可提高 25% ~ 70%。

表面处理分表面清洗、机械处理和化学处理三种。不同材料经脱脂去污、机械处理，再经化学处理，能不同程度地提高粘结强度。在粘结的表面处理中，无论经何方法处理后，都不得用手去接触被粘面，以免被粘面重新沾污。

（2）调胶。

1）先将环氧树脂与增塑剂调匀后，加入填料调匀，调匀后再加入固化剂调匀即可涂用了。这类调胶的特点是每加入一种成分都要调匀，而后再加入另一种成分。

2）把环氧树脂和增塑剂调匀后，加入固化剂与稀释剂的调匀物。两者调匀后再加入填料调匀即可涂用了。这类调胶的特点是将两种成分的调匀物混合在一起调匀，而后加入填料再进行调匀。

3. 涂胶

涂胶应在表面处理后 8 h 以内进行，有时要涂上底胶来保护清洗过的表面。涂胶的方法很多，常用的有涂刷法、喷涂法、灌注法。涂胶要均匀，胶层要薄，厚薄一致，并防止产生缺胶和漏胶，同时在胶合时要当心胶层内产生夹空和气泡。对含有溶剂的胶，涂胶后要使胶层中的溶剂充分挥发。每次涂胶不能太厚。为保证胶液能充分浸润被粘表面和获得一定厚度的胶层，可涂覆两遍甚至三遍。对多孔材料更要适当增加涂胶量和涂胶次数。多次涂胶时，一定要待上一遍的溶剂基本挥发后再涂下一遍。

（1）刷涂：指用刷子、刮刀或其他刀具，将胶涂在胶粘表面。一般由中央向四边开展布及整个胶粘表面。或顺一个方向涂刷，不要往复，速度要慢，防止产生气泡。涂刷时要有一定压力，有助于胶液浸润表面，渗入到凹陷的空隙。

（2）灌注：指用注射器将胶液注入胶粘缝隙，也可用来填补孔洞、凹陷。或者用人工将胶液倒在胶粘面上，使胶液自动扩散到整个胶粘面，也可用金属丝把胶液引入孔洞。这种方法适用先点焊或铆接，再灌胶胶接的结构。

（3）喷涂：指用压缩空气通过喷枪，把稀释的胶液喷到胶粘面上，获得一定厚度的胶层。胶层均匀，效率也高，易于实现自动化。胶液内含有较多量溶剂，往往要喷涂好几次，每次喷涂后，要经充分晾置，让溶剂挥发，待到与手接触不粘手时，才可进行下次喷涂。

涂胶时用胶量的多少会影响胶粘强度。用胶量取决于胶粘剂的类型、浓度、密度，胶粘面的粗糙度和疏松程度，胶粘面的形状和配合情况等因素。一般情况下，胶粘剂浓度小、密度大，胶粘面粗糙、疏松、狭窄、配合情况比较差，用胶量宜多些；反之宜少些，通常用胶量控制厚度为 0.05～0.15 mm；对蜂窝夹层结构，面板与蜂窝胶接的厚度为 0.1～0.2 mm。并且在加压胶合时，胶粘的周围要能挤出一定溢胶量。

4. 固化

涂胶粘合后，就可进行固化。若用室温固化工艺，则放置 2～4 h 后，即开始凝胶，24 h 后基本固化，但完全固化一般需 7 d。若采用加温固化工艺，则需将粘结件加温，升温要求缓慢，并有一定的保温期，防止裂开或产生应力。如 80 ℃保温 1 h，再升至 100 ℃保温 1 h。一般终温在 120 ℃～150 ℃，最高不超过 200 ℃。

5. 胶粘质量的检验

胶粘剂的质量应按规定的《胶粘剂检验方法》进行物理、化学性能的鉴定及标准试件胶粘强度的检定。因为牵涉胶粘材料、胶粘头的几何形状、操作工艺等，偶尔的疏忽大意，都会造成胶粘缺陷。胶粘后必须检验胶粘质量，胶粘层在接头的内部，目前还没有完善的无损检验方法，只能从胶粘层的表面现象判断质量的好坏。

（1）目视法：用肉眼及放大镜观察胶层四周有无翘起剥离现象。沿胶粘缝挤出的余胶是均匀的则质量好，如不均匀说明涂胶时有厚薄甚至缺胶，或加压不均匀，也可能是胶粘面配合不当。四周挤出的胶应光亮、色泽应致，如不一致可能是调胶不匀。

（2）敲击法：用圆头金属棒敲击整个胶粘面，根据发出的声音判断胶层是否有夹空或气孔。如果四周发生的声音一致，并且清脆，说明胶接良好；如果有些地方声音不均匀，持续时间短，而且显得沉闷，则可能有气泡。

胶粘结构还可以用无损检测，包括超声波法、X 射线透视法、红外线法、全息摄影法、液晶探伤法等。这些方法只反映胶层中的缺陷，并不表示胶粘强度。因此，要保证胶粘质量，还必须严格按工艺规程，认真仔细地操作，合理设计接头，避免胶层受冲击力和剥离力。

任务二　典型辅机安装

【任务分析】

在熟悉辅机安装工艺过程和做好辅机安装前的机舱内的相关准备工作后，按照辅机安装工艺规程，进行基座加工检验，将辅机吊入机舱，然后依据图纸及工艺要求进行辅机定位，完成辅机在减振器上的安装，并完成典型辅机船用辅助锅炉的安装。

【学习目标】

1. 正确进行辅机在减振器上的安装固定；
2. 完成船用锅炉的定位操作；
3. 能进行锅炉固定；
4. 提升安全与保密素养（课程思政及效果描述）；
5. 自我检验学习成果，对工作过程进行总结和反思。

【任务实施】

一、辅机在减振器上的安装

（一）减振器的种类识别

引导问题1：减振器可分为_____和_____两类。

> **小提示**
>
> 通过减振器来固定设备属于弹性连接。这种连接方式具有减振和隔声作用，既可以减少机械振动和噪声通过基座传到船体，又能防止外界冲击、振动影响需要保护的设备。当今，在舰艇上已广泛采用减振器来固定主、辅机及设备。
>
> 减振器可分为两大类，一类是金属弹簧式减振器，它由螺旋弹簧或片状弹簧等组成，只能吸收振动，不能隔声，主要用于保护设备免受外来振动的影响的场合；另一类是橡胶减振器，它的主要弹性元件是橡胶，由于橡胶具有优异的弹性，不需要很复杂的结构就能获得良好的减振、消声和防护冲击的效果。
>
> 图6-2-1所示是一种E型有阻板橡胶减振器，属于目前在辅机安装中应用最为广泛的一种减振器。它的特点是当壳体突然受到强力撞击使橡胶与壳体产生脱离时，橡胶也不会从壳体和套筒之间脱出来，所以又称为保护式减振器。
>
>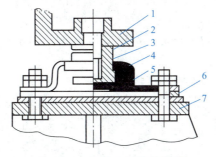
>
> 图6-2-1 E型有阻板橡胶减振器
> 1—机座；2—调整垫圈；3—套筒；4—壳体；5—橡胶；6—底板；7—基座

（二）减振器的安装工艺过程

引导问题2：简述减振器的安装工艺过程。

> **小提示**
>
> 机械设备的减振器有整体布置与局部布置，如图6-2-2所示。减振器的安装工艺过程如下：
>
> （1）对减振器进行外观检查，橡皮不得有裂口，橡皮与金属不能剥离，并按减振器供应技术条件检查其有效期。
>
> （2）将减振器按辅机减振器安装图放在机座上，检查减振器与基座支承面的贴合情况，要求0.1 mm的厚薄规插不进去，个别地方允许插入0.1～0.2 mm的厚薄规，但插入范围不得超过减振器底面周长的35%，其深度不得超过20 mm。
>
>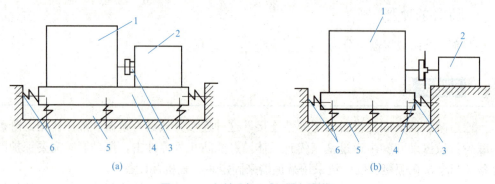
>
> 图6-2-2　机械设备下减振器布置简图
> （a）整体布置；（b）局部布置
> 1—动力部分；2—工作部分；3—联轴节；4—公共底座；5—机座；6—减振器
>
> （3）在基座支承面上画紧固减振器的螺栓孔线并钻孔。在批量较大的情况下，可先按欲安装的机械底座做一样板（其上有按底座螺栓孔的位置与大小钻出的螺栓孔），对于小型机械，批量不大的，也可按上述办法先做一纸样板，将此样板放在基座支承面的规定位置上，画出螺栓孔线并钻孔。如果是单件或批量不大，这时可先将各个减振器临时固定在辅机的底座上，然后将辅机连同减振器一起吊到基座上，将减振器位置按图纸要求放正后，依减振器上紧固螺栓孔在基座上画线，再将辅机连同减振器吊开，在基座上画线钻孔。
>
> （4）用紧固螺栓将减振器固定在基座上。
>
> （5）吊来辅机并用千斤顶或顶压螺栓将其升至规定的高度位置，测量减振器套筒上平面与底座之间的距离，如图6-2-3所示，此距离尺寸为所需配置的"调整垫圈"的厚度H（$2 \leqslant H \leqslant 15$ mm，其直径应不小于紧固螺栓直径的2倍）。
>
> 各调整垫圈制作好以后，应打上一定的记号。
>
> 将配置的调整垫圈插入，并拧紧底座与减振器的紧固螺栓。

在螺栓紧固以前，减振器支承套筒上平面和调整垫圈之间，要求用 0.1 mm 厚薄规插入的范围不得超过调整垫圈周长的 2/3。

当螺栓紧固以后，还需检查减振器底板支承面与基座支承面、调整垫圈上下平面与底座下平面及减振器支承套筒上平面之间的接触情况，要求 0.05 mm 的厚薄规插不进，局部地方允许插入 0.05 mm，但插入的范围总和不得超过其接触面周长的 2/3。

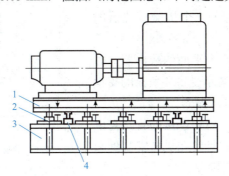

图 6-2-3　安装时测量"调整垫圈"

1—公共底座；2—E 型减振器；3—基座；4—千斤顶

（三）辅机在减振器上安装的注意事项

引导问题 3：简述辅机在减振器上安装的注意事项。

小提示

辅机在减振器上安装的注意事项如下：

（1）基座上各支承面并不要求修整到同一水平面上，各减振器的高度也不要求选得一样，其差值可由"调整垫圈"调整。

（2）安装时，减振器的橡皮不得与汽油、柴油接触，擦拭减振器橡皮时应用酒精。

（3）用于减振器的全部紧固螺栓都应安装弹簧垫圈防松。

（4）减振器无论以哪种布置方式出现，都必须遵循使减振器的受力和变形均匀这个基本原则，并使相邻及相对的减振器变形值尽量接近。

（5）被减振机械安装到基座上时，应保证下面的间距：

1）减振器与被减振机械的间距 δ 应不小于 8～10 mm（图 6-2-4）。

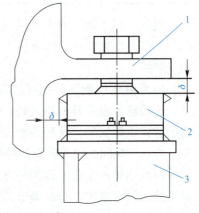

图 6-2-4　减振器与被减振机械的间隙 δ

1—被减振机械；2—减振器；3—基座

2)被减振机械的壳体或框架与周围固定物体之间的间距 δ,高度在 100 mm 以内,应大于 10 mm;高度在 100～300 mm 以内,应大于 15 mm;超过 300 mm 时,应大于 30 mm(图 6-2-5)。

3)并排但分开减振的 2 个机械或仪器的间距 δ 如图 6-2-5 所示。

(6)当辅机安装在几个平面的减振器上时(图 6-2-5),应首先安装承受主要负荷的支承减振器,然后再安装止推减振器。

(7)与被减振机械设备相连接的管路与电缆必须采用挠性连接,并且要在机械安装到减振器上以后才进行这种连接。

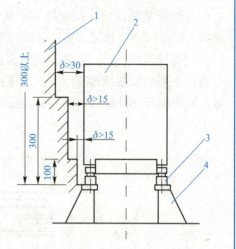

图 6-2-5 被减振机械周围固定物体的间隙 δ
1—固定物体;2—机械;3—减振器;4—基座

二、船用锅炉安装

1. 锅炉安装方式

引导问题 4:锅炉安装方式有哪两种?

> **小提示**

现代造船中锅炉通常是以锅炉机组,即锅炉本体(包括炉膛设备、砖砌、绝缘、阀件、部分燃油管路、检测仪表等)、过热器、经济器、空气预热器等分开的形式供船安装的。

但是对于小型锅炉也可以以总装锅炉,即锅炉机组及辅助设备(一般指通风设备、燃油输送设备及燃烧机构、给水设备及加热、过滤设备和汽、水管路等)组成整体的形式供船安装。这种供船安装方式可以大大减少锅炉在船上的安装工作量,可较充分地利用车间的设备和有利的生产空间。

现代锅炉的组装是以两种方式进行的:对于小型锅炉可以将锅炉的锅炉机组、燃油系统、供水系统、自动调节系统等组合单元安装在一公共底座上以总装锅炉的形式供船安装;对于大型辅锅炉和主锅炉,很难把上述系统的设备组合在一公共底座上,在这种情况下,较为合理的是将锅炉机组单元和供水单元、燃油系统单元、自动调节系统单元分别供船安装。

在锅炉吊入锅炉舱之前,要将较大的设备及辅机吊运入船,以免将来安装困难。此外,应将一些附件、控制-测量仪表取下,以免损伤。

2. 基座的准备

引导问题5:船用锅炉基座类型有＿＿＿＿＿和＿＿＿＿＿两种。

小提示

锅炉基座的种类:

(1) 水管锅炉的基座呈箱形,如图6-2-6所示,它是由焊接在船体构件上的两个钢托架组成的。

(2) 烟管锅炉的基座呈圆弧形,如图6-2-7所示,它是由两个位于肋板处的放在双层底上的座架组成的。

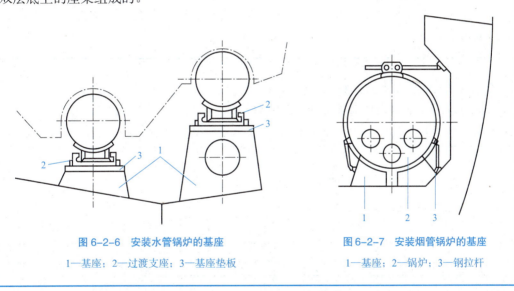

图6-2-6 安装水管锅炉的基座
1—基座;2—过渡支座;3—基座垫板

图6-2-7 安装烟管锅炉的基座
1—基座;2—锅炉;3—钢拉杆

引导问题6:箱形基座、圆弧形基座安装要求有哪些?

小提示

1. 箱形基座

(1) 箱形基座面板的平面度,当面板长度等于或小于2 m时,不得超过4 mm;面板长度大于2 m时,不得超过6 mm。

(2）箱形基座的长度误差为 −5 ～ +20 mm，宽度误差为 −3 ～ +6 mm。

(3）箱形基座的高度误差为 −15 ～ +5 mm。

(4）箱形基座的纵向位置误差为 ±15 mm，横向位置误差为 ±10 mm。

2．圆弧形基座

(1）圆弧形基座的面板宽度误差为 −3 ～ +6 mm。

(2）圆弧形基座的中心宽度误差为 −15 ～ +5 mm；而且前后高低差不得超过 10 mm。

(3）圆弧形基座的面板用样板检查时，其弧形与样板的不吻合误差不得大于 6 mm。

(4）圆弧形基座的横向位置偏差不得超过 10 mm。

3．基座的安装要求

(1）安装在长期航行时带有一定纵倾的船舶上的基座，其支承必须做成一定坡度，以保证锅筒纵向轴心线处于水平位置。

(2）安装卧式烟管锅炉、辅锅炉、废气锅炉的基座，其支承面不必加工，但不得有焊接飞溅、锈斑等杂物存在。

(3）安装水管锅炉的基座，其支承面必须进行加工，其表面粗糙度 Ra 应不高于 12.5 μm。

3．水管锅炉在船上的安装

引导问题 7：水管锅炉安装流程是怎样的？

小提示

现在水管锅炉一般都是用整体安装法在船上进行安装的，即将锅炉通过过渡支座（图 6-2-8）、过渡底座进行安装。

(1）将过渡支座安装在锅炉的下锅筒上，并在活动式过渡支座的热间隙中安放垫片。活动式过渡支座如图 6-2-8 所示。其热间隙应符合图纸上标明的锅炉自由移动的方向，如图 6-2-9 中的箭头所示。锅炉在运转时，管子与下锅筒的温度升高，为了允许其自由热膨胀，在几个支座中只能有一个固定在基座上，以防止整个锅炉发生移位，其他几个皆可按预定的方向自由滑动。

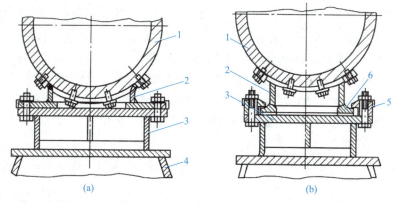

图 6-2-8 锅炉通过过渡支座安装

（a）固定式支座；（b）滑动式支座

1—下锅筒；2—锅炉支架；3—过渡支座；4—基座；5—导向压板；6—黄铜垫片

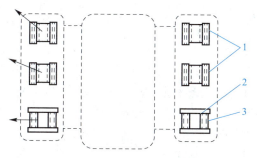

图 6-2-9 水管锅炉的过渡支座

1—滑动式过渡支座；2—限制板；3—固定式过渡支座

（2）按上锅筒纵向中线的高度、下锅筒与船舶中线面距离及平行度、下锅筒封头与隔舱壁的距离和用软管水准仪测量的锅炉倾斜度进行锅炉的定位，在隔舱壁上画出上锅筒纵向中线，在基座上则画出下锅筒至隔舱壁（或肋骨）的距离线及下锅筒中线至船舶中剖面的距离线，而在锅炉上画出上、下锅炉的纵向中线以作为定位检查之用。

（3）将锅炉机组（连同过渡支座，此时过渡支座比锅炉的安装位置高 20～100 mm）吊到船体基座的木墩上，再移放至千斤顶上（图 6-2-10），按锅炉布置图用千斤顶来调节锅炉的位置（纵向、横向、高度、倾斜度）。

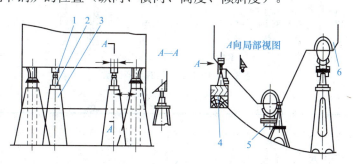

图 6-2-10 锅炉安放在规定的位置上

1—千斤顶支脚；2—千斤顶；3—千斤顶平台；4—木墩；5—过渡支座；6—锅炉

（4）吊运锅炉。在吊运锅炉时，为防止已装好的水管发生变形（否则会使管子接头的密封性遭到破坏），在锅筒之间应用撑木固定好。对于下锅筒不对称安装的水管锅炉，应在锅炉上加平衡重块或采用专门设备进行吊运。

（5）根据画在基座上的锅炉定位线来使锅炉纵横定位，锅炉在高度方向的位置是用软管水准仪在隔舱壁及上锅筒上的纵向中线进行调整的（此时过渡支座不得与基座相碰）。其倾斜度则按上锅筒前后端中线用软管水准仪定位，水管锅炉应装成向艉倾斜 10～15 mm，允许的误差值不大于 ±2 mm。

（6）按其安装位置高度要求，以基座面为准，用画盘画出各过渡支块之间应截取的线。

（7）用气割将各过渡支块应割去的部分割掉，使锅炉达到实际安装高度尺寸，其误差为 ±15 mm。

（8）调整千斤顶使锅炉在基座上落位，并经反复校核后，拆除千斤顶及木墩，将过渡支块焊牢在基座上，并取出活动式过渡支座中的垫片。

（9）安装锅炉辅助支承与船体相固定，如锅炉的上方用拉环固定（图 6-2-11），不要拉得过紧，并保证间隙 a、b 符合图纸尺寸要求，以使锅炉受热后能自由膨胀。

（10）锅炉液压试验及蒸汽试验。锅炉在船上安装以后应进行液压试验及蒸汽试验，以检查其密封性。试验在包扎绝缘物以前进行，试验压力为锅炉工作压力的 1.25 倍。

1）进行液压试验前，应先将安全阀拆除封闭；

2）试验时应在锅炉机组、附件、管系等装满水，排除空气后再缓慢升压；

3）试验时的环境温度应不低于 5 ℃；

4）在试验压力下保持 5 min，并没有明显压力降低，然后将压力降至工作压力，检查没有渗漏情况，即认为合格。

锅炉液压试验后，在包扎绝缘以前，连同所有附件，在工作压力下进行不少于 2 h 的蒸汽试验，其目的是检查锅炉的密封性是否处于良好状态。

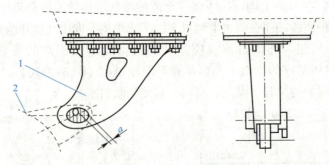

图 6-2-11　锅炉上部用拉环固定
1—拉环；2—锅炉

【学习成果评价】

各组自我检验学习成果，对此任务的学习过程进行总结和反思。学生根据任务学习的过程与结果真实、诚信地完成评价表 6-2-1～表 6-2-3。教师根据学生学习过程与结果客观、公正、全面地完成评价表6-2-2和表6-2-3，对学生进行综合评价。

表6-2-1　学生自评表

任务	完成情况记录
任务是否按计划时间完成	
相关理论完成情况	
技能训练情况	
任务完成情况	
任务创新情况	
材料上交情况	
收获	

表6-2-2　学生互评表

序号	评价项目	小组互评	教师评价	总评
1	任务是否按时完成			
2	材料完成上交情况			
3	成果质量			
4	语言表达能力			
5	小组成员合作面貌			
6	创新点			

表6-2-3　教师评价表

序号	评价项目	自我评价	互相评价	教师评价	综合评价
1	学习准备				
2	引导问题填写				
3	规范操作				
4	完成质量				
5	关键操作要领掌握				
6	5S管理、环保节能				
7	职业态度与精神				
8	参与讨论主动性				
9	沟通协作				
10	展示汇报				

注：评价档次统一采用A（优秀）、B（良好）、C（合格）、D（努力）四档。

【任务实施相关知识】

一、锅炉安装技术要求

1. 定位

锅炉在船体基座上定位时的允许偏差值如下：

（1）整台水管锅炉上锅筒或卧式烟管锅炉的纵向端点与船底基线距离 H 的误差为 ±3 mm，其纵向中线与基线的平行度误差不得大于 2 mm；它们的横向中线两端点距离船底基线高度差（h_2-h_1），水管锅炉为 3 mm，烟管锅炉为 6 mm（图 6-2-12）。

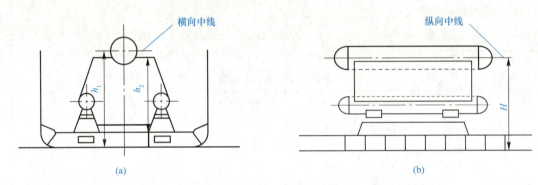

图 6-2-12　锅炉在基座上允许的偏差

（a）横剖面图；（b）侧视图

锅炉前后左右位置的误差为 ±15 mm。

（2）水管锅炉的上锅筒、下锅筒、联箱在船上定位时，其位置的允许偏差值（图 6-2-13）：上锅筒、下锅筒、联箱的纵向轴心线的平行度误差为每米不得超过 2 mm，其轴心线的垂直距离 H_1、水平距离 B 的误差为 ±2 mm，对角线的误差为 ±4 mm；下锅筒、联箱的纵向轴心线端点和船底基线的垂直距离 H_2 的误差为 ±3 mm。

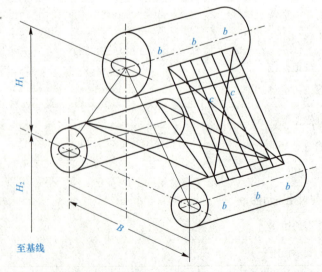

图 6-2-13　水管锅炉的上锅筒、下锅筒和联箱在船上定位的允许偏差

（3）辅锅炉、废气锅炉的工作水位线两端点距离基线的高度偏差（H_1-H_2）应不超过 ±4 mm，如图 6-2-14 所示。

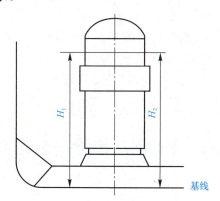

图 6-2-14 立式烟管锅炉的工作水位线距基线的高度差

（4）锅炉定位后的位置应能保证锅炉维修、管理与操作都方便。它与燃油舱壁、双层底燃油舱顶板的距离均必须符合现行船舶规范的要求。

（5）卧式烟管锅炉的纵横接缝不得位于圆弧形基座上，且短牵条端部距基座的支承面外缘不得小于 50 mm。

2. 紧固

（1）水管锅炉底座与基座间必须配置不小于 6 mm 的黄铜垫板，黄铜垫板应分别与底座、基座支承面均匀贴紧。当用螺栓或压板紧固后用 0.2 mm 厚薄规检查时，插入深度不得大于 15 mm，两接触点间距不得大于 30 mm。

（2）卧式烟管锅炉筒体与其圆弧形基座间必须配置厚度不小于 12 mm 的青铅垫料。锅炉紧固于基座支承面后，铅质垫料能分别与筒体、基座支承面均匀贴紧。用 0.5 mm 厚薄规检查时，插入深度不得超过 50 mm。

（3）辅锅炉、废气锅炉底座与基座之间可不放垫板或垫料。

（4）锅炉紧固于基座后，它与舱壁间的拉索或拉环不宜过分张紧，保证锅炉受热后能自由膨胀。

二、废气锅炉换板工艺过程

（1）施工前的准备工作：
1）关闭集管处的进出口阀，并放尽锅炉内的残水；
2）拆除板相关部位锅炉外层炉衣、绝热层等相关附件，并整理妥善放置；
3）拆除相关的附件；
4）保证场地清洁，并落实好安全措施；
5）根据实际情况，将需换新区域旧板割除。

（2）根据实际大小，下料切割所需炉板。

（3）炉板安装：炉板安装前，炉板需打坡口，坡口形式应符合要求，并需检验合格。

（4）电焊：

1）焊条采用 J507 焊条，直径为 3.2 mm、4 mm。焊前焊条需在温度为 250 ℃～ 300 ℃下干燥 1 h，取出放入保温桶内待用。

2）焊接后焊缝应及时做缓冷处理，以去除内应力。

3）焊接质量要求：焊接表面应均匀致密，成型良好，不应有裂纹、气孔、夹渣、咬边、溢流、焊瘤、表面气孔及未熔填的弧坑等缺陷。

4）操作人员必须持船级社认可的锅炉焊接证书上岗。

5）焊缝检查：所有焊缝着色探伤，由船检验收。最后用煤油检查焊缝密性，并合格。

三、废气锅炉换管工艺过程

1. 施工前的准备工作

（1）剥开炉衣，打开刀门，拆去有关附件，并堆放整理好。

（2）搭好脚手架，保证场地清洁，并落实好安全措施。

（3）做好牵条管管孔的定位记号。

2. 拆管

（1）拆管原则：先拆烟管，后拆牵条管，顺序先外后里。

（2）旧管用气割的方法割除，管根保留 40 ～ 50 mm，管板碳刨去焊脚，烘烤加热，锤子敲打取出。拆管时管孔不应损伤，否则需焊补、磨光、修正加以恢复，管孔端面的凸出老焊疤用砂轮打平、修正。注意不要伤害管板表面，管孔修补后应经检验合格。

3. 新炉管的装、焊

（1）装管原则：先装牵条管，后装烟管，顺序由外往里。

（2）管板检查：两管板表面清理、打磨干净后，管板表面需着色探伤检查。管板经厂检及验船师检查认可，合格后方可进行下一步施工。

（3）新炉管应具有相应的船级社认可的厂家质量合格证。炉管下料后应在车间做 1.35 MPa 强度水压试验。

（4）检查管子表面应无裂纹、夹渣、皱纹、凹坑等缺陷。管子两端约 40 mm 长范围内需除锈打光。

（5）管端应与管孔选配，装配间隙不应超过 1% 管孔直径。炉管不得强力装入管孔，管端在管孔内应能自由移动，无卡住现象。

（6）焊接锅炉管。焊条需经烘烤、保温各 1.5 h。

（7）焊接后的焊缝应及时用石棉覆盖缓冷，做去应力处理。

（8）焊接质量要求：焊接表面应均匀致密，成型良好，不应有裂纹、咬边、溢流、焊瘤、表面气孔及未熔填的弧坑等缺陷。焊后打磨，并着色探伤检查。需经厂检及验船师检查认可。

4. 水压试验

（1）炉管全部更换结束，经检验人员检查合格后，对锅炉整体做水压试验。试验压力 1.35 MPa。

（2）水压试验时炉内空气应排尽，试验压力的升降应缓慢进行，速度变化率不得超过 0.2 MPa/min。

（3）试验时当压力升到工作压力一半时，暂停升压，进行初步检查，无异常情况再升到试验压力，保持 5 min，然后降到工作压力，进行仔细检查，此时压力应保持不变，试件金属外壁没有水珠、湿润等渗透及明显变形现象，焊缝处无渗水则水压试验认为合格，试验不合格允许返修，但需要重新做水压试验。

（4）水压试验合格后，恢复锅炉所有附件，进行蒸汽试验，合格后工程结束。

07 项目七　船舶动力装置总体验收

【项目描述】

船舶动力装置总体验收工作是检查动力装置各部分的装配和安装的质量，对动力装置中的机械、设备、管系、检测仪表等的安装正确性、可靠性，以及工作性能和经济性等做全面的考核，对某些船舶还要测定出最合理、最经济的营运指标。动力装置的总体试验，可分为系泊试验和航行试验两个阶段进行。本项目主要按照企业系泊和航行试验大纲内容进行船舶动力装置总体验收相关工作任务训练，学习柴油机主机和轴系相关的系泊试验和航行试验的相关知识，掌握试验方法，提高参与试航的能力和自身职业素养。

【项目分析】

船舶动力装置总体验收项目需要依照《中国造船质量标准》（GB/T 34000—2016）和《船舶建造质量检验》（GB/T 12926—1991）的要求，同时，依据企业实际采用的系泊和航行试验大纲来完成，需要通过系泊试验和航行试验两个任务来学习与训练。

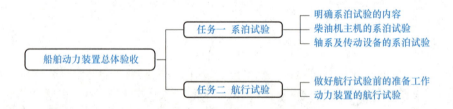

【相关知识和能力】

知识	能力
1. 系泊试验的目的及试验项目；	1. 准确阅读系泊和航行大纲；
2. 柴油机主机系泊试验的内容和方法；	2. 能够参与柴油机主机的系泊试验；
3. 轴系系泊试验的内容和方法；	3. 能够参与轴系及传动设备的系泊试验；
4. 航行试验的目的及试验项目；	4. 能够参与动力装置的航行试验；
5. 航行试验的准备工作；	5. 准确填写相关试验记录；
6. 动力装置航行试验项目和方法	5. 系统思维能力、协调工作的能力和组织管理能力

任务一　系泊试验

【任务分析】

系泊试验是在机电设备和其系统安装结束的基础上进行的，通过对机电设备的调整及性能试验，以验证机电设备是否达到原设计性能，是否满足船舶设计、船检规范和系泊试验大纲规定的要求，系泊试验是轮机修造人员必须掌握的基本技能。本任务主要是对柴油机主机和轴系相关的系泊试验知识的学习，参与系泊试验并完成相关试验记录的填写和报验工作。

【学习目标】

1. 能够准确阅读系泊试验大纲；
2. 能够准确叙述系泊试验的内容；
3. 说出柴油机主机和轴系系泊试验的内容和方法；
4. 能够参与柴油机主机和轴系的系泊试验，并准确填写相关记录；
5. 提升系统思维能力、协调工作的能力和组织管理能力；
6. 自我检验学习成果，对工作过程进行总结和反思。

【任务实施】

一、明确系泊试验的内容

引导问题1：简述系泊试验一般需要进行的项目。

_____
_____
_____
_____
_____

> **小提示**
>
> 系泊试验时，船上多数设备可进行满负荷试验，并对该设备进行全面考核，如发电机组、船舶系统及泵和起重设备等。但由于系泊试验无法对与船舶航行有关的设备

进行全面考核，如主机及其动力系统、舵机、锚机、制淡装置和导航通信设备等，所以这些设备的性能试验只能在航行试验时进行，但在系统试验时，这类项目应按系泊试验大纲要求调试到最佳状态，同时检验这些设备能否正常地工作，以保证航行试验能安全地进行。

系泊试验一般需要进行主机和轴系系泊试验、柴油发电机组和配电板试验、甲板机械及各类辅机试验、船舶系统试验、电气设备试验和倾斜试验。

系泊试验按系泊试验大纲进行，设备调试后，按试验、检验项目向检验员、船东和验船师交验。工厂在完成全部系泊试验项目后，向船检部门申请船舶试航证书。

下面进行主机和轴系系泊试验任务实施。

二、柴油机主机的系泊试验

（一）投油清洗检验

引导问题 2：阅读下面的小提示，完成投油清洗检验相关填空题。

（1）主机和轴系运转前，应对_____、_____及_____管系进行投油清洁，清除管系内残留的杂质与垃圾，确保主机与轴系的正常运转。

（2）主机滑油系统投油清洗可分为_____、_____、_____三个阶段进行。

（3）滑油循环舱和重力油箱的内部清洁（清洗）方法一般采用_____的办法。

主机和轴系运转前，应对主机滑油系统、燃油系统及艉轴管滑油系统管系进行投油清洁，清除管系内残留的杂质与垃圾，确保主机与轴系的正常运转。

1. 主机滑油系统投油检验

（1）检验内容。主机滑油系统投油，主要是清除系统内的硬质机械杂质及垃圾，以防止进入活动部件而损坏机件。为了达到此目的，投油清洗可分为机外滑油管系及设备投油、主机内部曲柄箱冲洗、滑油循环舱清洁三个阶段进行。

（2）检验方法与要求。

1）机外滑油管系及设备投油。投油须按照预先确定的投油路线进行，也可参照图 7-1-1 所示的投油系统图进行。投油时采用临时油泵，油温加热至 35 ℃～45 ℃，为了取得较好的投油效果，应对管系特别是管系弯头处用木槌做间断敲击，或使用振动工具，以使杂质和垃圾脱离管壁。在向检验部门交验滑油投油时，应在检验人员在场的情况下，对所提交的滑油系统连续投油 4 h。投油后，用视觉观察、手感触摸或用磁铁检查，在确认滤网上无金属颗粒等杂质时，则可认为滑油系统投油清洗工作已合格，否则要重新按上述方法继续投油清洗，直至达到投油要求。

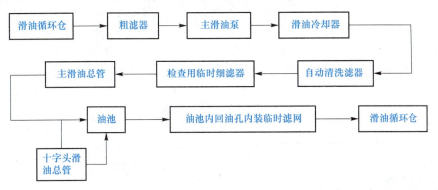

图 7-1-1 投油系统

2）主机内部曲柄箱冲洗检验。在滑油系统投油前，应先对主机内部进行清洁（用抹布擦干净），使主机曲柄箱内部无杂质和垃圾。然后将油通过油泵增压后的临时冲油管对机内进行冲洗，以使主机内部达到清洁要求。

3）滑油循环舱清洁检验。在主机滑油系统投油清洗认可后，应将主机滑油循环舱内的清洗油排空，然后对滑油舱进行清洁，要求舱内的任何部位无机械杂质和垃圾。清洁方法一般采用面粉团粘走的办法。

2．主机燃油系统投油检验

（1）检验内容。主机燃油系统投油，主要是清除燃油系统内部存在的硬质机械杂质和垃圾，以防止杂质进入主机高压油泵、喷油头而造成堵塞、损坏，影响主机的正常工作。因此，须对进入主机的燃油系统的机外管路进行投油清洗，方法与滑油系统投油清洗相同，直至满足投油要求为止。

（2）检验方法与要求。投油一般采用船上本身泵进行，当滤器滤网上无硬质金属颗粒等杂质时，则可以认为燃油系统已投油清洗合格。

3．艉轴管重力油管路投油检验

（1）检验内容。对采用巴氏合金轴承的艉轴管滑油系统，为了使进入艉轴管内的滑油保持清洁，应对从补给油箱至重力油箱，以及进入艉轴管的滑油管路进行投油清洗。

（2）检验方法与要求。用船上的补给油泵从补给油箱内吸入滑油，输至重力油箱处跨接的重力油管，再回到补给油箱，运转一段时间后检查滤器滤网，若无金属硬质颗粒及垃圾时，则可认为投油清洁已符合要求。重力油箱的内部清洗可采用面粉团粘走办法检查，在无杂质及硬质颗粒时，则可认为重力油箱的清洗已符合要求。

（二）动力系统泵的试验

引导问题 3：试验时应记录泵的出口及进口压力、电动机启动电流及工作电流、电动机及控制箱冷热态绝缘电阻，并完成记录表 7-1-1 的填写。

表 7-1-1　泵及电机试验记录表

名称及编号	功率/kW	电压/V	电流/A	转速/(r·min^{-1})	工况	泵压力/MPa		电压/V	电流/A		绝缘电阻/MΩ	
						排出	吸入		启动	工作	冷态	热态

小提示

动力系统泵是指直接为主机运转服务的泵，在主机进行系泊试验前，应对这类泵逐台进行试验。动力系统泵包括主机滑油泵、燃油泵和主机海、淡水泵等（包括相应的备用泵）。

1. 泵运转试验的内容、方法与要求

动力系统泵（包括备用泵）试验时须调节泵的出口阀，使泵的排出压力和吸入压力符合泵的总扬程，连续工作 1 h，检查泵的运转是否平稳，以及轴封水密性、电动机及轴承的温升等情况。运转时应无异常发热，滑动轴承工作温度不得高于 65 ℃，滚动轴承工作温度不得高于 80 ℃，泵轴封处水的泄漏量不得多于 50 滴 / 分，机械密封只允许局部有轻微渗漏，有渍不成滴。

运转试验时应记录泵的吸入及排出压力、启动电流、工作电流，工作电流不能超过电机铭牌上的标定值。此外，须测量电动机及控制箱的热态绝缘电阻，应大于 1 MΩ。在试验即将结束时，对可做封闭试验的泵，用关闭泵的排出阀的办法，检查泵的封闭压力（使用系统中的压力表），了解泵能达到的最高压力（封闭试验仅做检查，不做验收结论）。试验时，用钳型电流表测量电流，用兆欧表测电阻。轴承温度一般用手做触觉检查，如发现温度高时，可用点温计测量。

2. 泵及系统效用试验的内容、方法与要求

在泵运转试验结束后，应对动力系统的泵进行系统效用试验。系统效用试验是通过泵、管路将介质输送到主机的规定部位，检查是否能满足主机正常运行和达到设计要求。其试验方法与要求如下：

（1）用主滑油泵向主机供油，检查进入主机的滑油的状况，如向主机主轴承、推力轴承、传动齿轮或链轮处的供油情况，向十字头轴承、边杆下轴承、活塞杆处供油的情况。同时，检查与主机相连接的管子接头处有无泄漏现象。

（2）用凸轮轴油泵向凸轮轴供油，检查凸轮轴滑油泵压力及进入凸轮油箱的供油情况。若供油情况正常，则可认为滑油系统符合要求。

（3）用主机燃油循环泵和主机燃油供油泵向主机及系统供油，检查燃油泵压力及主机连接处有无泄漏。

(4）用主机海水冷却泵向主机海水冷却器、空冷器、凸轮轴冷却器、淡水冷却器供给冷却水，试验冷却水的畅通性，同时检查所有连接处有无泄漏。

(5）用主机淡水冷却泵向主机淡水冷却器、冷却腔供给冷却水，试验冷却水进入主机各腔的畅通性。

由于大型主机往往是在船上组装，所以还须试验主机冷却水通过各冷却部位（密封处）的密封性，若确认没有冷却水泄漏，且冷却水工作压力正常，则可认为该主机淡水冷却系统效用试验合格。

对柴油机主机在系泊试验时还需要对主机保护装置、主机报警装置、集控台主机报警点等进行模拟试验（具体见本任务实施的相关知识内容介绍），试验后可进行主机启动及换向试验。

（三）主机启动及换向试验

引导问题4：用压缩空气启动的主机，须记录主机启动前后的空气瓶压力、启动时间、主机启动时最低的空气瓶压力、主机倒顺车换向时间，在启动性能试验过程中完成表7-1-2的记录。

表7-1-2 启动性能试验记录表

船名：　　　　　　　　　　　　　　　　　　　　　　试验日期＿＿＿＿年＿＿月＿＿日

柴油机型号			机舱温度 /℃					冷却水温度 /℃				
柴油机编号		大气压力 /MPa			相对湿度 /%			机油温度 /℃				
启动方式		测量次数	1	2	3	4	5	6	7	8	9	10	11	12
压缩空气启动		启动时间 /s												
		平均每次启动时间 /s												
		空气瓶能启动次数												
		启动前空气瓶的压力 /MPa												
		启动后空气瓶的压力 /MPa												
		最低启动压力 /MPa												
		启动空气消耗量 /kg												
		平均每次启动空气消耗量 /kg												
电启动		启动时间 /s												
		平均每次启动时间 /s												
	蓄电池	试验前电压 /V												
		试验后电压 /V												
说明	1. 此试验在冷态下进行，如机舱温度低于8℃，允许将机油及冷却水加热。 2. 启动所需时间指从操作开始到柴油机开始工作为止。 3. 可直接换向的柴油机启动时应正车和倒车交替地进行												

> 主机启动及换向试验，一是检验主机所配的空气瓶的容量能否满足主机启动次数的要求；二是检验主机启动装置能否灵活地启动及换向。试验应满足船级社规范规定的要求，以保证主机能适应船舶安全航行的要求。
>
> 1．试验内容
>
> （1）验证主机启动设备的容量能否满足在气瓶不补充气或电瓶不补充电的情况下的启动次数（正、倒车应交替进行）。当船上主机多于 2 台时，能启动的总次数应不少于设计规定。
>
> （2）试验主机启动换向系统的灵活性，以及换向时间是否在规定范围内。
>
> 2．试验要求
>
> （1）空气瓶充满空气，在不补充空气的情况下，应能满足可换向主机冷态连续启动至少 12 次的规定。
>
> （2）主机换向试验，要求能在 15 s 内从原来转向改变为另一方向的运转，试验应进行 3 次。
>
> （3）用电启动的主机所配的蓄电池组（两组），能在中途不补充电的情况下，对可换向的主机冷态连续启动不少于 12 次；对不可换向的柴油机，应能从冷态连续启动不少于 6 次。
>
> 3．试验方法
>
> （1）压缩空气启动试验。试验前，气瓶空气压力应达到额定工作压力，在中途不补充气的情况下，冷态启动可换向的柴油主机，直至不能启动为止。启动试验应正、倒车交替连续进行，记录启动次数和最低启动压力。
>
> （2）主机换向试验。试验时，在主机最低稳定转速下，记录从换向操纵开始到相反方向以燃油开始运转为止的换向时间。
>
> （3）对用电启动的主机，当蓄电池组充足电时应能冷态连续启动，直至蓄电池不能启动主机为止。记录启动次数。
>
> （4）用齿轮箱传动，具有倒顺车结构的主机应进行倒顺车试验。在正常换向转速下，从顺车开始至进行倒车，或从倒车开始至进行顺车运转为止，倒顺车换向时间应在规定时间内。其正常换向的转速应不小于主机额定转速的 50%。

（四）主机系泊运转试验

引导问题 5：完成主机系泊试验，并记录动力系统的各工作压力、温度，主机各缸的压力、温度，以及主机热工参数，完成表 7-1-3 的填写。

表 7-1-3 柴油机试验记录表

船名_____　　　柴油机型号_____　　　柴油机编号_____

试验内容		单位	测量次数 测量时间							
			1	2	3	4	5	6	7	8
主机转速/螺旋桨转速		r/min								
功率		kW								
扭矩		N·M								
压缩压力/爆发压力	1	MPa								
	2									
	3									
	4									
	5									
	6									
	7									
	8									
冷却水出机温度/废气排气温度	1	℃								
	2									
	3									
	4									
	5									
	6									
	7									
	8									
排气背压		MPa								
润滑油压	滤器前	MPa								
	滤器后									
	主轴承									
推力轴承温度		℃								
全顺车至全倒车所需时间		s								
废气涡轮增压器	转速	r/min								
	扫气压力	MPa								
	扫气温度	℃								
	废气温度涡轮前/后	℃								
	滑油温度进/出	℃								
	进油压力	MPa								
	冷却水温度进/出	℃								
	停增压器试验	主机工作情况								

环境温度/℃_____　　　大气压力/MPa_____　　　相对湿度/%_____

> **小提示**

系泊试验时,主机转速一般不能达到额定转速,故只能对主机进行初步调整,并对其附属系统进行工作协调性检查,因此,系泊试验只能确认主机和轴系是否已具备进行航行试验的条件,对主机的全面考核将在航行试验阶段进行。

1. 试验内容

(1) 主机附属系统及泵能否正常、协调地工作,其工作压力能否满足主机正常运转的要求。

(2) 主机操纵系统及各信号装置能否正常工作。

(3) 主机和轴系能否平稳地运转,各轴承温度是否在规定范围内。

(4) 主机运转时各活动部件能否正常工作。

(5) 对主机的各缸热工参数按要求做初步调整。

2. 试验要求

主机系泊试验应按系泊试验大纲或参照《海船系泊及航行试验通则》(GB/T 3471—2011)的有关要求进行。

(1) 柴油机系泊试验工况和时间的确定。主机系泊试验工况和试验时间,见表7-1-4。

表 7-1-4 试验工况及时间

工况序号	扭矩比值 /%	试验时间 /h
1	39	0.5
2	63	0.5
3	83	0.5
4	100	2～4
倒车	正车额定转速的70%	10 min

(2) 主机附属系统的试验要求。主机运转时,所有主机附属系统的泵均应配合主机一起运行(包括进行备用泵的转换试验),以检查各系统的工作协调性和工作压力是否在规定范围内。

(3) 主机操纵及信号装置试验。主机操纵系统工作正常,且操纵部位能进行转换,仪表及信号装置均能按要求正常工作。

(4) 主机的试验要求。主机试验时,各活动部件应运转正常,无不正常发热和异常响声等现象。在额定扭矩下,应对各缸的工作均匀性进行初步调整,其调整要求应符合说明书要求。

3. 试验方法

主机系泊试验须在几档转速下运转,以检验主机附属系统及泵的工作压力、系统的工作状态;检验主机操纵系统及各信号装置;检验主机及轴系是否有异常响声,各零部件是否有过热现象。试验时应对各缸热工参数进行初步调整(由于系泊试验时主机功率较小,所以系泊试验调整后,在航行试验时还须重新调整)。

主机系泊试验结束后,须打开曲柄箱门检查主机上下连杆轴承及主轴承的温度、轴系轴承温度(可采用点温计测量,不超过 60 ℃)。

三、轴系及传动设备的系泊试验

引导问题 6:轴系在运转过程中,一般推力轴承的滑油温度不得超过_____℃,中间轴承外表温度不超过_____℃,隔舱填料函的外表温度不得超过_____℃,艉轴管填料函的外表温度不超过_____℃。

小提示

在主机进行系泊试验过程中,应同时检验轴系及传动设备的工作情况,主要是检验可调螺距螺旋桨和离合器动作的灵活性,检查推力轴承、中间轴承、隔舱填料函、艉轴管轴承的运行情况。

1. 温度检查

轴系运转应平稳,各道轴承的温升符合规定要求,各轴封不漏油。轴承温升可参照《内河船舶轴系修理要求》(JT/T 286—1995)的规定,见表 7-1-5。

表 7-1-5　轴系稳定温度　　　　　　　　　　　　℃

转速 部位	$n < 300$ r/min		$n > 300$ r/min	
环境温度	≤ 30	> 30	≤ 30	> 30
推力轴承	≤ 60	≤ 65	≤ 65	≤ 70
滑动中间轴承	≤ 55	≤ 60	≤ 60	≤ 65
滚动中间轴承	≤ 65	≤ 70	≤ 70	≤ 75
填料函与压盖	正常工作温度 < 60 ℃,小型高速机油润滑艉轴首填料函 ≤ 75 ℃			

2. 艉轴管检查

检查艉轴管的润滑和泄漏情况,用油润滑的艉轴管轴承不得有漏油现象。水润滑的艉轴管轴承在填料函处允许有少量的滴水渗漏,这是由于水润滑的艉轴管填料函大多数采用浸油麻绳作为填料密封,若安装太紧会造成摩擦力过大,容易发热。

3. 离合器试验

多机并车的推进装置为保证能进行单机运行,一般在主机功率输出端安设离合器。系泊试验时,应对离合器进行离合性能试验,测量离合所需的时间,检查指示离合动作的灯光信号装置的正确性和可靠性。离合器操纵机构的转换试验是检查驾驶室集中操纵机构与离合器旁边的操纵机构相互转换的灵活性,以及这两个操纵机构互为联锁的可靠性。

4. 可调螺距螺旋桨试验

在系泊试验时,可调螺距螺旋桨叶应进行转动操纵性能试验,即在主机系泊试验的最大转速下操纵桨叶转动,从正满角到负满角或从负满角到正满角,测定从开始操纵至到达满角所需的时间(应不大于 15 s)。对非机械操纵的调距桨操纵系统中所备用的手动机械系统,需进行实际操作效用试验,手动操纵系统应灵活轻便。在可调螺距螺旋桨整个试验过程中,对常用和备用油泵应交替使用(各占一半时间),检查油泵的工作情况。

在各种运行工况下进行桨叶工作稳定性检查,桨叶的螺距角置于 0°时,其不稳定波动值不应超过 ±0.5°;检查螺距角指示器的正确性,驾驶台及机舱操纵台上的螺距指示器与螺旋桨的实际螺距角误差应不大于 ±1°。

检查机舱与驾驶台这两套操纵系统相互转换的灵活性及相互联锁的可靠性。

【学习成果评价】

各组自我检验学习成果,对此任务的学习过程进行总结和反思。学生根据任务学习的过程与结果真实、诚信地完成评价表 7-1-6 ~表 7-1-8。教师根据学生学习过程与结果客观、公正、全面地完成评价表 7-1-7 和表 7-1-8,对学生进行综合评价。

表 7-1-6 学生自评表

任务	完成情况记录
任务是否按计划时间完成	
相关理论完成情况	
技能训练情况	
任务完成情况	
任务创新情况	
材料上交情况	
收获	

表 7-1-7 学生互评表

序号	评价项目	小组互评	教师评价	总评
1	任务是否按时完成			
2	材料完成上交情况			
3	成果质量			
4	语言表达能力			
5	小组成员合作面貌			
6	创新点			

表 7-1-8　教师评价表

序号	评价项目	自我评价	互相评价	教师评价	综合评价
1	学习准备				
2	引导问题填写				
3	规范操作				
4	完成质量				
5	关键操作要领掌握				
6	5S 管理、环保节能				
7	职业态度与精神				
8	参与讨论主动性				
9	沟通协作				
10	展示汇报				

注：评价档次统一采用 A（优秀）、B（良好）、C（合格）、D（努力）四档。

【任务实施相关知识】

一、主机保护装置试验

为保证主机能正常地运转，在机上设置了保护装置。主机在运转过程中，当某一参数超过或低于安全运行的规定值时，该装置能使主机自动停止运转。为了防止发生主机操纵方面的错误操作，则设置了主机联锁装置。

1. 试验内容

主机保护装置试验应在主机运转之前逐项试验其动作的正确性。试验内容如下：

（1）采用模拟方法试验滑油压力低压和凸轮轴滑油压力低压停车装置。

（2）采用模拟方法试验推力轴承高温停车。

（3）采用模拟方法试验超速停车装置。

（4）采用模拟方法试验机旁应急停车装置。

（5）采用模拟方法试验盘车机联锁装置。

2. 试验要求

主机各保护装置应按系泊试验大纲要求的各项参数值进行调整或将主机说明书的规定值作为主机保护装置调试的依据。

（1）主机滑油压力降低到规定的停车压力时，主机应能自动停车。同样，当凸轮轴滑油压力降低到规定的停车压力时，主机应能自动停车。

（2）当主机推力轴承温度高到规定的停车温度时，主机应能自动停车。

（3）主机超速停车试验的转速应符合试验大纲和中国船级社船舶建造规范的要求。主机应装有可靠的调速器，转速不超过额定转速的 115 %。对于额定功率大于 220 kW 且带有离合器或传动可变螺旋桨的主机，应装有防止主机超过额定转速 120% 的超速保护装置。超速保护装置应能保证主机超过规定转速时使主机停车。调整时，还需参照主机说明书规定的飞车保护装置动作时的转速，但不得超过中国船级社船舶建造规范规定的转速。

（4）机旁应急停车装置试验。用手按停车装置时，主机应能立即停车。

（5）主机盘车联锁装置试验。在盘车机齿轮啮合时，应无法启动主机

3. 试验方法

（1）主机滑油低压、凸轮滑油低压停车装置试验采用模拟方法。将主机滑油压力传感器与原系统的接头脱开，接至手掀油泵并逐渐加压，当达到滑油正常压力时启动主机，使其低速运转，而后逐渐降低手掀油泵压力，当手掀油泵的油压力降低到规定的滑油低压停车压力时，压力传感器应动作并使主机自动停止运转。用类似方法检查凸轮轴滑油低压停车装置。上述试验时，须记录滑油低压停车和凸轮轴滑油低压停车时的油压力。

（2）推力轴承高温停车装置试验采用模拟方法。将主机推力轴承的温度传感器温包从机上拆下，放入电加热的液体，并放入测量用的温度表，不断搅拌液体，使温度均匀上升，此时启动主机使其低速运转，当液体的温度达到规定的推力轴承高温停车温度时，温度继电器动作使主机自动停车。试验时，应记录推力轴承高温停车时的温度。

（3）超速停车装置试验。目前，船上使用得比较普遍的是电子超速停车装置，使用机械飞车保护装置的比较少。由于主机超速保护装置形式较多，调试方法也有所不同，试验时要按不同机型的主机说明书或试验方法进行。由于主机在系泊试验时负荷较大，试验主机超速停车装置时，一般不能将主机转速开得过高，故船厂一般采用模拟方法试验。

（4）电子超速停车装置的试验方法：先在电子超速停车装置上设定一个转速（转速应在主机系泊试验转速范围内），然后将主机加速到设定的转速，检查主机是否能自动停车。然后，在电子超速停车装置上设定另一个转速，当主机加速到这个设定转速时检查主机能否自动停车，试验1～2次。如果主机均在电子超速停车装置设定的转速时自动停车，则说明电子超速停车装置上标定的停车转速是正确的，动作是有效的，这样，就可根据设计规定的主机超速停车时的转速，调整电子超速停车装置设定的停车转速，并锁牢。试验时，应记录电子超速停车装置试验时的转速与实际停车时的转速，以及主机电子超速停车装置设定的停车转速。

（5）机旁应急停车装置试验在主机低速运转时进行，用手按机旁应急停车装置按钮，若主机能立即停车，则可认为应急停车装置工作正常。

（6）盘车机联锁装置试验。在主机盘车机齿轮与曲轴大齿轮呈啮合状态时，主机启动系统的滑阀应能将空气切断，使主机无法启动。检验方法：在啮合状态下进行主机启动试验，主机若不能启动，则可认为主机盘车机构联锁装置工作正常。

4. 试验记录

主机保护装置试验时应做好如下试验记录：

（1）主机滑油低压停车时的滑油压力、凸轮轴滑油低压停车时的滑油压力。

（2）推力轴承高温停车时的温度。

（3）主机超速停车装置设定的主机停车转速。

二、主机报警装置试验

为了使主机能正常地运行，在主机系统的重要控制点处设置了较多的安全报警装置。

主机运行时，若某一个参数不符合主机说明书所规定的要求，而达到预先设定的报警参数值时，主机报警装置应立即发出声光报警信号，使操作者可及时排除故障。

1. 试验内容

主机系统设置的报警装置一般为高温、低温报警装置和低压报警装置。高温报警有推力轴承高温、主机排气高温、主机扫气高温、增压器进气高温、燃料油高温、滑油出口高温、冷却水出口高温等报警；低温报警有滑油进机低温、冷却水进机低温等报警；低压报警装置一般包括滑油低压、燃料油低压、冷却水低压、海水低压、操纵空气低压等。在这些报警装置中，有的一个系统只有一个报警装置，有的则分设在每一个汽缸上，数量较多，试验时应对所有报警装置逐个进行试验，以检验报警点是否在规定的参数值时报警。

2. 试验要求

高温、低温报警装置和低压报警装置报警点的调整依据为系泊试验大纲或主机说明书所规定的参数值，对主机系统所有的报警测量点逐个进行试验，确认在各自规定的参数值时能发出声光报警信号。

3. 试验方法

报警装置一般均采用模拟方法检验，下面分述低压报警、低温报警、高温报警三种类型的试验方法。

在报警装置效用试验时，主机不必运转，只要将主机低压报警传感器和高温、低温温度传感器从机上拆下进行试验即可；试验低压报警时，将压力传感器接至手掀油泵；试验高温、低温报警时，将温度传感器放入电加热的液体容器。具体的试验方法可参见本任务中主机保护装置的试验方法，不同之处仅是各测量点的参数已偏离正常值，而达到主机报警设定值。在具体试验时，一些重要参数若是与主机保护装置相结合的，可与主机保护装置一起试验。这些试验在主机运转时进行，可先试验参数值达到报警设定值时报警，然后使参数值达到主机保护装置的设定值，此时主机应停车。

对用于主机排气、扫气、增压等的高温报警装置，其模拟试验方法则根据热电偶特性的种类，采用电阻法、电压法或电流法进行，并依据相应的曲线，找出按规定高温报警温度值的对应量，然后进行设定，观察报警动作的正确性。上述各项试验进行 2～3 次。

任务二　航行试验

【任务分析】

航行试验是在系泊试验结束后，船舶处于航行状态下全面检验船舶动力装置各部分的质量、运转性能和可靠性，确定船舶在各种航线工况下的航速、推进装置工作时燃油消耗率等动力装置的性能指标等，航行试验是轮机修造人员必须掌握的基本技能。本任务主要是做好航行试验前的准备工作，参与船舶动力装置航行试验并完成相关试验记录的填写和报验工作。

【学习目标】

1. 能够准确阅读航行试验大纲；
2. 能够做好航行试验前的技术文件的准备工作；
3. 说出船舶动力装置航行试验的内容；
4. 能够参与船舶动力装置航行试验，并准确填写相关记录；
5. 提升系统思维能力、协调工作的能力和组织管理能力；
6. 自我检验学习成果，对工作过程进行总结和反思。

【任务实施】

一、做好航行试验前的准备工作

引导问题1：航行试验前船厂应提供哪些必要的基本技术文件？

_____
_____
_____
_____

小提示

由于航行试验时可能会遇到风浪及其他恶劣的环境条件，因此在出航前必须将系泊试验中出现的各种缺陷全部消除完毕，以保证主、辅机械、管路系统及各种装置的工作可靠性。详细记录各舱荷载情况，准确测量船舶的艏、舯、艉及两舷的吃水，保证船舶在规定吃水范围内，并尽可能达到纵、横倾平衡。

1. 环境的选定

航行试验的水域应按试验项目所要求的水深和水面幅度来选定，一般规定测速区的水深和水面幅度为船舶吃水及宽度的10～20倍，抛锚试验区的水深为45～80 m。首次航行试验应选择风浪不超过2级海情条件下进行。某些船舶会要求在超过某风速和浪级下进行抗风浪试验，这种特殊性的试验往往是在实船应用时做记录，验证船舶及动力装置在风浪下运行的能力。

2. 物料及测试设备准备

在航行试验以前必须携带足够的燃料、滑油和淡水等生活用品，并对燃油的品质进行测定，滑油质量也应符合技术要求规定。

航行试验用的测试仪表必须准备充分，除应用安装在船上的固定仪表外，还需根据具体条件及要求配置必要的仪表，如转速表、温度计（水银温度计、热电偶高温计、热电偶表面测温计等）、液体比重计、烟气分析仪、爆发压力表、示功器、钢弦测功仪、噪声测试仪、秒表、真空表（若干个）、压力表等。上述所有仪表均应在航行前进行校验及调整。

为能在试航过程中对临时发生规模不大的故障及时修复，还需配备若干名修理工、车工、电焊工和气焊工，以及其他所需但船上不备的设备。

3．技术文件的准备

航行试验前船厂应提供下列必要的基本技术文件：

（1）主、辅机及设备使用说明书；

（2）动力装置及各种机械设备的安装质量检验记录报告；

（3）轴系、舵系、螺旋桨的制造质量及安装检验报告；

（4）机械设备、锅炉、管系的水压试验记录报告；

（5）主、辅机及设备内场试验台负荷试验报告；

（6）系泊试验的试验记录等。

二、动力装置的航行试验

引导问题2：按照下面小提示完成动力装置的航行试验相关项目，并完成表7-2-1～表7-2-4的记录和填写。

表7-2-1 主机耗油量记录表

主机负荷/%	转速/(r·min^{-1})	轴功率/kW	油料种类	1小时运行耗油量/t	油料密度
耗油					

表7-2-2 主机最低稳定转速记录

负荷指示/%	操纵手柄油门刻度	转速调定空气压力/MPa	增压器转速/(r·min^{-1})		最低稳定转速/(r·min^{-1})
			No.1	No.2	

表7-2-3 主机换向试验记录　　　　　　　　　　　　　　　　　　　　s

状态/试验次数	1	2	3	4	5	6
正车→倒车						
倒车→正车						

表7-2-4 主机超速保护装置试验记录

主机转速/(r·min^{-1})	飞保装置设定值/格	主机运行时动作

> **小提示**
>
> 动力装置的航行试验，是根据航行中不同工况的具体要求，更为全面地检验主机及各种辅机的运行稳定性、可靠性，测定主机的实际功率和滑油、燃油消耗率，并配合船体完成船舶性能试验和船电完成导航设备试验。航行试验的项目、内容、方法和试验计划及技术要求，应根据由设计单位提出会同有关方面共同协商而制定的试验大纲进行。
>
> 1．试验应具备的条件
>
> （1）主机和为主机服务的各辅助机械及系统在系泊试验时所发现的质量问题均已消除。
>
> （2）燃油、滑油已取样化验合格。
>
> （3）按试验大纲规定的其他一切准备工作已就绪。
>
> 2．试验方法
>
> （1）主机航行试验工况和时间。
>
> 1）其试验程序、试验工况及其试验持续时间，应按试验大纲进行。在《海船系泊及航行试验通则》（GB/T 3471—2011）中，已对试验工况和时间做出规定，具体见表 7-2-5。
>
> 表 7-2-5　柴油机航行试验工况和试验时间
>
> | 工况 | 转速百分比 /% | 试验时间 /h |
> |---|---|---|
> | 1 | 70 | 0.5 |
> | 2 | 87 | 0.5 |
> | 3 | 常用功率的转速 | 2 |
> | 4 | 100 | 4 |
> | 5 | 103.2 | 0.5 |
> | 6 | 倒车 70 | 10（min） |
>
> 2）在额定工况试验阶段，应每隔 0.5～1 h 记录一次运行参数。
>
> 3）对测试数据进行汇总，出具测量记录。
>
> 4）检验主机运转时是否有异常响声、振动及三漏（漏气、漏水和漏油）情况。
>
> 5）检验轴系的中间轴承和艉轴管密封装置的工作状态及温度是否正常。
>
> 6）检验为主机和轴系服务的泵的工作情况。
>
> 7）主机运转试验结束后，在规定时间内打开曲轴箱门，检验主轴承和曲柄销轴承温度，并测量热态臂距差。
>
> 8）主机运转试验结束后，检验主机底脚螺栓、贯穿螺栓和侧向支撑的紧固情况。
>
> 9）主机做持续运转试验时，中途因故停机时间一般不超过 15 min，否则运转试验应重新开始。

（2）单机功率大于 1 471 kW 的首制船舶，测量主机轴功率或测取示功图，计算出指示功率和传动效率，后续船只测轴功率或批示功率。

（3）测量主机燃油耗油量，计算耗油率。燃油耗油量的考核数值，在主机制造厂的座台试验时已测得，但单机功率大于 1 471 kW 的首制船舶应在 87% 及 100% 额定转速及常用转速时测定主机的耗油量。燃油耗油量的测量记录见表 7-2-1。

（4）主机最低稳定转速试验。主机应具有良好的最低转速工作性能，并在最低稳定转速下运转 5 min。各种机的最低稳定转速要求不一样，如低速机应小于额定转速的 30%，中速机应小于额定转速的 40%，高速机应小于额定转速的 45%

试验时，记录主机转速、负荷、油泵与操纵手柄位置的刻度、增压器转速等，并汇总测量记录，见表 7-2-2。

（5）主机换向试验。换向试验应在主机最低稳定转速下进行，每次换向所需的时间应不大于 15 s，换向方式包括"正车→倒车"和"倒车→正车"，次数不少于 3 次。测量数值汇总并记录，见表 7-2-3。

（6）主机超速保护装置试验。试验时，按飞车保护装置设定值将主机转速开至设定值，检验其是否动作。

1）在主机制造厂座台试验时，先将水力测功仪上负荷减少，然后将主机转速逐渐升高，直至超速保护装置起作用为止。

2）在船厂试验时，按飞车保护装置设定值将主机转速开至设定值，检验其是否动作，应测量并记录，见表 7-2-4。

（7）测量扭转振动。主机功率大于 220 kW 的首制船，航行试验时一般应测量扭转振动。

（8）主机超负荷试验。在主机做额定功率试验后，应进行 110% 额定负荷的超负荷试验，运行时间为 1 h，检验主机和轴系工作是否正常，并记录各热工参数。

（9）主机燃油转换试验。对可以燃烧重油的主机，在额定功率试验后，应进行主机轻、重燃油的转换试验，运转时间按试验大纲规定，并检验燃油加热系统重油预热、黏度自动控制等设备的可靠性。

（10）主机遥控试验。该试验应在比较开阔的海面上进行。试验时，应分别在机旁和主机集控室及驾驶室进行启动、变速、停车及换向试验，并对机旁、集控室、驾驶室操纵的转换进行试验，各种试验的正确和失误都需有声光信号表示。

（11）桨叶转动试验。对于采用可变螺距螺旋桨的船舶，应在主机额定转速时做桨叶转动试验，即螺距角从正满角到负满角、从负满角到正满角，各两次，从操纵正满角至负满角及从负满角至正满角所需的时间应不大于 15 s，检查螺距角指示器的准确性，检查驾驶室及机舱螺距角的误差。

（12）拆机检验。航行试验结束后应按试验大纲进行拆机检验，一般七缸（含七缸）以下的主机拆检一个缸，八缸（含八缸）以上的拆检两个缸。拆检时，验船师、船东都应在场。主机重新装复后，应在系泊状态下进行 30 min 的运行试验，以验证装复的状态是否符合效用要求。

📝【学习成果评价】

各组自我检验学习成果，对此任务的学习过程进行总结和反思。学生根据任务学习的过程与结果真实、诚信地完成评价表 7-2-6～表 7-2-8。教师根据学生学习过程与结果客观、公正、全面地完成评价表 7-2-7 和表 7-2-8，对学生进行综合评价。

表 7-2-6　学生自评表

任务	完成情况记录
任务是否按计划时间完成	
相关理论完成情况	
技能训练情况	
任务完成情况	
任务创新情况	
材料上交情况	
收获	

表 7-2-7　学生互评表

序号	评价项目	小组互评	教师评价	总评
1	任务是否按时完成			
2	材料完成上交情况			
3	成果质量			
4	语言表达能力			
5	小组成员合作面貌			
6	创新点			

表 7-2-8　教师评价表

序号	评价项目	自我评价	互相评价	教师评价	综合评价
1	学习准备				
2	引导问题填写				
3	规范操作				
4	完成质量				
5	关键操作要领掌握				
6	5S 管理、环保节能				
7	职业态度与精神				
8	参与讨论主动性				
9	沟通协作				
10	展示汇报				

注：评价档次统一采用 A（优秀）、B（良好）、C（合格）、D（努力）四档。

【任务实施相关知识】

一、废气锅炉试验

1. 试验内容

(1) 在主机额定功率试验时，对废气锅炉进行 1～2 h 的效用试验。
(2) 对自动调节及安全报警装置进行调整和验收，并随炉做效用试验。
(3) 安全阀试验应报请验师参加。

2. 试验方法和要求

(1) 安全阀启跳试验。调整安全阀启跳压力，要求大于实际允许工作压力的 5%，但不超过锅炉设计压力。安全阀验收后，应进行铅封。
(2) 安全阀容量升值试验。将锅炉所有蒸汽阀关闭，使炉膛内的废气充分燃烧，要求在安全阀开启后 15 min 内（水管锅炉 7 min），气压升值不超过锅炉工作压力的 10%。
(3) 安全阀手动开启试验灵活、可靠。
(4) 在主机全负荷航行时，锅炉做效用试验。试验时应检验和测量以下内容：
1) 排烟进出锅炉的温度和压力。
2) 蒸汽温度和压力。
3) 给水温度和压力。
4) 在系统内做蒸汽畅通性效用试验。
(5) 烟气调节门启闭检验。烟气调节门无论是在开启位置还是关闭位置，都应稳固可靠，无振动及敲击现象。

二、锚装置试验

锚装置在系泊试验时，由于码头水深条件的限制不可能验证其最大的起锚能力和潜抛锚，起锚试验时应进行左、右锚单抛、单起和双锚双抛、双起试验。试验中先进行机械抛锚，再进行自由抛锚。

在抛锚、起锚过程中，应检查锚链与链轮的啮合情况，锚链经过锚链筒、掣链器和链轮时的扭转稳定性和锚链跳动及锚机的振动情况，锚链连接卸扣的紧固质量，锚链自海底收起后锚链筒处泥砂冲洗装置的工作情况等。

电动起锚机应测定电动机在起锚时最大负荷下的电流、电压和转速及冷热状态下的绝缘电阻值。

此外，在船舶航行状态时应检查掣链器锁链质量、锚在锚穴中贴附的稳定情况等。

三、操舵装置试验

在航行试验中进行操舵试验，是为了检验操舵装置的轻便性、灵敏性及航机的工作可靠性。

船舶在全速前进时，进行主操舵装置的操舵试验。其试验方法如下：

（1）正舵至右满舵 35°，保持 10 s；

（2）右满舵 35°至左满舵 35°，保持 10 s；

（3）左满舵 35°至右满舵 35°，保持 10 s；

（4）右满舵 35°至正舵，保持 10 s；

（5）正舵至左满舵 35°，保持 10 s；

（6）左满舵 35°至正舵，保持 10 s。

在试验过程中，应测定舵自左（右）满舵到右（左）满舵所需的操舵时间。检查舵机、传动装置及液压舵机各调节元件工作的可靠性，记录最大负荷时的工作油压、电动机的电流、电压和转速。

试舵时，还应记录相应的主机功率、转速、船的航速，以及风速、风向、海流方向、海面状况、水深等自然条件。在满舵时，记录船身的最大横倾角度。

倒车操舵试验，一般是在主机以半速倒车时进行，使操航舵角逐次增加，但电动液压舵机油泵的油压应小于额定压力或电动舵机的电动机工作电流小于额定电流，检验舵机及系统在船舶后退时的操舵性能并测定最大可操舵角。

四、船舶性能试验

船舶性能试验是航行试验的综合环节。

速率试验：以主机处于 50%、75%、90%、100% 负荷下测定。一般在规定的测速区域进行，测速区应设在风浪小、海流稳定的海区，且水深大于 15 倍船舶吃水。

回转试验：为了测定船舶的回转直径和回转周期，以及船舶回转时的最大横倾角，以主机全速前进和全速倒退时，进行左、右满舵各回转一周，以测定回转圆的直径。惯性试验：在主机处于各种不同速率变化情况下，测定船舶的惯性和滑行时间。

参考文献

[1] 王亚盛，张传勇，于春晓.职业教育新型活页式、工作手册式、融媒体教材：系统设计与开发指南［M］.北京：化学工业出版社，2021.

[2] 蔡跃.职业教育活页式教材开发指导手册［M］.上海：华东师范大学出版社，2020.

[3] 梁卫武.船舶动力装置安装工艺［M］.哈尔滨：哈尔滨工程大学出版社，2019.

[4] 陆金铭.船舶动力装置安装工艺［M］.南京：东南大学出版社，2017.

[5] 李冬梅.船舶动力装置安装［M］.北京：北京理工大学出版社，2014.

[6] 胡家福.钳工（高级）［M］.2版.北京：机械工业出版社，2013.

[7] 姚寿广，肖民.船舶动力装置［M］.2版.北京：国防工业出版社，2012.

[8] 陆金铭.船舶动力装置原理与设计［M］.北京：国防工业出版社，2014.

[9] 姜大源.工作过程系统化课程的结构逻辑［J］.教育与职业，2017（13）：5-12.

[10] 胡适军.船舶动力装置安装工艺［M］.哈尔滨：哈尔滨工程大学出版社，2007.

[11] 刘彩琴，等.职业教育工学结合课程开发与实施［M］.北京：北京师范大学出版社，2014.

[12] 赵志群.职业教育工学结合一体化课程开发指南［M］.北京：清华大学出版社，2009.

[13] 黄涛.基于任务驱动的高职软件开发类活页式教材设计研究［J］.武汉职业技术学院学报，2019，18（06）：62-67.

[14] 王璐，徐国庆.从工作知识到专业知识——职业教育课程知识论基础的发展［J］.职教论坛，2019（09）：57-61.

[15] 伏梦瑶，李政，徐国庆.我国职业教育教材研究的进展与展望［J］.教育与职业，2019（17）：97-102.

［16］和庆娣.二维码在立体化教材出版中的应用初探［J］.新媒体研究，2019，5（04）：35-36.

［17］徐国庆.职业教育项目课程：原理与开发［M］.上海：华东师范大学出版社，2016.

［18］许远.职业教育专业建设与课程教材开发［M］.北京：中国人民大学出版社，2019.